本书由
中央高校建设世界一流大学（学科）
和特色发展引导专项资金
资助

中南财经政法大学“双一流”建设文库

区 | 域 | 发 | 展 | 系 | 列 |

我国义务教育财政公平问题研究

李祥云 著

中国财经出版传媒集团
中国财政经济出版社

图书在版编目（CIP）数据

我国义务教育财政公平问题研究 / 李祥云著．-- 北京：中国财政经济出版社，2019.12
（中南财经政法大学“双一流”建设文库．区域发展系列）
ISBN 978 - 7 - 5095 - 9401 - 8

Ⅰ．①我…　Ⅱ．①李…　Ⅲ．①义务教育－教育财政－研究－中国　Ⅳ．①G526.7

中国版本图书馆 CIP 数据核字（2019）第 246076 号

责任编辑：武志庆　　　　责任校对：胡永立
封面设计：陈宇琰

我国义务教育财政公平问题研究
WOGUO YIWU JIAOYU CAIZHENG GONGPING WENTI YANJIU
中国财政经济出版社 出版
URL：http：//www.cfeph.cn
E - mail：cfeph @ cfemg.cn

社址：北京市海淀区阜成路甲 28 号　邮政编码：100142
营销中心电话：010 - 88191537
北京财经印刷厂印装　各地新华书店经销
787 × 1092 毫米　16 开　15 印张　241 000 字
2019 年 12 月第 1 版　2019 年 12 月北京第 1 次印刷
定价：68.00 元
ISBN 978 - 7 - 5095 - 9401 - 8
（图书出现印装问题，本社负责调换）
本社质量投诉电话：010 - 88190744
打击盗版举报热线：010 - 88191661　QQ：2242791300

总 序

“中南财经政法大学‘双一流’建设文库”是中南财经政法大学组织出版的系列学术丛书，是学校“双一流”建设的特色项目和重要学术成果的展现。

中南财经政法大学源起于1948年以邓小平为第一书记的中共中央中原局在挺进中原、解放全中国的革命烽烟中创建的中原大学。1953年，以中原大学财经学院、政法学院为基础，荟萃中南地区多所高等院校的财经、政法系科与学术精英，成立中南财经学院和中南政法学院。之后学校历经湖北大学、湖北财经专科学校、湖北财经学院、复建中南政法学院、中南财经大学的发展时期。2000年5月26日，同根同源的中南财经大学与中南政法学院合并组建“中南财经政法大学”，成为一所财经、政法“强强联合”的人文社科类高校。2005年，学校入选国家“211工程”重点建设高校；2011年，学校入选国家“985工程优势学科创新平台”项目重点建设高校；2017年，学校入选世界一流大学和一流学科（简称“双一流”）建设高校。70年来，中南财经政法大学与新中国同呼吸、共命运，奋勇投身于中华民族从自强独立走向民主富强的复兴征程，参与缔造了新中国高等财经、政法教育从创立到繁荣的学科历史。

“板凳要坐十年冷，文章不写一句空”，作为一所传承红色基因的人文社科大学，中南财经政法大学将范文澜和潘梓年等前贤们坚守的马克思主义革命学风和严谨务实的学术品格内化为学术文化基因。学校继承优良学术传统，深入推进师德师风建设，改革完善人才引育机制，营造风清气正的学术氛围，为人才辈出提供良好的学术环境。入选“双一流”建设高校，是党和国家对学校70年办学历史、办学成就和办学特色的充分认可。“中南大”人不忘初心，牢记使命，以立德树人为根本，以“中国特色、世界一流”为核心，坚持内涵发展，“双一流”建设取得显著进步：学科体系不断健全，人才体系初步成型，师资队伍不断壮大，研究水平和创新能力不断提高，现代大学治理体系不断完善，国际交流合作优化升级，综合实力和核心竞争力显著提升，为在2048年建校百年时，实现主干学科跻身世界一流学科行列的发展愿景打下了坚实根基。

“当代中国正经历着我国历史上最为广泛而深刻的社会变革，也正在进行着人类历史上最为宏大而独特的实践创新”，“这是一个需要理论而且一定能够产生理论的时代，这是一个需要思想而且一定能够产生思想的时代”①。坚持和发展中国特色社会主义，统筹推进“五位一体”总体布局和协调推进“四个全面”战略布局，实现“两个一百年”奋斗目标、实现中华民族伟大复兴的中国梦，需要构建中国特色哲学社会科学体系。市场经济就是法治经济，法学和经济学是哲学社会科学的重要支撑学科，是新时代构建中国特色哲学社会科学体系的着力点、着重点。法学与经济学交叉融合成为哲学社会科学创新发展的重要动力，也为塑造中国学术自主性提供了重大机遇。学校坚持财经政法融通的办学定位和学科学术发展战略，“双一流”建设以来，以“法与经济学科群”为引领，以构建中国特色法学和经济学学科、学术、话语体系为己任，立足新时代中国特色社会主义伟大实践，发掘中国传统经济思想、法律文化智慧，提炼中国经济发展与法治实践经验，推动马克思主义法学和经济学中国化、现代化、国际化，产出了一批高质量的研究成果，“中南财经政法大学‘双一流’建设文库”即为其中部分学术成果的展现。

文库首批遴选、出版二百余册专著，以区域发展、长江经济带、“一带一路”、创新治理、中国经济发展、贸易冲突、全球治理、数字经济、文化传承、生态文明等十个主题系列呈现，通过问题导向、概念共享，探寻中华文明生生不息的内在复杂性与合理性，阐释新时代中国经济、法治成就与自信，展望人类命运共同体构建过程中所呈现的新生态体系，为解决全球经济、法治问题提供创新性思路和方案，进一步促进财经政法融合发展、范式更新。本文库的著者有德高望重的学科开拓者、奠基人，有风华正茂的学术带头人和领军人物，亦有崭露头角的青年一代，老中青学者秉持家国情怀，述学立论、建言献策，彰显“中南大”经世济民的学术底蕴和薪火相传的人才体系。放眼未来、走向世界，我们以习近平新时代中国特色社会主义思想为指导，砥砺前行，凝心聚

① 习近平：《在哲学社会科学工作座谈会上的讲话》，2016年5月17日。

力推进“双一流”加快建设、特色建设、高质量建设，开创“中南学派”，以中国理论、中国实践引领法学和经济学研究的国际前沿，为世界经济发展、法治建设做出卓越贡献。为此，我们将积极回应社会发展出现的新问题、新趋势，不断推出新的主题系列，以增强文库的开放性和丰富性。

“中南财经政法大学‘双一流’建设文库”的出版工作是一个系统工程，它的推进得到相关学院和出版单位的鼎力支持，学者们精益求精、数易其稿，付出极大辛劳。在此，我们向所有作者以及参与编纂工作的同志们致以诚挚的谢意！

因时间所囿，不妥之处还恳请广大读者和同行包涵、指正！

中南财经政法大学校长

摘　要

自 Elwood P. Cubberley 第一个将基础教育公平与财政手段联系起来，此后的研究者一直致力于基础教育财政公平的研究和政策设计，以美国为代表的发达国家也一直在致力于基础教育财政公平的实现。改革开放以来，我国政府从解决“上学难”“上学贵”到“上好学校”，再到“努力让每个孩子都能享有公平而有质量的教育”的提出，在推进义务教育财政公平方面取得了举世瞩目成就，但同时也存在诸多急需解决的问题。本书对我国改革开放40年在推进义务教育财政公平过程中的一些好的做法进行总结，对于存在的问题的进行深入研究。无疑，做这项研究工作具有重大理论和现实意义。

本书系统梳理了改革开放40年我国义务教育财政公平理念与政策演变的历程；实证检验了我国义务教育公共投入对学生成绩的影响及其作用机制；以公共教育投入与学生成绩存在正相关关系为基础，重点研究了自20世纪90年代以来我国在推进义务教育财政公平过程中遇到的四个问题：一是义务教育财政投入公平问题；二是义务教育学校布局调整问题；三是发展公平而有质量义务教育的经费需求测算问题；四是义务财政公平的体制保障问题。

本书主要结论和创新之处：一是厘清了我国义务教育财政公平与财政政策演变的脉络，即我国义务教育财政公平的理念从追求最低层次的入学机会公平，到追求较高层次的投入公平，再到追求更高层次教育结果或质量公平的演变过程，相应地，我国义务教育财政公平政策的制定也以“横向公平”为原则的“控制导向”转向了以“纵向公平”为原则的“需求导向”。二是采用了不同于已有生产函数法的典型相关分析方法，重新验证了我国义务教育公共投入与学生成绩存在正相关的关系，提出了学校公共教育投入影响学生成绩的双重作用机制，并对其进行实证检验。三是运用较为复杂的定量分析方法考察了我国义务教育财政支出的地区和城乡差异的动态变化，并对其进行了系统的因素分解分析，研究发现，我国义务教育财政体制调整和部分筹资责任的上划对我国义务教育投入公平产生了积极影响，但要从根本上解决义务教育投入地区差异还有待于规范的一般性转移支付制度的建立。四是针对我国农村中小学布局调整问题实证研究发现，我国财政分权在缺乏“用手投票”和“用脚投票”机制的约束下，地方政府为追求自身政绩的最大化，而不愿意将有限的财政资金过多用于任期内对政绩作用有限的教育，试图通过学校合并产生规模经济来降低生均财政支出，是导致地方政府断章取义执行中央农村中小学布局调整政策的主要原因，提出了对地方政府行为实施硬约束，包括明文约束和程序约束的政策建议；为解决应对人口变动进行布局调整所遇到的技术难题，还提供了同时将教育质量、公共教育成本和私人教育成本纳入成本函数，进而估算初等学校最优规模的方法，目前国内尚无这方面的研究。五是提出了将党的十九大提到的“努力让每个孩子都能享有公平而有质量的教育”的理念转变为一项可执行政策的途径，并采用参数和非参数法对县域内发展公平而有质量的义务教育所需最低支出水平进行测算，这在国内有关这方面的研究并不多见。六是从理论上论证了义务教育是共同事权，其支出责任应由各级政府共同分担；初步厘清了义务教育事权与支出责任的具体内容，尝试性构建了一个分类框架。针对问题，提出了进一步深化我国政府间义务教育事权与支出责任划分改革的基本思路，并给出了我国政府间义务教育事权与支出责任合理划分的建议清单。

目　录

第三部分　投入公平

第四部分　学校规模

第五部分　结果公平

第六部分　体制保障

导 论

教育公平是最基本的社会公平，义务教育公平是教育公平的基础。因此，义务教育公平往往成为社会关注的焦点，备受各国政府重视。促进义务教育公平必须借助于财政手段，义务教育财政便成为财政学和教育经济学研究的一个重要领域。系统梳理国外已有的有关义务教育财政研究的文献不难发现，早期研究旨在促使政府通过举办公立学校和提供免费的义务教育服务，以确保每一个适龄儿童均享有接受义务教育的权利。此后的有关义务教育财政研究主要是围绕四个问题展开的：一是研究义务教育公共投入与教育结果或学生成绩间的关系，弄清这一问题很重要，因为如果这一关系不存在，研究义务教育财政就没有实际意义。过去50年对这一问题研究成为义务教育财政的重中之重，但值得注意的是，有关这方面的研究至今并未得出一致的结论。二是以教育投入与学生成绩存在正相关的关系为前提，把义务教育公平等同于义务教育财政公平，专门研究义务教育财政公平问题。在美国，对这一问题的研究又以20世纪80年代为分水岭，20世纪80年代之前的研究称之为旧教育财政，即假定接受教育个体是同质的，其研究的文献聚焦于教育经费筹措中的纳税人负担公平，以及筹措的教育经费如何公平地分配给每一个学生，以确保其每一个学生享受的教育过程公平。20世纪80年代之后研究称之为新教育财政，研究者们认为投入公平是一种相对公平，片面强调生均资源数额相等，有可能导致生均支出水平降低。更重要的是接受教育个体不是同质的，平等的教育资源并不能保证他们能获得相同质量的教育。尤其是对于那些处境不利的群体，要获得相同质量的教育，他们比普通学生需要更多的教育资源。为确保教育结果公平，估算不同环境的学校达到设定教育质量或成绩标准所需的最低支出水平或成本，便成为义务教育财政公平研究的重点。三是研究因人口变动、学校规模与教育投入三者间的关系问题。这一问题表面看起来是一个效率问题，实际上，已有的有关这方面的研究更多关注的是学校布局调整带来义务教育新的不公平问题，如大规模学校合并所引起的偏远农村学生辍学，以及城镇学校规模过大导致教育质量下降等。四是促进义务教育财政公平的财政体制安排问题，即研究政府间义务教育事权与财政支出责任的合理划分。

改革开放40年，我国政府采取诸多财政措施致力于义务教育公平的实现，如通过举办公立学校和实施“两免一补”的政策解决了学生“上学难”和“上学贵”的问题；近10年来政府又通过上划义务教育的支出责任、提高生均人员经费和公用经费的财政拨款标准、设置专项财政资金加大贫困地区义务教育财政投入力度和改善薄弱学校的办学条件等具体办法，使绝大多数县实现了县域内义务教育资源配置均衡，基本解决了学生“上好学校”的问题。在此基础上，党的十九大又明确提出“努力让每个孩子都能享有公平而有质量的教育”。可以说，我们仅用了40年的时间完成了发达国家需要100多年才能实现义务教育入学机会公平和教育过程公平的目标，这是一个了不起的成就。与此同时，我们也需要正视我国在推进义务教育财政公平中仍面临着诸多亟待解决的问题。无疑，本书对我国改革开放40年在推进义务教育财政公平方面好的做法进行总结，对于存在的问题的进行深入研究，这具有重大理论和现实意义。

本书在结构安排上，基本遵循了国外义务教育财政问题的研究已形成的框架，即验证我国义务教育公共投入与学生成绩存在正相关关系，并以此为前提研究我国义务教育财政投入公平、人口变动中的学校布局调整与最优的学校规模、义务教育结果公平的经费需求测算和义务教育财政体制合理安排四大问题。具体说，全书共分为六大部分13章：

第一部分，即第1章，我国义务教育财政公平理念与政策演变。本部分系统地考察了改革开放以来我国义务教育财政公平理念演进和政策调整的历程。其目的旨在厘清我国义务教育财政公平理念演进和政策调整背后的内在逻辑，并总结其经验；明确未来一段时期内我国义务教育财政公平理念演进的方向和义务教育财政保障体制改革的目标与内容。

第二部分由第2章和第3章构成。研究义务教育财政公平问题，以学校投入与教育结果或学生成绩之间存在显著的正相关关系为前提，否则单纯研究义务教育投入公平就没有实际意义。国外已有有关学校公共投入与学生成绩关系研究并没有得出一致结论，国内为数不多几项研究得出了二者存在系统关系的结论。本部分采用了有别于生产函数法的典型相关分析的方法，运用实地调查的数据，进一步验证了学校公共投入与学生成绩存在正相关的关系。进一步地，利用多层线性模型揭示了学校公共教育投入影响学生成绩的作用机制。

第三部分，即第4章和第5章，实证研究了我国义务教育生均财政支出的空间分布及其变化趋势。自20世纪90年代中期开始，我国义务教育生均支出的省际差异、城乡差异和三大地带差异一直是社会关注的热点之一，同时也引起了党中央和国务院的高度重视。为缩小这些差异，国务院于2001年以农村税费改革为契机将义务教育事权与支出责任由“以乡镇为主”上划至“以县为主”，2006年又进一步将义务教育部分支出责任上划至省和中央，即实行分项目按比例由中央和地方共同分担农村义务教育经费的新机制（以下简称“新机制”）。理论上体制适度集中和支出责任上移能缩小义务教育财政生均支出的地区、城乡和地带间的差异，实际效果如何？本部分运用了基尼系数、泰尔指数、利益归宿等较为复杂定量分析方法对其进行评估。

第四部分由第6章、第7章、第8章和第9章构成。基于我国计划生育实施和城镇化快速推进所引起的人口总量和分布变动，一些农村学校出现严重生源不足，2001年国务院出台文件要求对农村义务教育学校进行布局调整，其初衷是通过“撤点并校”改善办学条件，使更多的农村学生享受优质教育资源，切实提高教育质量。然而，在政策执行的过程中因地方政府行为扭曲，带来了新的教育不公平问题，如偏远地区农村学生上学路途变远，交通成本增加、不安全交通事故和失学增多等。针对些问题，本部分在系统梳理有关国外义务教育学校布局调整和学校规模作用研究文献的基础上，主要研究了三个问题：一是10多年来我国中小学规模扩大究竟是人口变动还是“撤点并校”的政策驱动？二是中国式财政分权下地方政府“撤点并校”行为扭曲的根本原因是什么？三是综合考虑人口分布、教育质量、公共教育支出和私人成本等多种因素后，县域内是否存在最优中小学规模？对这些问题的研究，为今后农村中小学合理布局提供了理论和技术上的支持。

第五部分，由第10章、第11章和第12章构成。要将党的十九大提出的“努力让每个孩子都能享有公平而有质量的教育”变成一项可以执行的政策，必须要解决两个关键问题：一是公平而有质量的义务教育含义及其标准；二是县域内每一所学校达到设定教育质量或成绩标准所需的最低财政支出水平。从义务教育财政角度能解决的是后者。本部分在系统介绍国外有关达到一定质量标准所需最低成本六种估算方法的基础上，利用对B县实际调查的数据，运用参数和非参数法，估算了B县所有小学达到县教研室设定的质量标准所需最低支出水平，并以此判断该县义务教育财政拨款是否满足充足性要求。本部分研究的目的旨在为落实党的十九大提出的“努力让每个孩子都能享有公平而有质量的教育”这一要求，在方法上提供一个可借鉴的案例。

第六部分为，即第13章，我国政府间义务教育事权与支出责任合理划分研究。本部分研究内容包括：一是义务教育作为政府间共同事权的理论依据；二是政府间义务教育事权与支出责任分类及划分原则；三是我国政府间义务教育事权与支出责任划分存在主要问题；四是我国政府间义务教育事权与支出责任合理划分的基本思路。本部分最后还提供了我国政府间义务教育事权与支出责任合理划分建议清单。

需要说明的是本书的13章内容绝大部分都在《教育研究》《北京师范大学学报》《教育与经济》《华中师范大学学报》《外国教育研究》等全国中文核心期刊上发表过，多篇被人大报刊复印资料全文转载和《新华文摘》摘编。

本书对义务教育财政这一研究领域的主要贡献在于：一是理论上提出了学校公共投入不仅能直接影响学校学生的平均成绩，且还能通过放大和削弱家庭背景的作用间接影响学生的学业成绩，并用实地调查的数据和多层线性模型验证了这一理论假设。当然，这一结论是否具有普适性还需要更大样本和更多的经验研究。二是利用基尼系数和泰尔指数及其分解公式，全面系统评估了我国义务教育生均支出的地区差异及其来源构成，并从动态角度考察了义务教育财政体制调整在缩小其差异方面所发挥的重要作用。三是较深入剖析了自2001年始的农村中小学布局调整中地方政府行为扭曲的原因，提出了应对人口变化的学校布局调整必须综合考虑教育质量、公共支出和私人成本等多种因素，并给出了综合考虑这些因素后县域内最优学校规模和最优学校数的估算方法，目前国内尚无这方面的研究。四是采用参数和非参数法估算县域内每一所学校达到政策设定的教育质量标准所需的最低支出水平或成本，为落实党的十九大提出的“努力让每个孩子都能享有公平而有质量的教育”这一要求，在方法上提供一个可借鉴的案例。五是从理论上阐述义务教育是各级政府共同事务的经济学依据，提出了义务教育事权与支出责任的分类框架，以及这些细分的事权与支出责任在多级政府间合理划分应坚持的基本原则；从政策或可操作的层面上，提供了一份具有重要参考价值的“我国政府间义务教育事权与支出责任合理划分的建议清单”。六是本书以“实证为主”，引入很多前沿的研究方法。需要指出的是，受能力和数据获取等因素的限制，这些实证研究还存在很多不足，有待今后进一步完善。

本书是国家自然科学基金面上项目“县域义务教育校际均衡、经费需求与财政保障机制研究”（71473273）成果的一部分，其出版得到中南财经政法大学的资助。在研究过程中，我的学生魏萍、张聪聪、祁毓、周云、徐文文、邹乐、雷玉琪等进行了数据收集、整理和部分文字的撰写工作，对同学们的付出表示衷心感谢！

第一部分
回顾与展望

第1章　改革开放40年我国义务教育财政公平理念与政策演变

教育是获得成功机会的重要途径，尤其是对于那些处境不利的人而言，公平的义务教育制度可以避免他们错失成功的机会。义务教育公平需要公平的教育财政政策为其提供经费保障。自 Elwood P. Cubberley 第一个将基础教育公平与财政手段联系起来（Guthrie，1988），此后的学者和倡导者一直致力于基础教育财政公平的研究和政策设计，以美国为代表的发达国家也一直在推进基础教育财政公平的实现。改革开放40年来，我国政府从解决“上学难”“上学贵”到“上好学校”，一步一步推进义务教育财政公平。义务教育财政公平作为一种主观价值判断，在不同经济发展阶段人们对其诉求不同，因此，义务教育财政公平有多种含义。伴随着我国义务教育财政公平理念的演变，政府需要根据当时制度环境做出合适的制度安排，以基本满足不同阶段人们对义务教育财政公平的诉求。

因此，梳理义务教育财政公平理念与政策演变，首先需要对不同义务教育财政公平含义进行区分。一般而言，区分义务教育财政公平含义有多个维度。第一个维度可以从义务教育财政公平讨论的主体进行区分。由于义务教育经费主要来自于财政拨款，有时也需要将纳税人同受教育者一起纳入公平的定义。当受教育者成为公平定义的主体时，受教育者个人特征与其所处的社会经济背景之间差异就变得更重要，早期向不同受教育者群体提供的不同数量的教育资源通常是义务教育财政公平讨论的重点，但现在越来越关注不同的教育资源与使受教育者群体达到一定教育产出或结果所需成本之间联系。值得注意的是，义务教育财政与公共财政中的纳税人公平的概念并不总是一致的。从义务教育财政角度判断纳税人公平指的是无论纳税人居住在何处，一个制度是否确保了在给定税率下纳税人缴纳税收都会转化为相同的生均教育支出。从公共财政角度判断纳税人公平主要考虑的是纳税人的支付能力，即纳税人负担如何公平地随着其支付能力变化而变化。不过，在已有义务教育财政研究中均没有把重点放在公共财政中纳税人公平上。区分和理解义务教育财政公平含义的第二个维度可以从人们关注公平的内容入手，即考察在教育服务提供的不同阶段人们关注的重点。义务教育服务提供包含投入、过程到产出或结果这样一个过程。梳理已有研究文献不难发现，早期关于义务教育财政公平的定义侧重于投入，理想的结果是公平分配这些投入。后来人们对教育过程关注超越对投入关注，包括师资、教学计划、课程和教学方法等。近年来研究者更多关注教育产出或结果，如学生成绩、辍学率等。区分义务教育财政公平含义的第三个维度是公平的层次。最低要求的公平是不歧视，即无论家庭背景、种族和性别如何，任何有资格或能力接受教育的儿童都没有排除在教育之外。在此基础上就是横向公平，假定受教育者都是同质的，应该得到相同支出或资源配置，即横向公平是从投入角度来界定其含义的。较高层次公平就是纵向公平，主要是从产出和结果角度界定这一含义的，即受教育者因遗传、性别、种族和家庭背景等不同，达到相同产出和教育结果需要不同投入或资源配置。本章按照这些维度对我国改革开放以来义务教育财政公平理念和政策演进进行梳理。

1.1 追求入学机会公平：建立高度分散、城乡有别的义务教育财政管理体制与多元的筹资模式

改革开放后，教育受到了党中央的高度重视，在党的十二大报告中明确提出要把教育摆在优先发展的地位，普及九年义务教育成为当时最紧迫任务，也可以视为最低要求的义务教育公平。然而，普及九年义务教育需要大量的经费投入，钱从何而来，这需要一个合适义务教育财政制度安排。鉴于当时以“放权让利”为主调的农村经济体制、财政预算管理体制和城市国有企业改革启动的制度环境，我国为尽快普及九年义务教育，采取了高度分散、城乡分别的义务教育财政管理体制和多元的筹资模式。具体说，在农村建立起了村办小学、乡镇办初中的办学体制；农村中小学的人员经费部分来自乡镇财政预算，部分来自学生收费；公用经费基本靠收费；学校的基本建设经费少量靠财政专项拨

款，大部分经费依靠农民教育集资和举债。在城市建立起区办小学，初中以区为主、市协助的办学体制；人员经费来自市区财政预算拨款；公用经费少量来自财政拨款，而大部分主要靠学生缴费；基本建设主要来自市区财政拨款和举债。这种高度分散、城乡有别的义务教育财政管理体制和多元的筹资模式，虽后来被不少人诟病，现在回过头来客观理性地分析当时的选择，不失为一种合理的制度安排。就当时的情况而言，一方面中央财权和财力下放，使地方有能力和动力根据本地实际发展义务教育，这为义务教育事权与支出责任划分到地方甚至基层政府提供了基本条件；另一方面，国民收入分配格局向微观经济主体倾斜，国家集中的财政收入占 GDP 的比重逐年下降，加之繁重的改革任务所导致的财政支出困难，决定了当时国家财政没有能力承担义务教育的全部经费。特别值得注意的是，当时农村联产承包责任制推行、国有企业利税改革以及非公有制经济的快速发展，农民的收入和企业职工的工资均有大幅增加，多元利益主体的形成，这使得家庭有能力也有意愿承担部分义务教育经费。

至于为什么当时采取了城乡有别的义务教育制度安排，这主要是由当时城乡普及九年义务教育的基础不同决定的。当时城市人口规模较小，义务教育办学基础好，适龄儿童入学率很高，普及九年义务教育的难度不大，市区财政有能力负担绝大部分义务教育经费。而当时农村人口占全国人口 90% 以上，农村办学条件远不如城市，且农村适龄儿童入学率低，可以说普及年义务教育重点和难点在农村。在这种情况下，义务教育财政制度设计必须要最有利于农村义务教育的普及。如果采取与城市相同义务教育财政制度安排，在农村自身财力有限情况下，除非中央和省能承担很大一部分义务教育的筹资责任，否则农村义务教育普及就不可能取得像今天这样大的成就。

另外，从理论上来看，我国采取高度分散的义务教育财政体制也有其理性基础。改革开放以来，我国一直采取以市场为导向的经济体制改革，与市场经济相适应的财政制度是分税制。具体到某一公共服务，究竟采用集中还是分散方式提供，主要遵循的是受益和便于管理的原则。义务教育是民生事务，其事权与支出责任交由最接近民众那一级政府负责，其好处在于：一是能确保当地政府能根据本辖区居民的意愿办教育，进而满足其多样化的需求；二是控制权力下放，在充分调动地方办义务教育积极性的同时，鼓励地方间展开竞争，通过竞争来降低教育成本和提高教育质量。从发达市场经济国家已有的义务教育财政制度安排来看，几乎没有国家的义务教育完全是由中央政府提供的。

事实证明，当时采取高度分散、城乡有别的义务教育财政体制和多元的筹资模式，在增加义务教育供给，快速推进义务教育普及等方面做出了历史性贡献。正是因为这种制度安排使我国仅用了不到30年时间就基本普及了九年义务教育，速度之快，这在世界普及义务教育史上都是一个奇迹。

1.2 追求投入公平：实行以县为主、中央与地方分项目按比例共同承担义务教育经费的“新机制”

任何具体制度安排都是当时制度环境产物，随着制度环境变化，其具体制度安排必须做出相应调整，否则原有制度缺陷就会被放大，甚至运转失灵。如前所述，高度分散、城乡有别的义务教育财政管理体制和多元筹资模式的最大优点，就是该制度充分调动了地方办义务教育的积极性，快速推进了我国农村义务教育的普及。但其缺陷也非常明显。具体说，主要存在以下问题：一是城乡有别的义务教育财政管理体制，导致同为中国公民因户籍身份不一样，其义务教育经费的负担水平出现了很大不同，即城市市民负担义务教育经费轻而农村农民负担重。二是多元的筹资模式，尤其是农村乡镇财政困难，财政投入不足，使得农村义务教育经费大部分依靠农民教育集资和学生收费，这不仅加重了农民家庭负担和导致了学生“上学贵”，且逐渐成为农村社会不和谐的重要隐患。三是义务教育经费尤其是农村义务教育经费过度依赖基层地方政府资金筹措，地方经济发展水平和地方财力严重不平衡，必然导致各地经费投入和办学条件的巨大差异。

进入20世纪90年代，随着制度环境的变化，尤其是1994年分税制的推行，在规范中央和地方财政收入分配关系的同时，并没有对事权与支出责任进行相应的调整，这加剧了地方财政困难，使原本就存在地方政府义务教育投入不足、农民负担过重和地方间义务教育投入差异等问题更加突出。这些问题引起了国内学者的高度关注，并出现了大量有关这方面的研究文献。如王善迈、袁连生（2001）高如峰（2001）运用国际比较、规范与实证相结合的方法，其研究的结论指出，与国外相比，我国义务教育事权与支出责任下放政府级次过低是导致义务教育财政投入不足的制度性根源。魏后凯和杨大利（1997）、杜育红（2000）、潘天舒（2000）、王蓉（2001）等学者采用了变异系数、基尼系数和泰尔指数，以省或县为分析单位，考察了我国义务教育投入地区差异随时间变化趋势及其影响因素。其主要结论是：自 1990 年以来，我国义务教育投入地区间差异不断扩大，且省内差异大于省间差异，初中投入差异大于小学，公用经费地区差异大于人员经费，预算外差异大于预算内差异。

1994 年分税制实施对我国高度分散义务教育财政管理体制的运行形成一定冲击，但由于存在多渠道的筹资机制，农村中小学基本上还能运转。而 2000 年开始的农村税费改革，由于取消了面向农民的教育集资和收费，这直接动摇了农村义务教育多元筹资机制运转的基础，农村中小学经费投入陷入前所未有的困境。鉴于这种情况，作为农村税费改革的一项配套措施，国务院于 2001 年对运转近 20 年的“以乡镇为主”的农村义务教育财政管理体制进行了调整，即将农村义务教育事权与支出的责任主体由乡镇上划到县，同时将因费税改革取消的农民教育集资和收费而减少的农村义务教育经费纳入县财政预算。这两项政策措施采取，不仅强化了政府义务教育的投入责任，且也使我国义务教育在财政管理体制和经费来源上实现了城乡统一，即从制度上解决了纳税人义务教育经费负担不公平的问题。此后，为回应社会对义务教育投入不公平的诉求，2005 年 12 月国务院又将义务教育部分财政责任上移至中央，即建立起了中央和地方分项目按比例分担农村义务教育经费保障的新机制（以下简称“新机制”）。“两免一补”是“新机制”中的一项重要制度安排。“两免一补”是指从 2006 年开始全部免除西部地区农村义务教育阶段学生的学杂费，2007 年扩大到中部和东部农村地区，2008 年在全国推行；对贫困家庭学生免费提供教科书并补助寄宿生的生活费。“两免一补”的费用由中央和地方财政按比例承担，这从根本上消除了学生失学的经济根源。近年来，为进一步提高义务教育学校经费的保障水平，推进城乡学校间的资源配置均衡，政府大幅度提高了生均人员和公用经费的财政拨款标准，设置各种财政专项资金加大贫困地区和薄弱学校办学条件的改善。政府采取的这一系列举措，使我国义务教育阶段中小学的经费保障水平有了很大提高，按可比价格计算，2016 年小学和初中生均预算内事业费支出分别是 2000 年的 12. 7 倍和 11. 3 倍，这还不包括各级政府用于中小学改善办学条件的专项拨款。特别值得一提的是，人们普遍关注的地区义务教育投入不公平的状况也得到了极大改善。

1.3 追求公平而有质量的义务教育：理论基础、实现途径与财政保障制度的调整

上述对我国改革开放40年以来义务教育财政公平理念与政策的回顾表明：不同时期人们对义务教育财政公平的要求是不同的，且这些不同要求之间存在内在的逻辑关联，即从早期要求解决“上学难”的问题，到要求解决“上学贵”的问题，再到要求解决“上好学校”的问题，即“人人都要享受公平的教育资源”，呈现出对义务教育财政公平要求逐步提高的演变过程。同时也发现，我国政府均能根据当时的制度环境做出恰当的制度安排，且基本满足了不同时期人们对义务教育财政公平的诉求。过去40年中解决的“上学难”“上学贵”和“上好学校”，实际上都是在致力于实现义务教育财政投入公平，即横向公平。按照义务教育财政公平演进方向，在我国已基本实现义务教育财政横向公平的基础上，必然追求更高层次的义务教育财政公平，即纵向公平。纵向公平是从教育获得或产出的角度来界定的，也就是党的十九大明确提出的“努力让每个孩子都能享有公平而有质量的教育”。义务教育财政公平理念转变必然要求对义务教育财政公平的政策做出调整，这对我国义务教育财政公平的理论研究和政策设计均提出了新的挑战。

1.3.1 追求“公平而有质量的义务教育”的理论基础

如前所述，公平而有质量的义务教育是属于纵向公平的范畴。从国外义务教育财政公平理念演进逻辑来看，义务教育财政纵向公平是相对于横向公平的缺陷提出的。以美国为例，20世纪60年代至1989年，美国追求基础教育财政横向公平。期间，Wise（1968）基于大多数州基础教育支出在学区间存在很大的差异，并借用20世纪60年代学校废除种族隔离和重新分配在美国取得重大进展的两个司法案例，对已有的基础教育财政制度提出了法律挑战。根据学校种族隔离案例，他认为基础教育是基本公共利益，符合宪法中平等保护条款，如果没有任何令人信服的理由认为公共教育支出在州内分配不平等是合理的，公

共教育支出在所有州内的分配应该是平等的。借用重新分配案例中“一人一票”原则，他还提出了类似的公立学校筹资标准：“一学生一美元”。根据Wise的理论，各州提高了基本补助标准，加大了贫困学区生均支出补助的力度。由于Wise的生均支出均等忽视了各地生活成本和价格差异，很多学者认为若不考虑这种差异，即使给予各学区相同的生均支出拨款，它们也得不到同质的教育资源，于是对基本补助公式进行了改进，即在基本补助公式中引进价格或成本指数。基本补助公式强化州的筹资责任，但它弱化了学区对基础教育的控制能力，为弥补这一缺陷，20世纪70年代Coons研究团队提出了“财富中立”的原则。该原则核心要义可概括为两点：一是学生所获得教育资源的数量不应与其所处学区财富数量高度关联；二是学区对当地学校的控制应得到保护，学区有权对基础教育事项做出决策。州根据这一理论设计了有保证税基补助公式，即按此公式对学区提供补助，可以确保各学区生均财政能力均等，但各学区最终生均拨款取决于各学区纳税人意愿。

无论是生均支出均等、资源配置均等还是生均财政能力均等都属于横向公平的范畴。实现基础教育财政横向公平是人类社会的一个伟大成就，但它是有缺陷的。具体说主要有三点：一是它没有确立学生获得资源的最低标准。尽管在美国各州对学区的基本补助和有保证税基的补助公式中，也给出一个生均最低标准，但这个标准是由政治决定的，几乎没有任何说服力。二是片面强调生均资源数额相等，有可能导致生均支出水平降低。例如，在加州推行横向公平政策后，整体教育支出占州财政支出的比例比以前更低了。三是相同的资金可能无法转化为平等的教育结果，因为学校管理上低效率会导致资金浪费。四是因学生性别、天赋和所处社会经济背景不同，享受平等的教育资源并不等于其能获得同等的教育质量或成就。尤其是对于那些处境不利的群体，要获得相同质量的教育，他们比普通学生需要更多的教育资源，否则，很难获得成功的机会。

基于基础教育财政横向公平的缺陷，20世纪80年代末美国研究者、倡导者和政策制定者提出了新的教育财政平等的理念——“充足性教育”，即财政拨款应确保所有儿童达到最低的教育成就标准，并认为投入公平是一个相对概念，而充足性教育是一个绝对概念，最有利于处境不利的群体，因为要使处境不利的儿童达到设定的教育成就标准，必然要比普通学生获得更多的教育资源。由此可见，党的十九大提出的“努力让每个孩子都能享有公平而有质量的教育”，这一更高层次教育财政公平理念，不仅符合我国的基本国情，且也有其理论基础。

1.3.2 “每个儿童都享有公平而有质量的义务教育”的实现途径

落实党的十九大提出的“努力让每个孩子都能享有公平而有质量的教育”，依次需要解决两个关键问题：一是每个儿童均应达到最低的义务教育质量标准；二是达到最低义务教育质量标准所需的教育资源及其成本。对这两个问题进行研究，需要不同研究范式、方法和数据，这对于国内研究者是一种新的挑战。

1.3.2.1 义务教育最低质量标准及其可测量的指标

确保每个孩子都能享有公平而有质量的义务教育，究竟什么才是有质量的教育，这需要有一个合理的判断标准。Debra Satz（2007）给出了一个可比较的“充足性教育”或最低基础教育成就标准，即引入了平等公民的概念，因为基础教育是使儿童成为良好公民的基础，是政治团体中享有充分民主和平等成员资格的必要条件。平等公民是指在政治和社会经济条件等方面，能使一个人成为正式社会成员，作为一个正式社会成员应该拥有平等的政治权利和言论自由，有平等经济福利的最低要求和在社会财富中享有充分的份额，并按照社会普遍的标准过着文明生活。他认为，平等公民的最低标准是由整个社会人口平均知识和技能水平决定的，且这个标准不能太低，要使每个人都能接触到最高层次的教育和最好的工作机会。我国义务教育最低质量标准是什么？国内尚无这方面系统的研究。另外，即使形成有共识的义务教育质量标准，也需要设置可量化的指标使其具有可操作性。目前国外主要采用标准化考试对教育结果进行测量，但标准化考试只考虑了某些可测量的认知结果，而不是通常人们认为的全部认知、价值和行为结果。国外学者在做这项研究时，通常假设不可测量的教育结果与纳入标准化考试进行测量的教育结果之间存在高度正相关。然而，这种假设是否正确，尚需要更多的检验。

1.3.2.2 实现公平而有质量的义务教育的成本估算

当确立了“人人享有公平而有质量的义务教育标准”后，需要进一步解决的另一个关键问题就是，对每一所学校达到设定的教育质量标准所需成本进行估算。美国在这方面是做了大量研究，并开发了三种估算成本的方法：一是统计分析法。即将观察到的学校教育结果与耗费的资源联系起来，以此推断出达到设定教育质量标准所需的成本。具体说，以学校教育成本为因变量，以学校教育结果为关键解释变量，以对学校教育结果有影响的社会经济、地理环境特征变量为控制变量，同时控制影响学校资源使用的效率因素，构建学校教育的成本函数；运用观测到实际数据，估算出成本函数中各参数，这样就得到一个典型学校的教育成本函数，即平均成本函数；在此基础上，充分考虑不同学校地理环境和需求差异对平均成本进行调整，以提供充足经费来确保每一所学校均能达到设定的教育质量标准。二是成功学校法。该方法是一种经验分析方法，最早由 Augenblick 及其同事开创和使用。运用该方法，首先要确立一个教育质量标准；然后考察所有学校的教育质量，筛选出达到教育质量标准的学校，并去掉其中的一些极端情况。分析这些符合要求的达标学校所需要资源水平，并估算其成本，即可以确定一个典型学校达到设定教育质量标准的成本。同样需要根据不同学校地理和社会经济环境差异，对典型学校的成本进行调整，以满足非典型学校达到设定教育质量标准的财力需求。三是专业判断法。最早由 Jay Chambers 和 Thomas Parrish 在为 Illinois 州和 Alaska 州构建充足性教育教学系统时提出，后由 Guthrie（1996）进行了改进。按照 Guthrie 的设计，专业判断法包含一个由他领导的顾问组和另外两个教育专家小组。这两个专家小组的成员及其职能并不相同。其中一个小组由州教育专家组成，其主要目标是识别实现充足性教育的教学组成部分。另一个专家小组由学校教育专家构成，包括校长、总监和来自州内的其他从业人员。他们的任务是核实第一专家小组设计的典型学校的教学构成是否能够实现立法机构在其"一揽子"教育产品和服务中规定的教学目标。顾问组的任务是给专家小组提供理论指导和建议，并在专家小组设计出满足设定教育质量标准的典型学校模型之后，利用市场或者非市场手段估算模型中每个部分的成本。

尽管这些方法在美国很多州都得到运用，但每一种方法都有其缺陷，如统计分析方法不仅过于复杂，难以理解，且估算出成本只能说明教育结果与资源存在关系，它不能告诉我们在资源有效利用情况下，达到充足性教育标准所需要最低资源数量。使用成功学校法存在最大问题就是很难找到达标的典型学校，同时它忽视了学校资源使用无效率的情况，尽管后来有所改进，但对效率的定义仍需要进一步审查。专业判断法虽不像统计分析法依赖于对实际观测结果的数理统计，也不像成功学区法需要根据经验进行推断，但其固有粗略估计，致使这种方法看起来就不尽科学。另外，不同方法估算出结果差别很大，需要对这些结果进行整合，否则难以运用。总之，准确估算使每一位学生达到设定的教育质量标准所需成本，至今还是一个尚未解决好的技术难题。

1.3.2.3 构建实现公平而有质量的义务教育的财政保障政策

实现更高层次的义务教育财政公平，必须要有强大财力为其提供经费保障。美国的实践表明，由投入公平转向教育结果公平，无论采用哪种方法估算出来的教育成本，均要远远高出原有的支出水平。针对这一情况，美国各州改变了传统州对学区的资助方式，试图将经费投入的充足性与教育结果或实际需求联系起来，建立以需求或成绩标准为基础的州对学区的补助公式。以纽约州为例，传统的补助办法是以州设定最低支出水平为标准，对于通过自身努力仍达不到最低支出水平的学区提供补助。而目前做法是，以达到州规定的成绩标准为基础，利用上述给出的统计分析方法测算出特定学区达到州设定的成绩标准所需的支出为标准，对于通过自身努力仍达不到这一支出水平的学区提供补助。其具体表达式为：$A_i = S^* C_i - t^* V_i - Fa_i$，其中，$S^*$ 为州规定的成绩标准，V_i代表学区 i 的生均财产税基，t^* 为州规定的最低税率，Fa 为生均联邦补助。C_i是 i 学区达到 1 单位 S 必须支付的资金数量。$S^* C$ 是 S^* 定义的充足性教育成本的估计值。该学区得到的补助金额等于达到 S^* 所需的支出水平减去其在指定税率 t^* 下所能筹集的收入金额。

我国目前实现的是“以县为主，中央和地方分项目按比例共同承担义务教育经费”的分担机制，各项支出标准和分担比例由中央确定。落实党的十九大提出的“努力让每个孩子都能享有公平而有质量的教育”，同美国一样需要大幅度提高义务教育财政支出水平，而现有的义务教育财政制度安排是无法满足这一经费需求的，必须要对现有制度安排做出调整。具体说，主要在以下几个方面做出改变：一是需要重新确立义务教育财政支出标准，即需要以满足达到设定质量要求所需最低成本作为支出标准。二是调整中央和地方分担的比例。鉴于在已有中央和地方财力分配关系框架下地方集中的财力较少，追求义务教育结果公平需要增加的义务教育经费需要中央承担更多的责任，即需要适当提高中央在各项义务教育支出中承担的比例。三是目前只是初步理顺了中央与地方的按项目分比例承担义务教育经费的责任，而对于省与市县只做出了模糊规定。要大幅增加义务教育投入，必须进一步明确和细化省与市县分担比例，以强化省级政府义务教育筹资责任。总之，落实“努力让每个孩子都能享有公平而有质量的教育”的新理念，必须建立以需求为基础的义务教育财政保障政策，这需要国内学者进行更深入研究。

第二部分
研究基础

第 2 章　义务教育学校公共投入对学生成绩的影响

——基于 JX 和 ZD 区县 70 所小学数据的典型相关分析

2.1　引　　言

研究义务教育财政公平问题，其前提是义务教育学校的资源配置与教育产出（常用学生成绩表示）之间存在正相关的关系，否则单纯讨论学校投入问题就没有什么实际意义。自 20 世纪 60 年代以来，国外学者一直将这一问题视为中小学学校财政研究的重中之重，但已有研究并没有给出一个简单明确的答案。其主要原因在于：目前对这个问题的研究在很大程度上依赖于教育生产函数。Monk（1989）将生产函数定义为这样一种统计方法，即由不同的投入组合描述可能达到的最高产出水平。最初形式的教育生产函数是在《科尔曼报告》中建立的，这一报告发表于上个世纪 60 年代中期。该报告收集了美国 70 万余名学生的成绩数据和相关要素数据，研究发现，相对于教育投入要素，家庭、其次是同龄人，是影响学生学业成绩的主要因素。这一发现引发了激烈的争论，且导致了一场对学校资源与学校绩效关系的广泛研究。继科尔曼之后的有关这一问题的研究也普遍采用了生产函数的分析方法，但这种方法是有缺陷的，存在的第一个问题就是，使用生产函数方法对同一组数据进行分析得出的结论可能完全不同。Hanushek（1989）对美国 1988 年之前的 187 项教育生产函数研究结果进行分析，发现这些研究涉及与学生学业成绩相关的投入变量，始终没有显示出与学生成绩之间存在强有力的联系，投入变量包括师生比、教师工龄、教师水平、教师工资、设备、生均开支等。基于此，他得出的结论是，不应仅在支出的基础上制定教育政策。与此相反，Hedges 等（1994）使用两种形式的元分析方法对 Hanushek（1989）所做的统计过程提出质疑，并对其所做的研究进行了重新分析，交叉研究的结果表明：生均费用每提高 10%，可将学生学业成绩从 50% 的位置提高到 75%，即学校投入和学生学业成绩之间存在明显的相关关系。此后绝大多数研究的结果似乎都支持学校投入对学生学业成绩有积极影响（Wenglinsky，1997；Hammond，2000；Konstantopoulos，2005；Fredriksson，2007；Salvanes，2012；Fryer，2016）。近年来，国内有少数学者开始关注学校投入与教育质量关系问题，如胡咏梅（2009）和薛海平等（2010）对中国部分省（直辖市、自治区）的中小学进行实地调查后，利用生产函数法分析了各类教育资源投入指标对学生成绩的影响，也得出了与 Hedges 等（1994）类似的结果。Monk（1989）认为，采用教育生产函数方法进行的研究出现不一致甚至相反的结果，一个可能的原因是同时存在多个生产函数，投入产出的转变也会受性别、种族、所教科目等多种因素的影响。因此，只有在条件受到严格限制的特定情况下，学校投入和产出之间强有力的关系才会存在。要想论证生产函数的存在，必须使用能解释突发情况、符合教育产出复杂性特征的方法。

教育生产函数方法的另一个重要缺陷就是，这个方法仅将学校投入与学校单一产出的指标相联系。学校教育具有多目标和多维度的特征，仅以单一的产出指标来分析学校的生产关系是不全面的（Knoeppel，Versiegen and Rinehart，2007）。近期已有学者开始研究学校教育的多种产出，Schwartz 等（2005）用成本函数来衡量过去三年里俄亥俄州的小学、初中和高中在给定技术和投入要素价格的前提下，实现某一产出的最低成本。Rubenstein（2005）通过 DEA 方法（数据包络分析）来评估学校多投入多产出的效率。DEA 是一种使用非参数效率前沿的线性规划技术，该方法包括 0 至 100 的效率指数的计算，其中 0 表示离效率前沿最远的可能得分（得分为 0 意味着最无效率）。采用 DEA 的分析方法，虽可以解决学校多产出的问题，但它先验假定投入与产出存在关系，且这种方法更多关注的是技术效率。

研究学校多投入与多产出的关系问题，还可以使用另外一种方法，即典型相关分析方法。Thompson（1991）认为计算的复杂性和结果解释的困难限制了典型相关分析方法的使用。当代计算机技术及其软件的迅速发展，弥补了应用典型相关分析中的困难，Pedhazur（1997）和 Stevens（1999）提出了解释结果的策略。国外使用典型相关分析方法研究学校多投入与多产出关系的文献并不多见（Knoeppel，Versiegen，and Rinehart，2007），目前国内尚未有学者使用典型相关分析方法来实证研究学校教育资源与学生成绩间的关系。本章将使用有别于生产函数的方法，即典型相关分析方法，探讨这一具有重要政策意义的问题，以期实现两个研究目的：一是进一步验证学校教育资源投入与学校教育质量之间是否存在显著的相关关系；二是分析各投入要素对学校教育质量的影响程度，重点关注对学校教育质量有较大影响的投入要素。

2.2　研究方法、衡量学校投入和教育产出的指标与数据来源

2.2.1　研究方法

典型相关分析是一种多元统计的分析方法，通常用来研究两组多变量间的相关关系。与主成分分析类似，典型相关分析是把多变量与多变量间的相关关系转化为两个典型变量（又称典型变式）之间的相关关系。典型变量是由每组观测变量形成的线性组合，构成线性组合的权重可以通过使典型变量间相关系数最大化求得。

利用典型相关分析方法对学校多投入与多产出关系进行分析，首先，设多个投入变量 X 和多个产出变量 Y 分别为 p 维和 q 维的随机向量，即 $X=(x_1, x_2, \cdots, x_p)$，$Y=(y_1, y_2, \cdots, y_q)$，对 X 与 Y 都赋予不同的权重，构造出每组变量的线性组合（即典型变量）分别如下：

$$P_i = a_1x_1 + a_2x_2 + \cdots + a_px_p$$

$$Q_i = b_1y_1 + b_2y_2 + \cdots + b_qy_q$$

式中，P_i是学校投入变量 X 的第 i 种线性组合，a_p是典型权重，x_p是学校投入变量。同样地，Q_i是学校产出变量 Y 的第 i 种线性组合，b_q是典型权重，y_q是学校产出变量。其中，$i=1, 2, \cdots, n$，$n=\min(p, q)$。

典型相关分析研究 P 和 Q 之间的关系，求解 P 和 Q 的最大相关系数即为典型相关系数（R_C），与简单相关系数一样，典型相关系数的实际意义并不十分明

确，故需要进一步计算典型相关系数的平方（R_C^2），相当于回归分析中确定系数，其实际意义是一对典型变量之间的共享方差在两个典型变量各自方差中的比例。由于在两个观测变量组之间的典型相关并不是一个，而是表现在多维方面，其维度取决于两个原始变量组的变量数。每一个维度上典型相关系数是按一定顺序成对建立两个变量组的典型变式后逐步求解的，即第一对典型相关的相关程度最高，随后的典型相关系数依次变小。每个典型变量只与另一组对应的典型变量相关，与本组或另一组的所有其他典型变量都不相关，按照此原则一直计算典型相关系数，直至产生的典型相关对数与两组中较少的变量数相一致。在使用随机抽样数据的情况下，为了肯定各个维度上的典型相关不仅在样本中存在，且在总体中也存在，就需要进行统计检验。文献表明，除非有更多的显著性检验，否则典型相关系数的平方小于10%的典型变量被认为是没有意义的，这样就可以排除一些对于总体推断无用的信息，使后面的分析专注于更加重要的方面。排除不显著的维度对于进行典型相关分析并没有太大的损失。因为根据典型变量形成的特点，求解的序次在前的典型相关系数所对应的典型变量可以代表两组观测变量共变的绝大部分，而被排除的那些序次靠后维度上的典型变量代表的两组观测变量之间的共变部分往往很小。

通过显著性检验的典型相关系数所对应的典型变量可以用于冗余度分析。冗余度反映的是一个变量组中各典型变量对于另一个变量组所有观测变量的解释能力。尽管冗余分析有两个方向，我们仅从因变量方向进行冗余分析，因为我们通常只关注因变量被自变量组中典型变量解释的比例。值得注意的是，通常仅使用通过显著性检验的典型变量进行冗余度分析。

由于冗余度分析只揭示了被解释变量的变化在多大程度上可以由解释变量的线性组合来解释，但这还不够，还必须探讨不同解释变量对被解释变量的影响程度。而回答这个问题的关键在于分析各个维度上构成典型变式对 P 和 Q 的观测变量的标准典型系数和典型负载系数。标准的典型系数是指对观测变量进行标准化处理后，使标准化观测变量转换为典型变量的权数。Stevens（1999）指出，标准典型系数的使用是很有意义的，因为该系数是消除其他变量影响后的系数。Pedhazur（1997）认为，对标准典型系数的解释类似于多元回归中的标准化回归系数，可以用来反映典型变量的线性组合中每一个变量的相对重要性。由于标准的系数只能反映出某个观测变量对某个典型变量的直接影响，而不能反映其间接影响。要弄清其总影响，还需要考察其典型负载系数（含直接和间接影响)。Pedhazur（1997）认为，在两组变量检测中，应着重分析系数最大或相关性最强的变量，按照惯例，典型负载系数大于 0.30 的变量应当被视为是有价值的。

Thompson（1991）认为，采用典型相关分析方法的一个重要原因就是它更接近于研究者们想要分析的现实情况。现实中，人们更关心多个结果，而一个结果往往是由多种原因引起的。研究者选择的分析方法应当与他对现实的看法相一致，否则，得到的结果就会失去说服力。典型相关分析的优越性在于它不要求研究者舍弃任何变量的变异，因此它允许研究人员描述一个更为准确的现实情境。正如前文提到，Monk（1989）建议使用不同的统计分析方法和不同的数据来验证先前的生产函数研究成果。此外，Monk 认为，选择的分析方法必须能适应各种突发事件。正是由于这些原因，我们选择典型相关分析作为研究学校投入与学校教育质量关系的方法。

2.2.2　衡量学校投入和教育产出的指标与数据来源

2.2.2.1　学校投入与教育产出的衡量指标

学校投入主要包括人力和物力两种投入，财力投入只是人力和物力投入的货币表现。就人力投入而言，Hedges 和 Versiegen（1994）认为，学校教师的经验和教育水平与学生学业成绩有显著的关系，而教师的经验和教育水平又分别与教师的教学年限、学历密切相关，即教师的教学年限越长，教学经验越丰富；教师的学历高，教学水平也高。由于我国目前中小学教师的职称评定对教育年限和学历均有较高的要求，故本章用具有中级以上职称的教师数占专任教师总数的比重（Rmt）来反映一所学校教师的经验和教育水平。教师的数量也会对学生的学业成绩产生重要影响。一般认为，教师数量少，班级规模大，对学生的学业成绩的提高会产生不利的影响，已有研究文献常用师生比（Rts）来代表这一投入变量。物力投入反映了学校办学的物质条件，胡咏梅、杜育红（2009）等主要用生均学校占地面积、生均固定资产总值和生均计算机台数三个指标来衡量学校间办学的物质条件差异。由于生均学校占地面积和生均固定资产价值存在高度相关，若同时将它们纳入投入指标体系就会因组内的观测变量之间存在多重共线性而不能产生典型变式，也就不能进行典型相关分析。为解决这一问题，本章构造了一个物质投入的价格指数，即用学校每平方米占地面积上的固定资产价值（Pmf）来代表一所学校办学的物质条件。计算机本身已包含于学校固定资产的总价值中，同时调查还发现一些偏远农村学校目前尚未购置专用于教学的计算机，故本章没有选择生均计算机台数作为投入指标。另外，已有研究还采用了生均人员经费和公用经费两个投入指标，其中学校的人员经费主要是指教师的工资与福利，其支出水平通常由教师数量、职称、学历和教学年限等因素共同决定；公用经费是指学校用于购买教学用具和办公用品等一次性的消费支出。本章只将生均公用经费纳入了投入指标体系，而没有选用生均人员支出作为投入指标，主要原因是这一指标与前面教师素质与数量指标存在高度相关。

鉴于学校教育具有多目标和多维度的特征，本章的研究也包含多种产出的评估。正如 Picus（1995）所指出的那样，学生学业成绩一直被用来衡量学校的教育质量。同时也有大量研究表明，学生学业成绩还是学生未来劳动力市场上生产效率和收入水平高低的合理解释变量（Hanushek，1992）。Murnane 建议将学生辍学率也作为一个重要的教育质量衡量标准。实地调查发现，我国自实施免费义务教育以来，中小学尤其是小学学生辍学的情况已远没有以前那么严重。而与此同时，却出现了另外一种现象，即因办学质量的差导致学生在不同学校间流动（学生择校），且目前这一现象在中小学还比较普遍。因此，我们用巩固率而不是辍学率作为衡量学校教育质量的另一个重要指标。此外，国外已有研究大多将入学率、升学率也纳入了衡量学校教育产出的指标体系。由于本章研究的对象是小学，如前所述，我国已经实施了强制的、免费的九年义务教育，基本不存在小学无法入学和升学问题。故入学率和升学率指标在我国小学已不再重要。基于上述分析，本章最终选择衡量学校投入与学校教育质量或产出的指标见表 2-1。

表 2-1　　学校投入与教育质量指标

学校投入指标	教育质量指标
（1）中级以上职称教师数占专任教师总数比重（Rmt）	（1）学生成绩（Che）
（2）师生比（Rts）	
（3）生均公用经费（Pexp）	（2）巩固率（Rcon）
（4）每平方米校园面积上固定资产的价值（Pmf）	

2.2.2.2　数据来源与处理

现阶段，我国实行“以县为主”的义务教育管理体制，县（县级区或市）是义务教育事权与支出的责任主体。因此，本章选取了 H 省 W 市 JX 区和 SZ 市 ZD 县作为研究学校投入与学校教育质量关系的典型案例。其中，JX 区为大城市郊区，地处中部平原地带，辖 15 个街道（场），1 个省级经济开发区，面积 1949.3 平方千米，总人口 102.76 万，经济较为发达，目前共有 63 所小学。ZD 县是中部经济欠发达的山区农村县，辖 9 个乡镇和 1 个经济开发区，面积 1316 平方千米，总人口 64.43 万，目前共 62 所小学。课题组于 2015 年 6 月 25 日至 7 月 25 日对两个区县教育局、教研室、财政局和各自管辖的 40 所小学进行了实地调研，收集了本章研究所需的两类数据资料。一是学校教育投入数据，包括 2014 年秋季和 2015 年春季调查学校的专任教师数、中级及以上职称专任教师数、学校占地面积、固定资产总值、图书册数、在校生数、人员经费、公用经费、班级数，主要通过县教育统计年鉴和各学校教育事业统计年报获取相关信息；二是学生成绩数据，包括 2014 年秋季和 2015 年春季调查学校三年级和六年级期末学生的语文和数学平均成绩，以及两期的在校学生数。语数成绩主要通过查阅学校档案的方式获取，并以查阅学生档案作为校对和补充。剔除指标不完整的样本，共使用了两个县或区 70 所小学的数据。

本章所用的四个投入指标数据都是根据上述实地调查获取的原始数据经整理而获得。这里需要对于学校教育质量指标做如下几点说明：一是与国外研究处理方法类似，我们选取了调查学校三年级和六年级的语数成绩，其中三年级代表小学低年级，六年级代表小学高年级。二是我们采用“秋春”两学期区县统考成绩，以确保考试时间、内容、难度和阅卷标准基本一致，这类似于美国中小学标准化考试成绩。三是采用跨年的“秋春”而不是一年的“春秋”两学期成绩，主要是确保班级和学生成绩的相对稳定。四是每所学校学生学业成绩数据获取方法：先对三年级和六年级两学期语文和数学成绩按各自学生数加权取平均值，在此基础上再取语文和数学加权平均成绩的算术平均值（语数同等重要）。五是用 2015 年春季在校学生数除以 2014 年秋季在校学生数（两学期之间没有入学和毕业的情况，班级序号和规模较稳定），其值即为该校的巩固率。

2.3 实证结果与分析

由于典型相关分析涉及多个变量，不同变量的量纲和数量级别往往不同，如果直接利用各变量的原始值构建典型相关变量，数量级别较小变量的系数估计值较小，在分析其对线性组合的影响时就会被忽略，从而无法通过比较系数的大小来判断指标的重要程度。因此，为了消除变量的量纲和数量级别对分析结果的影响，首先需对数据进行标准化变换处理，然后再进行典型相关分析。表 2 -2 给出了学校投入与教育质量变量的简单相关系数矩阵。

表 2 -2　　学校投入与教育质量变量的相关系数矩阵

变量	Rmt	Rts	Pexp	Pmf	CHev	Rcon
Rmt	1.000	-0.529	-0.154	0.353		
Rts	-0.529	1.000	0.467	-0.196		
Pexp	-0.154	0.467	1.000	0.021		
Pmf	0.354	-0.196	0.021	1.000		
CHev					1.000	0.138
Rcon					0.138	1.000

根据表 2 -2 中的皮尔逊相关系数可以判断各组原始变量内部是否存在自相关的问题。常用的判断标准是：相关系数取值小于 0.4 表示变量间存在较低相关关系，位于 0.4（含 0.4）至 0.7 之间表示变量间存在相关性，大于或等于 0.7 表示变量间存在高度相关。从表 2 -2 中不难看出，在投入变量组，除了师生比这个变量与另外两个变量间存在一定相关以外，其他变量间相关程度都非常低。产出变量组中几乎不存在自相关的问题。本章所选择的学校投入和教育质量指标值符合典型相关分析的数据要求（变量组内部观测变量不存在高度相关）。

运用 SPSS21.0 软件对分别代表学校教育投入和教育质量的两组变量进行典型相关分析。由于变量数较少的因变量组只有两个变量，因此只得到两对典型相关变量。提取的典型相关变量、典型变量对的相关系数及其显著性检验的结果见表 2 – 3。

表 2 – 3　　　　典型相关系数及其显著性检验结果

典型变量对	R_C	R_C^2（典型相关系数的平方）	Wilk's 值	χ^2值	P 值
1	0. 383	0. 147	0. 272	15. 448	0. 050
2	0. 317	0. 101	0. 584	6. 190	0. 103

从表 2 – 3 可以看出，第一典型变量对的典型相关系数为 0. 383，第二典型变量对的典型相关系数为 0. 317，虽然两个典型相关系数都不是很高，但其平方均超过了 0. 1，即两对典型变量对投入变量和产出变量总变化的解释均达到 10% 以上。运用维度递减检验方法对典型相关系数进行显著性检验，其结果（见表 2 – 3）显示：第一典型变量对在 5% 的显著性水平下通过了检验；第二典型变量对在略高于 10% 的显著性水平下通过了检验。因此，我们可以将学校投入和教育质量两组变量相关性研究转化为对两对典型变式的研究。

如前所述，通过典型相关系数显著性检验的典型变式可以用于冗余度分析。冗余分析有两个方向，但鉴于本研究的目的是探究学校投入在多大程度上影响了学校教育质量，故以下我们仅从教育质量变量由投入变量解释的方向进行冗余分析。表 2 – 4 给出了对两个变量组之间的整体关联进行冗余分析的结果。

表 2 – 4　　　　典型冗余分析

序号	质量变量被其自身典型变量解释的百分比（%）	累计百分比（%）	质量变量被其配对典型变量解释的百分比（%）	累计百分比（%）
1	0. 569	0. 569	0. 083	0. 083
2	0. 431	1. 00	0. 043	0. 126

表 2 – 4 的第二栏为产出变量被其自身典型变量解释的百分比，其中第一对典型变量中的教育质量变量被其自身典型变量解释的百分比为 56. 9%，第二对典型变量中的教育质量变量被其自身典型变量解释的百分比为 43. 1%；第三栏为教育质量变量被其配对典型变量解释的百分比，其中第一对典型变量中的教

育质量变量被其配对典型变量解释的百分比为 8.3%，第二对典型变量中的教育质量变量被其配对典型变量解释的百分比为 4.3%，两对典型变量中的学校投入变量合计可以解释学校教育质量变量差异的 12.6%，或者说学校教育质量 12.6% 的差异可以通过学校投入变量的线性组合来预测，这个值要略低于国内运用生产函数方法得出的结果。

冗余分析只揭示了教育质量在多大程度上可以由教育投入变量的线性组合来解释，要进一步弄清哪些学校投入变量对于学校教育质量产生了关键性作用，还需要分析标准典型系数和典型负载系数。表 2 – 5 给出了学校投入与教育质量及其相关变量的标准典型系数和典型负载系数。

表 2 – 5　学校投入与教育质量及其相关变量的标准典型系数和典型负载系数

原始变量	第一典型变量		第二典型变量	
	标准典型系数	典型负载系数	标准典型系数	典型负载系数
学校投入				
Rmt	–0.194	–0.708	0.062	–0.023
Rts	–0.799	–0.922	–0.319	–0.348
Pexp	–0.078	0.319	–0.360	–0.536
Pmf	–0.291	–0.518	–0.875	–0.798
学校产出或教育质量				
CHev	–0.70	–0.786	–0.727	–0.618
Rcon	–0.624	–0.720	0.794	0.694

由于第一典型变量对的典型相关系数及其冗余度均要高于第二典型变量对，因此学校投入与教育质量两个变量组之间的联系主要体现在第一维度上。要考察第一维度上投入变量组内不同观测变量对其典型变量的影响程度，需要对其标准典型系数和典型负载系数绝对值大小进行比较。如前所述，标准典型系数反映的是观测变量对其构成的典型变量的直接影响，而典型负载系数反映的是观测变量对其构成的典型变量的总影响（含间接影响）。表 2 – 5 显示，教师数量指标的标准典型系数和典型负载系数绝对值均最高，分别为 0.799 和 0.922；教师素质指标的标准典型系数绝对值仅为 0.194，但其典型负载系数绝对值排在

投入变量的第二位，达到了0.708；办学物质条件对其典型变量直接贡献仅次于教师的数量指标，但其典型负载系数绝对值排在第三位，为0.518；生均公用经费指标的标准典型系数和典型负载均绝对值最小，分别为0.078和0.319。由此不难看出，在第一维度上教师数量和教师素质是影响教育质量最重要的投入要素，这与胡咏梅（2009）和薛海平（2010）用生产函数分析方法得出结论基本一致。办学的物质条件和生均公用经费对教育质量的影响也不可忽视，因为它们的典型负载系数均超过了0.3。再从学校教育质量变量组的观测变量与其第一个典型变量之间的标准典型系数，特别是典型负载系数的比较来看，学生成绩指标的典型负载系数绝对值要略高于巩固率指标，但二者都达到了0.7以上，表明这两个指标均是反映学校教育质量比较好的指标。另外，分析第二典型变量对可以发现，生均公用经费和每平方米校园面积上固定资产的价值的标准典型系数和典型负载绝对值都要高于教师数量和质量的标准典型系数和典型负载绝对值，分别为0.360，0.875和0.536，0.798，虽然在第二维度上，生均公用经费和每平方米校园面积上固定资产的价值在解释学校教育质量差异上作用更大，但第二维度的冗余度仅为4.3%，且显著性水平也没有第一维度高。因此，总体而言，办学的人力投入在提高学校教育质量作用上要高于物质投入。

2.4 主要结论与政策含义

本章使用了与已有国内研究不同的方法——典型相关分析方法考察了学校投入与学校教育质量间的复杂关系，重点关注对教育质量有较大影响的投入要素。以期根据研究的结果来为进一步完善我国的义务教育均衡发展的财政支持政策提出具体建议。通过对JX区和ZD县70所小学多投入变量与多产出变量的典型相关分析，得出了以下三个主要结论：

第一，学校投入与教育质量之间在统计上存在显著的相关关系。构建学校多投入与多教育质量指标的两对典型相关变量的典型相关系数分别在5%和10%的统计水平上显著，其中，第一对典型相关系数为0.383，第二对典型相关系数为0.317，且两对典型变式对投入变量和教育质量变量总变化的解释均达到10%以上。通过冗余度分析可知学校投入变量的线性组合可以解释学校教育质量

12.6%的差异。这些结果表明，义务教育阶段小学学校投入与教育质量之间确实存在明显的相关关系。

第二，本章研究验证了国内使用生产函数方法研究的结果。Monk 建议使用不同的数据和统计方法来验证已有的使用生产函数方法研究的结论。在第一对典型变量中对投入典型变量的贡献排在前两位的观测变量分别是教师的数量和教师素质指标，即代表教师数量与素质的师生比和中高级职称教师占比，其典型负载系数均要高于生均公用经费和每平方米校园面积上的固定资产价值。表明学校人力投入比物力投入对学生学业成绩的影响更大，这与国内几项使用生产函数方法研究的结果是基本一致的。

第三，典型相关分析方法也是研究教育资源投入与教育质量或产出关系的一种有效方法。本章研究结论表明学校多投入是多产出目标的有效预测变量，也就是说，典型相关分析方法不仅可以用来验证已有的教育生产函数方法研究的结果，还可以同时分析学校多种投入和多种产出间的复杂关系，这使研究人员能更好地分析学校教育的多重目标。

上述研究结论表明，近10年来我国各级政府加大财政投入致力于学校间的资源配置均衡，这有助于实现学校间教育结果均衡。由于现有义务教育均衡发展的财政政策支持的重点放在学校硬件施设上，经过这么多年投入，应该说我国中小学办学的物质条件有了极大改善。但根据上述实证研究结论，相对于学校物力方面的投入，学校人力投入对学生学业成绩的影响更大，因此今后要提升教育质量，进一步促进学校间教育结果均衡，必须要对现有的义务教育均衡发展的财政支持政策有所调整，即应把继续加大义务教育财政投入与优化义务教育财政支出结构有机结合起来。具体说，今后新增加的义务教育财力，要更多的向学校人力支出方面倾斜。具体说，今后新增义务教育财政投入主要用于三个方面：一是提高在职教师的工资和福利水平，使其有精力全身心投入中小学教育事业。尤其要提高办学质量不高的偏远农村学校、少数民族学生集中的学校以及问题学生较多的特殊学校的教师工资与福利待遇，以稳定教师队伍。近年来，由于人员经费投入不足，加剧了中小学教师特别是农村教师的流失。我们对国家级贫困县的中小学实地调查发现，绝大多数农村教师的收入每月不足3000元，工资低导致教师大量流失，且流失的中小学教师中超过半数为骨干教师。二是增加教师培训的财政投入，让更多教师有更新知识和能力得到提高的机会，以切实提高在职教师的素质。现有“国培计划”投入经费有限，参与培训人数较少，远不能满足农村教师培训提高的需求。三是加大扩大教师编制的财政投入，以增加教师的数量，重视小班教学，充分尊重学生的个性差异，让每个学生都能享有公正、平等的高质量教育。

另外，在这里还需特别说明的是，由于本章研究选取的数据仅为 H 省的两个区县，样本代表性可能会有所欠缺。要明确学校投入与产出的关系，仍需要更多的典型相关研究，包括使用更多的学校投入与产出的样本以及选取更为有效的用来反映学校投入和学校产出的指标等。

第3章 义务教育学校公共投入影响学生成绩的机制

——基于JX县小学数据多层线性模型的实证分析

对于发展中国家来说，无论是国内的研究还是国外的研究均显示出，家庭背景和学校资源配置是影响中小学学生成绩的两个关键因素。但是，现有的研究将这两个因素对学生成绩的影响作用区别看待，尤其是在研究学校资源配置对学生成绩的影响时，一般假定家庭背景对学生成绩的影响在资源配置不同的校际间不存在差异，将研究重点放在学校资源配置对校际间学生平均成绩是否存在显著的影响，以及各种投入对校际间学生平均成绩的影响程度。而对于家庭背景对学生成绩影响是否受制于学校资源配置的约束，即家庭背景对学生成绩的影响在不同资源配置的学校间是否具有差异等问题，现有的研究都没有涉及或深入挖掘。因此，有必要进一步对学校资源配置影响学生成绩的过程与机制展开更全面、更深入的探讨。本章使用多层线性模型，对来自JX县的小学及其学生问卷调查的两层结构数据进行分析，并进一步探讨学校资源配置对学生成绩的影响过程与机制，以期研究的结论能为我国制定有效的义务教育财政政策提供更多的信息。

3.1 学校资源配置影响学生成绩的机制：研究假设

我们认为，学校资源配置和家庭背景对学生成绩的影响作用，彼此并不是孤立的，而是相互纠缠的。也就是说，学校资源配置对学生成绩的影响，并非仅仅限于对学校学生总体平均成绩的影响，同时还能放大或者削弱家庭背景对学生成绩的影响。在现实的情境中，一个可以观察到的现象就是相同家庭背景的个体仅仅因为去了不同的学校而出现了成绩上的差异。因此，学校资源配置对学生成绩的影响至少有以下两种可以叠加的作用机制：一是不同资源配置的学校间学生平均成绩并不相同，即学校资源配置对学生成绩产生直接影响；二是不同资源配置的学校间家庭背景对学生成绩的影响作用也不相同，即学校资源配置通过削弱或强化家庭背景对学生成绩影响，进而对学生成绩产生间接影响。这两种作用过程和机制可用图3－1来表示。

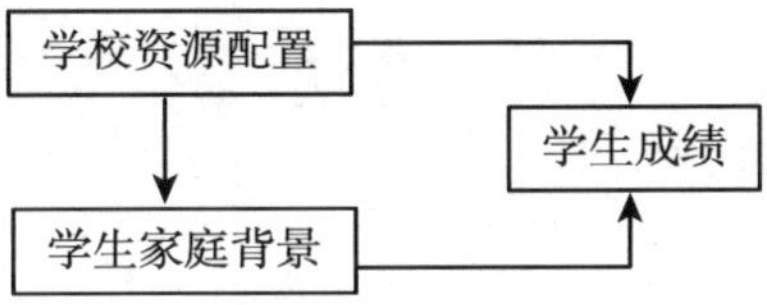

图3－1　学校资源配置影响学生成绩机制

为了用数据来检验上述提出的学校资源配置对学生成绩的两种可以“分割”的影响过程与机制，下面给出了一系列可供检验的假设。假设分为两类：一类是关于学校间学生平均成绩因学校资源配置的不同而变化的假设（A）；另一类是关于家庭背景对学生成绩的影响强度随学校资源配置的不同而变化的假设（B）。其中，A类假设国内已有研究关注比较多，我们将其纳入分析的主要目的不是简单重新证实它们，而是确保对这一问题分析的全面性和完整性。

在具体提出两类假设之前需要进一步明确的是教育投入产出的指标选择问题。按照国内外有关这方面研究的惯用做法，学校产出即学生成绩，我们用全县统一调考的学生语数成绩来代替；在家庭因素及学校投入指标的选择上，为了便于比较，我们尽量与现有国内研究指标选择保持一致，同时根据本章研究的需要和数据的可获得性，适当增加和修正了一些指标。教育投入产出指标体系见表3－1。

在表3－1给出的学校投入指标中，我们没有选择生均人员经费，主要是因为人员经费与师生比和高级教师占比呈高度正相关，即在一所学校的学生数给定的情况下，教师数越多，教师职称越高，人员经费拨款也越多。因此，有了教师的数量和质量指标就没有必要再选择人员经费指标。另外，已有的研究常采用教师学历和职称构成来反映学校间教师素质的高低，而这两个指标在我们调查的30多所小学中均达到了80%以上，且校际间差异很小。相比较而言，教师职称构成的校际差异要略大于教师学历构成，故我们采用了高级教师占比作为学校教师质量指标。

表3-1　　教育投入产出指标体系

产出指标	投入指标	
	学校层面	个体家庭层面
学生语数成绩	（1）师生比	（1）家庭住址
	（2）高级教师占比	（2）家庭收入
	（3）生均固定资产价值	（3）父母教育程度
	（4）生均图书册数	（4）父母职业
	（5）生均公用经费	（5）家庭关系
	（6）学校规模	（6）父母对其成绩的态度

3.1.1　学校间学生平均成绩的差异

我们首先关注的是资源配置不同的学校间学生平均成绩是否存在显著的差异。这一点已经被国内已有的研究所证实，但作为研究的必要步骤，仍需要检验。因此，我们提出：

假设A_1：学校间学生平均成绩存在显著的差异。

至于学校各种资源投入对学校间学生平均成绩各自产生了什么样的作用，以往的研究发现，师生比、高级教师占比和公用经费对生均成绩的提高有显著的正向作用。据此，我们建立如下假设：

假设A_2：师生比越高的学校，生均成绩越高。

假设A_3：生均公用经费越高的学校，生均成绩越高。

假设A_4：高级教师占比越高学校，生均成绩也越高。

已有研究还得出比较一致的结论是：生均成绩与生均图书册数呈正相关，而与生均固定资产无显著关系。但在我们的调查中却发现，生均固定资产总值较高的学校都是大规模的重点和示范学校；与此相反的是，生均图书册数受学校规模的影响，使规模大的好学校的生均图书册数反而比规模小的差学校的生均图书册数要少。因此，我们假定：

假设 A_5：生均固定资产总值越高的学校，生均成绩越高。

假设 A_6：生均图书册数越少的学校，生均成绩越高。

假设 A_7：学校规模越大，生均成绩越高。

3.1.2　学校间家庭背景对学生成绩影响作用的差异

如上述讨论，我们更关注的是家庭背景对学生成绩作用的大小是如何受制于学校资源配置的影响。我们认为，正是由于学校资源配置不同，使得家庭背景对学生成绩的影响在校际间出现了差异。

家庭背景通常用家庭居住地、父母教育程度、父母职业、家庭收入、家庭关系等指标表示（见表3－1）。在不考虑学校资源配置的情况下，现有研究表明，来自农村、父母文化程度低、家庭贫困、父母从事体力劳动或低端服务行业、父母对学生成绩态度简单粗暴和家庭关系不好的学生成绩比较差。也就是说，较差家庭背景对学生成绩产生了消极影响。而我们想知道的是学校的不同资源配置是否放大或削弱了家庭背景对学生成绩的影响作用。

由于代表家庭背景的变量和学校投入的变量都比较多，使得两个层面多变量之间的交互影响显得异常复杂，为了使复杂问题简单化且又能说明问题，需要对两个层面变量进行筛选。在学校层面上，我们主要选择了学校间具有代表性、差异比较大的三个投入变量，即师生比、生均公用经费和生均固定资产总值。在家庭层面上，究竟哪些家庭背景变量对学生成绩的影响作用在校际间存在差异，这需要在实证分析中把所有变量纳入模型中进行检验。基于观察，我们初步判断是：

B_1：家庭背景对成绩的作用强弱要受制于学校资源配置的状况影响（不一定是代表家庭背景的所有变量）。

B_2：较高的师生比，能削弱家庭背景对学生成绩的影响作用。

B_3：较高的生均公用经费，能削弱家庭背景对学生成绩的影响作用。

B_4：较高的生均固定资产，能削弱家庭背景对学生成绩的影响作用。

3.2 分析工具、数据来源与统计描述

3.2.1 分析工具的选择

在前面讨论中，我们反复强调学校资源配置对学生成绩的影响作用包含了两个层次的含义，即个人层次和学校层次。要分清这两个层次间极其复杂的关系，就需要特殊结构的数据，并引入新的分析工具。而统计学中多层线性模型的发展与应用，恰好契合了我们的需要。

传统的线性回归分析的基本先决条件是线性、正态、方差齐性以及独立分布，但对于分层数据结构而言，后两条的假设往往不再成立。多层线性回归模型（HLM）正是为了对应此类数据而产生的，并在近年来的应用中愈发成熟，使研究者可以同时处理学校和学生个体两个层面的数据，进而估计各个层面上的变化，以及各个变量之间的关系。这些特征正好符合我们的研究目的，因此本章将使用 HLM 模型从学校和学生个体两个层面来分析学校资源配置对学生成绩的影响及其作用机制。

3.2.2 数据来源与统计描述

在我国，县（县级区或市）是义务教育事权与支出的责任主体，促进县域内义务教育均衡发展也是中央和地方近期要实现的目标。为使研究的结论对于教育政策制定更具有现实指导意义，与已有跨省或跨县调查获取数据的国内研究不同，我们选择了一个县内的学校及其学生作为调查对象。按照研究的目的，我们调研组在精心准备的基础上对 W 市辖 JX 郊县的小学和学生进行了调查。为保证样本的代表性，调查采用了随机抽样的方法，首先根据学校分布的地理位置、学校类型和学校规模从 JX 郊县的 50 余所小学中抽取 30 所小学作为调研的对象，教学点均被排除在外。共获取了两类数据资料：一是学校层面上的学校资源配置，主要是通过查阅 JX 县的教育统计年鉴，再辅之以学校访谈；二是个

体层面的学生家庭背景，主要是通过学生问卷的方式，以查阅学生档案作为补充。在30所小学中，我们选择了五年级（代表高年级）和三年级（代表低年级）作为问卷调查的对象。如果所在学校五年级和三年级的班级数分别超过了2个班（含2个班），我们只抽取班级数为奇数的班级。共发放问卷2454份，回收问卷2445份，其中有效问卷2403份，回收率为99.63%，有效率为97.92%。表3－2和3－3给出了两层数据统计的描述性分析（限于篇幅我们在这里只报告了五年级的分析结果）。

表3－2　　　　家庭背景与学生成绩关系的统计描述

分类选项		语文平均成绩	数学平均成绩	人数
性别	男生	70.24	79.84	682
	女生	74.89	78.90	531
家庭住址	农村	71.81	78.38	558
	城镇	73.68	78.92	624
父亲职业	失业、务农与打工	70.47	77.29	571
	企业、银行或公司	74.35	81.50	571
	行政与事业单位	75.06	85.01	56
母亲职业	失业、务农与打工	71.12	78.33	663
	企业、银行或公司	74.12	81.12	477
	行政与事业单位	74.59	82.36	60
父亲教育	小学及以下	68.87	74.81	243
	初中和高级中等	73.08	80.54	815
	高职高专以上	75.29	83.10	139
母亲教育	小学及以下	69.03	76.24	338
	初中和高级中等	73.40	80.47	777
	高职高专以上	77.51	84.41	86
家庭收入	贫穷	64.90	72.81	86
	一般	71.33	78.52	590
	比较富裕及富裕	74.91	81.83	538
家庭关系	父母关系好	72.76	79.86	1043
	父母关系不好	69.02	76.47	94
	离婚	72.76	79.07	64
父母对其考试态度	鼓励	73.78	80.66	911
	无所谓	69.90	78.03	96
	打骂	67.78	75.54	205

注：家庭收入状况用家用电器数目的多少加以区分。

表3-2显示：就性别差异而言，女生语文成绩要高于男生，而男生的数学成绩要略高于女生。不考虑性别差异，家住农村、父母失业或从事的职业地位越差、父母教育程度越低、家庭越贫穷，家庭关系越不好的学生，其语数平均成绩越差，即家庭背景好坏与学生成绩的高低高度相关。另外，来自不同家庭规模的学生，其语数成绩无明显差异，因此我们没有列举出来。

表3-3　　校际间学生语数平均成绩与资源配置差异

	最小值	最大值	标准差	平均值	变异系数
五年级语文平均成绩	55.52	79.14	5.79	71.08	0.08
五年级数学平均成绩	61.21	88.32	7.16	77.69	0.09
生均公用经费	0.04	0.40	0.08	0.09	0.89
师生比	0.05	0.64	0.11	0.12	0.92
高级教师占比	0.37	1.00	0.13	0.74	0.18
生均固定资产	0.00	5.56	1.03	0.74	1.39
生均图书册数	9.16	308.20	61.87	42.83	1.44
学校规模	94.00	2410.00	536.24	515.43	1.04

表3-3显示：校际间学生语数平均成绩标准差分别为5.79和7.16，变异系数分别为0.08和0.09，表明校际间学生语数平均成绩均存在一定差异。就校际间资源配置情况而言，除了高级教师占比在校际间差异比较小以外，其他各项资源配置在校际间差异都比较大，其变异系数均在0.8以上。

3.3　模型分析结果

按照我们的本章研究目的和研究设计，本部分主要弄清两个问题：一是学生成绩的总体差异在多大程度上是由学校层面的资源配置不同引起的。二是学校资源配置究竟是如何影响学生成绩的。

3.3.1　学校间资源配置对学生成绩总体差异的影响程度

要弄清因学校间资源配置不同对学生成绩总体差异的影响程度，就必须对学生成绩总体差异进行分解，而使用 HLM 的一个优势就是它可以将学生总体成绩差异分解到不同的层级里，并给出一个定量的指标表示不同层级所导致的成绩差异占总体差异的份额。我们使用 HLM 的零模型（null model）来分解学生成绩的总体差异，具体模型如下：

第一层：$achievement_{sij} = \beta_{s0j} + r_{sij}$

第二层：$\beta_{s0j} = \gamma_{s00} + \mu_{s0j}$

其中，*achievement* 代表学生考试成绩，s 代表考试的科目，i 代表第一层的学生个体，j 代表第一层学生所在学校，β_{s0j}为第一层截距，r_{sij}为随机效应，γ_{s00}为第一层截距在第二层的固定效应，μ_{s0j}为第二层的随机效应。这个模型中不加入任何变量，因此我们可以检验总方差的分布。要确定学生成绩的总体差异中有多大比例是由第二层的差异造成的，还需要计算一个跨级相关（Intra-Class Correlation）系数 ρ。令 $var(r_{si}) = \sigma_s^2$，$var(\mu_{s0j}) = \tau_{s00}$，则 ρ 的计算公式为：$\rho = \sigma_s^2/\sigma_s^2 + \tau_{s00}$。是否适合进行第二层分析，通常判别的标准是 ρ 值大于 0.1。若 ρ 值太小，表明校际间学生平均成绩的差异不显著，无须进行第二层分析。表 3-4、表 3-5 给出了学生成绩总体差异分层分解的结果。

表 3-4　　学生语文成绩总体差异分层分解结果

固定效应	系数	标准误
平均成绩	71.082	1.072

随机效应	方差成分	占总方差的份额	自由度	X^2	P 值
层级—2 效应（校际间）	30.961	18.24%	29	286.375	0.000
层级—1 效应（校内）	138.764	81.76%			

表 3-5　　学生数学成绩总体差异分层分解结果

固定效应	系数	标准误
平均成绩	77.685	1.316

随机效应	方差成分	占总方差的份额	自由度	X^2	P 值
层级—2 效应（校际间）	46.773	18.80%	29	283.065	0.000
层级—1 效应（校内）	202.022	81.20%			

从表3－4、表3－5中可以看出五年级学生语文成绩和数学成绩的截距平均数分别为71.082和77.685。在方差成分中，语文成绩的组内方差为138.764，组间方差为30.961，x^2值为286.375；数学成绩的组内方差为202.022，组间方差为46.773，x^2值为283.065。它们都在29个自由度下p值接近于0，证明学校间的学生语文和数学平均成绩的差异都十分显著（证实假设A_1）。更进一步，根据HLM给出的方差成分在两个层级的分布，我们可以算出，五年级学生语数成绩的总体差异在学校间和学校内部分解结果：学校间的效应比例分别为18.24%和18.80%，学校内部的效应比例分别为81.76%和81.20%。换言之，因学校间资源配置的不同造成了五年级学生的语数平均成绩的差异，且这部分的差异分别达到了学生平均成绩总体差异的18.24%和18.80%（远大于0.1或10%）。

3.3.2 学校资源配置对学生成绩的影响机制

现在，我们讨论学校资源配置对于学生成绩的两个影响机制与路径。要弄清这一问题，就需要建立一个在两个层次都加入自变量的完整两水平线性模型。如前所述，代表家庭背景的变量比较多，需要进行筛选。首先，根据相关性分析，发现父亲职业和母亲职业以及父亲教育程度和母亲教育程度均呈高度正相关。为避免多重共线性问题，我们选择了相关性较大的父亲职业和母亲教育程度这两个变量来分别代表父母职业和父母教育程度。其次，通过建立随机回归模型对余下的所有家庭变量进行分析。随机回归结果发现，家庭住址和家庭关系对学生语数成绩的影响在校级间不存在显著差异，而父亲职业、母亲教育程度、父母对学生成绩的态度和家庭收入对学生语数成绩影响在不同资源配置的学校间存在显著的差异，即这四个家庭背景变量需要建构第二层模型作进一步分析（验证了假设B_1）。由于篇幅所限，本章略去了随机效应模型及其回归结果。至于在第二层模型中需要引入哪些自变量，在前面理论分析和假设中我们已经作了筛选。最终完整两水平线性的学生语数成绩模型为：

第一层模型：

$$\begin{aligned} achievement_{si} = {} & \beta_{s0j} + \beta_{s1j}occupation_{ij} + \beta_{s2j}edu_{ij} + \beta_{s3j}attitude_{ij} \\ & + \beta_{s4j}income_{ij} + \beta_{s5j}adress_{ij} + \beta_{s6j}relation_{ij} + \gamma_{sij} \end{aligned}$$

第二层模型：

$$\beta_{s0j} = \gamma_{s00} + \gamma_{s01}PUBEP_j + \gamma_{s02}TS_j + \gamma_{s03}HT_j + \gamma_{s04}FIXP_j + \gamma_{s05}BOOKP_j + \gamma_{s06}SCALE_j + \mu_{s0j}$$

$$\beta_{s1j} = \gamma_{s10} + \gamma_{s11}PUBEP_j + \gamma_{s12}TS_j + \gamma_{s13}FIXP_j + \mu_{s1j}$$

$$\beta_{s2j} = \gamma_{s20} + \gamma_{s21}PUBEP_j + \gamma_{s22}TS_j + \gamma_{s23}FIXP_j + \mu_{s2j}$$

$$\beta_{s3j} = \gamma_{s30} + \gamma_{s31}PUBEP_j + \gamma_{s32}TS_j + \gamma_{s33}FIXP_j + \mu_{s3j}$$

$$\beta_{s4j} = \gamma_{s40} + \gamma_{s41}PUBEP_j + \gamma_{s42}TS_j + \gamma_{s43}FIXP_j + \mu_{s4j}$$

其中，s、i、j 所代表意义同前；*occupation* 代表父亲职业，*edu* 代表母亲教育程度，*attitude* 代表父母对学生成绩的态度，*income* 代表家庭收入，*adress* 代表家庭住址，*relation* 代表家庭关系；***PUBEP*** 代表生均公用经费，***TS*** 代表师生比，***HT*** 代表高级教师占比，***FIXP*** 代表生均固定资产总值，***BOOKP*** 代表生均图书册数，***SCALE*** 代表学校规模。

学校资源配置对学生成绩影响的机制与路径显得相当复杂（参见表 3－6）。表 3－6 的左端列出的自变量分为两个层级，其中层级一的个体家庭背景变量用黑体字显示，而嵌在相应的层级一变量下的层级二的自变量用缩进格式表示。需要特别注意的是，所有层级一自变量下的截距项的回归系数表示的是家庭背景对学生成绩的影响作用，而其余的层级二变量的回归系数表示的是学校资源配置对家庭背景变量影响学生成绩作用的调整。下面将分步讨论学校资源配置对学生成绩的复杂影响作用。

表 3－6　　学校资源配置影响学生成绩的多层线性模型

因变量	语文成绩		数学成绩	
固定效应（自变量）	回归系数	t 值	回归系数	t 值
平均成绩				
截距	58.929***	10.326	69.737***	9.196
生均公用经费	17.503***	2.078	16.193***	2.401
师生比	36.323***	5.401	5.623	0.488
高级教师占比	8.551	1.180	2.260	0.248
生均固定资产	0.764	1.186	2.372***	4.843
生均图书册数	－0.067***	－8.400	－0.028***	－2.040
学校规模	0.0037***	3.709	0.006***	4.445

续表

因变量	语文成绩		数学成绩	
固定效应（自变量）	回归系数	t 值	回归系数	t 值
父亲职业（0=体力工作；1=脑力工作）				
截距	3.313***	2.986	3.754***	2.770
生均公用经费	-0.792	-0.098	-10.908***	-2.515
师生比	-8.598**	-1.826	0.321	0.075
生均固定资产	-0.026	-0.042	-0.104	-0.235
母亲教育程度（1=小学及以上；2=初中；3=高中及以上）				
截距	1.842***	2.899	0.926*	1.530
生均公用经费	-5.589*	-1.565	-5.413***	-2.639
师生比	-4.226***	-2.177	4.299**	1.849
生均固定资产	-0.403	-1.086	-0.603***	-4.041
父母对待其考试成绩的态度（1=鼓励；2=无所谓；3=打骂）				
截距	-3.142***	-3.343	-3.200***	-4.020
生均公用经费	-2.561	-0.335	-2.741	-0.559
师生比	7.767*	1.336	5.731*	1.577
生均固定资产	1.154***	-3.979	0.083	0.491
家庭收入（1=贫困；2=温饱；3=小康；4=富裕）				
截距	1.387**	1.666	1.759*	1.383
生均公用经费	6.641	1.165	-5.083*	-1.397
师生比	-6.591*	-1.443	0.255	0.110
生均固定资产	-0.335	-1.025	-0.264	-0.830

注：*、**、*** 分别表示在20%、10%和5%的水平上显著。

3.3.2.1 学校资源配置对学校生均成绩的直接影响

对于学生平均成绩而言，我们发现，无论是语文还是数学，生均公用经费越高、生均图书册数越少和规模越大的学校，学生平均成绩越高，验证前面的假设 A_3、A_6和 A_7；高级教师占比越高的学校对生均成绩产生了正的影响，但不显著（不能证实假设 A_4），这主要是由于高级教师占比在校际间差异不大造成的。值得注意的是，学校师生比和生均固定资产总值对于生均语文和数学成绩的影响出现了不完全一致的情况，即学校的师生比对生均语文成绩产生了显著的正影响（师生比越高学校，生均语文成绩也越高，验证 A_2），而对生均数学成绩有正的影响但不显著；与此相反的是，生均固定资产总值对数学成绩产生了显著的正影响（办学条件越好的学校，生均数学成绩也越高，验证 A_5），而对语文成绩产生了正的影响但不显著。

3.3.2.2　家庭背景对学生成绩的影响

前面提到，层级一自变量下的截距项的回归系数反映的是学生个体的家庭背景对学生个体成绩的影响作用。结果显示，所有的截距项都具有统计上的显著性，相比较而言，家庭背景对学生语文成绩的影响更显著。由此可见，引入模型的父亲职业、母亲教育程度、父母对学生考试成绩态度和家庭收入四个家庭背景变量对学生语数成绩均具有显著的影响作用。具体说，来自父亲从事脑力劳动家庭的学生成绩要高于来自父亲从事体力劳动家庭的学生成绩（父亲职业截距项的回归系数大于零）；学生的母亲教育程度越高，该学生成绩也越高（母亲教育程度截距项的回归系数大于零）；父母对其子女的考试成绩态度越粗暴，来自这样家庭的学生成绩越不好（父母对待其考试态度截距项的回归系数小于零）；富裕家庭的学生成绩要比贫困家庭的学生成绩高（家庭收入截距项的回归系数大于零），这些结果与前面的统计描述和已有的研究结论是一致的。

3.3.2.3　学校资源配置对家庭背景影响学生成绩作用的调整

如前所述，我们更关注的是，多层线性模型可以描述家庭背景（层级一）对于学生成绩的影响作用是如何因学校资源配置不同而发生变化的。这样的结果是由模型中（参见表3-6）嵌套于层级一自变量下的层级二自变量的回归系数来显示的。

就语文成绩而言，在层级一变量父亲职业、母亲教育程度、父母对学生考试态度和家庭收入四项下，出现比较一致的结果是，师生比的回归系数为负且显著，即较高的师生比，能弱化父亲职业、母亲教育程度、父母对学生考试态度和家庭收入这四个家庭背景变量与学生语文成绩的正向关联。或者说，增加一个学校的教师数量，能缩小因父亲职业、母亲教育程度、父母对考试态度和家庭收入不同所带来的学生语文成绩差异（验证了假设 B_2）；生均公用经费高低与家庭背景对学生语文成绩影响作用无显著关系（不能验证 B_3）；生均固定总值越高的学校，能削弱因父母对待学生考试态度不同对学生语文成绩的影响作用（验证假设 B_4），而与其他家庭背景变量对学生语文成绩的影响作用无显著关系。

就学生的数学成绩而言，在层级一变量父亲职业、母亲教育程度和家庭收入三项下，出现比较一致的结果是，生均公用经费的回归系数为负且显著，即生均公用经费越高的学校，能削弱父亲职业、母亲教育程度和家庭收入与学生数学成绩的正向关联。换句话说，提高一个学校的生均公用经费拨款标准，能缩小因父亲职业、母亲教育程度和家庭收入不同所带来的学生数学成绩的差异（验证了假设 B_3）；师生比与父亲职业和家庭收入对学生数学成绩的影响作用无显著关系，而与母亲教育程度对学生数学成绩的影响作用呈显著的正向关系，即较高的师生比强化了母亲教育程度与学生数学成绩的正向关联。另外，学校的师生比还与父母对学生考试态度对学生数学成绩影响作用有显著的负向关系。或者说，教师数量越多的学校，能部分削弱因父母对学生数学考试成绩态度不同而对学生数学成绩产生的影响作用（验证 B_2）。生均固定资产总值与父亲职业、父母对待学生考试态度和家庭收入对学生数学成绩的影响作用无显著关系，而与母亲教育程度对学生数学成绩影响作用有显著的负向关系，即生均固定总值越高的学校，母亲教育程度对学生数学成绩的影响作用也越小（仅这一点验证了 B_4）。

为了更直观地显示层级二学校资源配置如何调整（主要是缩小）层级一个体家庭背景对学生成绩的影响作用，根据上述实证的结果给出了如下图（参见图 3－2）。上述结果显示，较高的师生比能弱化母亲教育程度与五年级学生语文成绩的正向关联。用纵轴表示学生语文成绩，横轴表示母亲的教育程度。图 3－2A 描述的是师生比值较低学校的母亲教育程度与学生语文成绩的线性关系，图 3－2B 描述的是师生比值较高学校的母亲教育程度与学生语文成绩的线性关系。尽管在图 3－2A 和图 3－2B 中，母亲教育程度－学生语文

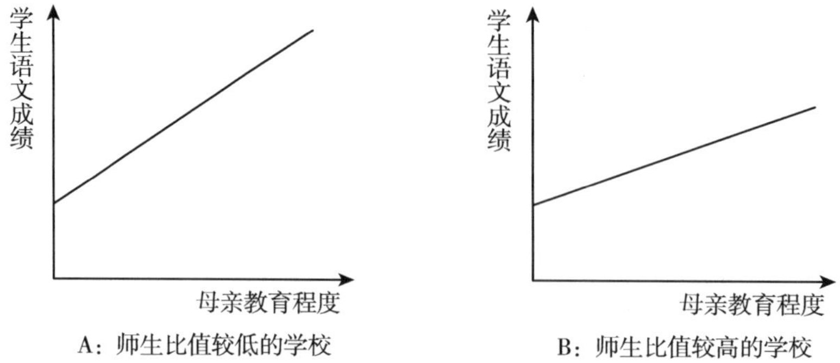

图 3－2　不同师生比学校间母亲教育程度对学生语文成绩影响作用比较

成绩线均向上倾斜，即随着母亲教育程度提高，学生成绩都在提高，但两条线的斜率并不相同。图3-2B中线的斜率要明显的小于图3-2A，这主要是由于师生比值提高削弱了母亲教育程度与学生语文成绩的正向关联。

3.4 结论与建议

在全国各地以县为单位大力推进义务教育均衡发展的过程中，厘清学校资源配置与学生成绩间的关系是至关重要的。本章在国内学者已有研究的基础上，深入挖掘了学校资源配置对学生成绩影响的两个途径：一是学校资源配置的不同直接导致了学校间生均成绩的差异；二是学校资源配置的不同还导致了家庭背景对学生成绩的影响作用在校际间出现了差异。现有的国内研究反复证实了前者，而后者是本章细致求证的理论假设。本章的分析结果显示了学校间生均成绩存在显著的差异，也显示出学校资源配置对学校平均成绩产生了显著影响。更重要的是，本章的结果还揭示了学校资源配置影响学生成绩的双重逻辑与过程，并指出了相同家庭背景对学生成绩的影响作用在资源配置不同的学校间是存在差异的。

本章分析的结果显示：学校间五年级生均语数成绩均存在显著差异，且这种差异并不完全是由非学校因素（主要是个体家庭背景因素）引起的，学校资源配置对学校生均成绩产生了显著的影响。具体到数量上，因学校资源配置不同所引起的学校间生均语数成绩差异均占到总体差异的18%以上，这已经是一个相当高的比例。同时也证明了当前推进学校间资源配置均衡政策，能在一定程度上促进教育公平和提高学校整体的教育质量。

除了验证已有研究结论之外，我们更进一步看到，已有研究对学校资源配置影响学生成绩的机制与路径还挖掘得不够深入。虽然家庭背景（父亲职业、母亲教育程度、家庭收入和父母对学生成绩态度）对学生成绩决定作用相当显著，但它们的这些决定作用都受到了学校资源配置的约束与调整。分析结果显示，较高的师生比能削弱因父亲职业、母亲教育程度和家庭收入不同所导致的学生语文成绩的差异。而较高的生均公用经费则能削弱因父亲职业、母亲教育程度和家庭收入不同所导致的学生数学成绩的差异。这一分析结果的政策含义是：如果我们把实现义务教育均衡发展的最终目标确定为教育质量均衡，那么经过一段时间使县域内学校间办学条件达到基本均衡以后，我们致力于义务教育均衡的公共教育支出政策就要应该有所调整，即必须要对那些学生家庭背景整体较差的学校追加更多的公共教育资源，以缩小因家庭背景不同而产生的教育质量差异。

毋庸置疑，本章的研究结果有助于我们理解学校资源配置是如何影响学生成绩的。但与此同时也看到，学校资源配置对学生成绩的影响往往会因学生所学科目、家庭背景的变量不同而出现不一样结果，且显得异常复杂。本章对这方面研究仅仅只是一种尝试，要进一步理清学校资源配置与学生成绩间的复杂关系，为政策制订提供更准确、更有价值的信息，还有待今后更多、更深入的研究。

第三部分
投入公平

第 4 章　我国义务教育投入地区差异及其变化的实证分析

自 20 世纪 90 年代以来，我国义务教育投入的地区差异备受社会高度关注，国内学者也围绕这一问题进行了大量的研究。已有的有关这方面的研究文献都认为，导致我国义务教育地区差异过大的制度性根源在于“以乡镇为主”高度分散的义务教育财政体制。进入新世纪，国务院对我国义务教育财政体制进行过两次大的调整，一次是国务院以 2001 年农村税费改革为契机，将义务教育事权与支出责任由乡镇上划至县；另一次是为解决因推行“两免一补”① 的政策而出现的地方财政负担过重的问题，中央和地方就农村义务教育的部分支出责任实行分项按比例共同分担的新机制（简称“新机制”）。“新机制”于 2005 年在西部农村实行，2007 年扩大到中东部农村，2008 年在全国范围内实施。义务教育事权与支出责任的适度集中，尤其是中央和省级义务教育支出责任的强化，究竟对缩小我国义务教育投入的地区差异产生了什么样的作用，本章收集了 1995—2016 年 31 个省（直辖市、自治区）的义务教育支出数据，考察体制调整前后义务教育投入地区差异的变化，并对其进行系统的因素分解分析。

4.1　测度义务教育生均投入地区差异的指标选择与数据来源

4.1.1　测度义务教育财政投入地区差异的指标

测度义务教育生均投入不平等的指标有很多种，本章选择了基尼系数（Gini

① 两免一补的政策是指免除义务教育阶段学生的学杂费、免费提供教科书和对困难学生提供生活补助。

Coefficient）和泰尔指数（Theil Index）。前者可以对义务教育生均投入地区差异做静态分项分解和动态差异变化的来源分解，后者可以对义务教育生均投入地区差异进行分组分解。由于这两种指标的估算方法有差异，使得基尼系数对分布中段的变化比较敏感，泰尔指数对分布两端的变化比较敏感，若把这两种指数结合起来分析，还可以发现一些细微的变化。

4.1.1.1　基尼系数估算及其分解方法

基尼系数的计算方法也有多种，但在对基尼系数进行测算时，如果每个样本是一个家庭或一个地区，那么，就需要对每个样本的人口进行加权——这一点很重要，否则，结果很容易造成误导。同时，也为了便于分解，我们选择了黄祖辉等在 Silber（1989）的矩阵算法基础上给出的简便算法，具体表示为：

$$G = \sum_{i=1}^{n} \frac{e_i}{e} \times s_i \left(\sum_{j=1}^{i-1} s_j - \sum_{j=i+1}^{n} s_j \right) \qquad (4-1)$$

其中，当 $i=1$ 时，则 $\sum_{j=1}^{i-1} s_j = 0$；当 $i=n$ 时，则 $\sum_{j=i+1}^{n} s_j = 0$。

以省为分析单位，式（4－1）中 G 为全国生均义务教育投入的基尼系数，e 为全国生均义务教育投入，e_i 表示 i 省生均义务教育投入，s_i 代表 i 省义务教育阶段在校学生数占全国义务教育阶段在校生数的比重。

假设生均义务教育投入由 K 项投入构成，以 $S_K = e_K/e$ 代表生均分项投入在生均总投入中的比重，则 G 可以表示为：

$$G = \sum_K S_K C_K \qquad (4-2)$$

式（4－2）中 C_K 表示分项生均投入的集中率，也可以视为分项投入的基尼系数。C_K 的计算与 G 类似，只不过计算 C_K 是根据生均总投入而不是分项投入由低至高排列的。安得森（Adams）曾定义 C_K/G 为相对集中系数。如果某项投入的相对集中系数大于 1，则认为该项投入对总体差异是促增的；反之，就是促减的。那么，各种分项投入对总投入分布不平等的贡献率可以表示为：

$$R_K = S_K C_K / G \times 100\% \qquad (4-3)$$

基尼系数的分解固然有用，更重要的是要分析投入差异变化的原因，如某分项投入对基尼系数的百分比贡献也许不大，却有可能是导致总投入差异或基尼系数变化的重要因子。为了进一步分析生均义务教育投入地区差异变化的原因，根据万广华（1998）的研究，还可以对其变化进行分解。用 t 和 $t+1$ 下标代表时间，基尼系数的变化可以表示为 $G_{t+1} - G_t$ 定义该变化为 ΔG，则有：

$$\Delta G = \sum_K \Delta S_K C_{t+1} + \sum_K \Delta C_K S_{t+1} \sum_K \Delta S_K \Delta C_K \tag{4-4}$$

根据这个分解公式，基尼系数的变化可以分解为三种影响因素，一是分项投入份额变动的影响，称之为结构效应；二是分项投入集中率变动的影响，称之为集中效应；三是两种因素变动的共同影响，称之为综合效应。

4.1.1.2　泰尔指数估算及其分解方法

泰尔指数是衡量义务教育投入不平等程度的一种常用指标，其最大优点就是能将总体差异分解为组内差异与组间差异，而基尼系数在这方面分解后有冗余部分。为探讨全国生均义务教育投入不平等是由区域间还是区域内支出差距的扩大所引起的，我们还估算了全国义务教育生均投入地区分布差异的泰尔指数，并对其进行了分解。泰尔指数的估算公式为：

$$Theil = \frac{1}{n}\sum_{i \in n} \frac{e_i}{e}\ln\frac{e_i}{e} \tag{4-5}$$

我们将全国31个省（直辖市、自治区）分为东、中、西三大区域。其中，东部包括北京、天津、河北、上海、江苏、浙江、福建、山东、广东、海南、辽宁；中部包括吉林、黑龙江、山西、安徽、江西、河南、湖北、湖南；西部包括内蒙古、广西、重庆、四川、贵州、云南、西藏、陕西、甘肃、青海、宁夏、新疆。

$$T(e) = T(\mathrm{e}^1, e^2, \cdots, e^m) = \frac{1}{n}\sum_{a=1}^{m}\sum_{i \in N_K}\frac{e_i}{e}\ln\frac{e_i}{e} \tag{4-6}$$

式（4-6）中，$m=1, 2, 3$；$N_1=11$，$N_2=10$，$N_3=10$；e_i和e意义同前，用e_a表示a区域生均义务教育投入，泰尔指数进一步分解为：

$$T(\mathrm{e}) = W + B \tag{4-7}$$

其中，$W = \sum_{a=1}^{m}\frac{n_a}{n}\frac{e_a}{e}\frac{1}{n}\sum_{i \in N_a}\frac{e_i}{e}\ln\frac{e_i}{e}$，$B = \frac{1}{n}\sum_{a=1}^{m}\sum_{i \in N_a}\frac{e_a}{e}\ln\frac{e_a}{e}$

式（4-7）中，W为组内（或区域内）部分，表示3个组（或区域）不平等值的加权平均，是总投入差异值的组内（区域内）差异部分；B表示总投入差异值的组间（区域间）差异部分。

4.1.2　教育投入数据选取与来源说明

教育投入数据可以从收入和支出两个角度来获取，根据数据的可获得性，我们选择了教育支出数据代表省际教育投入的水平。另外，教育支出经费包括事业性支出和基建支出两部分，本章所用的教育支出未包含基建支出，主要是因为基建支出没有纳入经常性财政预算，而是根据需要来确定的，各年份波动较大，若把基建支出与事业性支出放在一块分析，其结果会产生误导。所谓事业性支出，是指学校每年用于购买维持学校正常运转的各种资源支出。按其性质可分为人员支出（教职工的工资、福利等）和公用支出（业务费、公务费、小型设备购置费、修缮费等）。本章所用支出数据均来自《中国教育经费统计年鉴》（1996—2017 年），选取的是分地区地方普通小学和地方普通初中教育经费支出。各省学生数是由总支出除生均支出计算求得。

4.2 全国义务教育投入省际差异及其变化

我国义务教育分为初中和小学两个阶段，由于这两个阶段对教育投入品的要求不一样，若按义务教育口径笼统计算生均支出分布不平等的指数会掩盖许多差异。因此，按照已有文献共同的做法，利用前面公式，我们分别估算了 1995—2016 年全国小学和初中生均教育支出省际分布差异的基尼系数（见表 4－1、表 4－2 第二列）和泰尔指数（见表 4－5、表 4－6 第二列），并根据估算的结果绘出了趋势变化图（见图 4－1、图 4－2、图 4－3）。

从估算的结果来看，如果我们借用人均收入基尼系数的相关成果，国际上使用比较多的经验判别标准是，将基尼系数 0.4 视为收入差距的警戒线，似乎我国小学和初中生均支出的省际差异还不算高。但需要注意的是，我们是以省为基本分析单位，若将分析单位细分到县，只要各县小学和初中生均支出有所不同，估算的全国小学和初中生均支出省际分布的基尼系数一定会增加（这一点已被一些学者的研究所证明）。大量实地调查发现，我国各省所辖县的小学和初中生均支出差异要远大于省间差异，因此，上述估算的全国小学和初中生均支出省际分布的基尼系数已经相当高了，不能不引起警惕。

由表 4－1、表 4－5 第二列和图 4－1 可以看出，“新机制”实施前全国小学生均支出省际分布的基尼系数略有上升的趋势，而其泰尔指数却出现逐年大幅增加。其中，基尼系数由 1995 年的 0.217 上升至 2005 年的 0.225，仅上升 0.8 个百分点；而其泰尔指数则由 1995 年的 0.137 上升至 2005 年的 0.278，差不多增加了 1 倍。受义务教育经费保障新机制实施的影响，从 2006 年开始，除个别年份以外，全国小学生均支出省际分布的基尼系数和泰尔指数均呈逐年下降的趋势，且下降的幅度比较大（见图 4－1）。具体说，“新机制”实行后全国小学生均支出省际分布基尼系数由 2006 年 0. 217 下降至 2016 年 0. 164，其泰尔指数由 2006 年的 0. 278 下降至 2016 年的 0. 147。值得注意的是，衡量“新机制”实施前后全国小学生均支出省际差异的基尼系数的变化没有其泰尔指数的变化大。如前所述，基尼系数对中段变化比较敏感，基尼系数变化不大，说明小学生均支出中段分布变化不明显；而泰尔指数对两端变化比较敏感，“新机制”实施后尔指数明显减小，表明发达省份小学生均支出水平与不发达省份绝对差异在缩小。

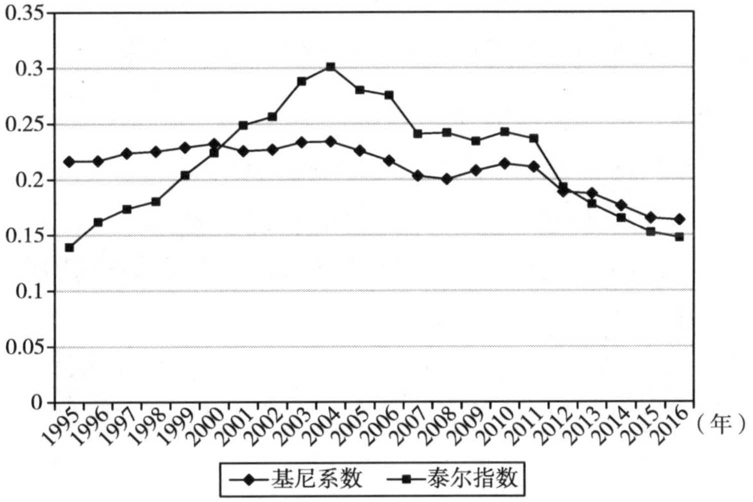

图 4－1　1995—2016 年全国小学生均支出省际差异变化趋势

由表 4－2 和 4－6 以及图 4－2 显示，与小学类似，估算反映全国初中生均支出省际差异的基尼系数，由“新机制”实施前 1995 年的 0. 186 一直上升至 2004 年的 0. 244，2005 年始出现下降趋势，并在 2016 年时下降至 0. 170，共下降了 7. 4 个百分点；泰尔指数在“新机制”实行前（除少数年份外）均呈逐年上升的趋势，且上升幅度较大，即由 1995 年的 0. 084 上升至 2006 年的 0. 276，共上升了 19. 2 个百分点，2006 年后，泰尔指数呈现下降的趋势，在 2016 年时，泰尔指数下降至 0. 157。这表明，在 2006 年农村义务教育经费保障机制实施，极大地缩小了初中生均支出省际差异。总体上，无论是用基尼系数还是泰尔指数衡量的全国初中生均支出的省际分布差异，新机制实行后都出现了明显的下降趋势。

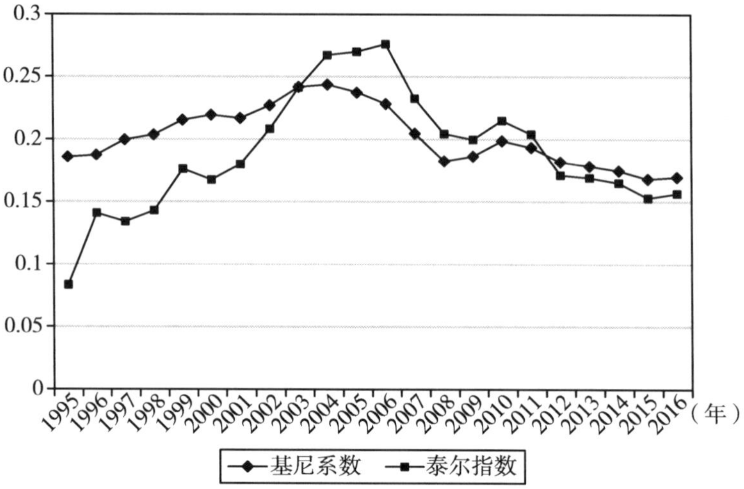

图 4－2　全国初中生均支出省际差异变化趋势

从全国小学和初中生均支出省际差异的比较角度来看，义务教育经费保障“新机制”实行前反映全国小学生均支出省际差异的基尼系数在 2001 年之前明显大于初中，2001 年之后小于初中，根据潘天舒（2000）和王蓉（2004）等学者研究结论，我们认为出现这种情况的原因是 2001 年义务教育财政体制适度集中，即义务教育事权与支出责任上划至县所导致的。“新机制”实行之后，小学与初中生均支出省际差异的基尼系数均呈现下降趋势，并且在 2007 年后，初中的基尼系数再次低于小学的基尼系数。而估算反映全国小学和初中生均支出省际差异的泰尔指数在 2005 年以前均呈现上升趋势，且小学生均支出省际差异泰尔指数明显高于初中，2006 年“新机制”实行之后，小学和初中生均支出省际差异泰尔指数均呈现下降趋势，且仍保持小学泰尔指数高于初中（见图 4－3）。

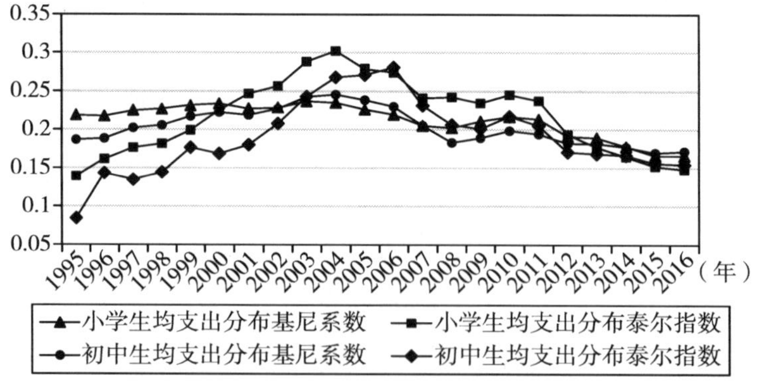

图 4－3　1995—2016 年全国小学与初中生均支出省际差异变化趋势

4.3　全国义务教育投入地区差异的分项分解

为了对义务教育财政体制调整前后全国小学和初中生均支出省际差异有更多的了解，我们分别估算了全国小学和初中生均支出各分项支出集中率，用来反映该项支出分布的不平等程度。如果集中率大于总支出的基尼系数（相对集中指数大于1），那么，可以认为该项支出的分布对总支出分布不均等具有扩大效应；反之，则具有缩小效应。根据上面给出的分解公式（4－2），全国小学和初中生均总支出分布的基尼系数可以表示为各分项支出的集中率乘以其份额后的加总额。利用公式（4－3），我们还可以计算出各个分项支出对总支出分布不平等的贡献率。(见表4－1 至表4－4)。

根据表4－1 和表4－2 的估算结果，我们绘制了图4－4 和图4－5。从全国小学生均支出基尼系数分项分解结果来看，占小学生均总支出比重最大的是人员经费支出，所占份额由 1995 年的 70. 4% 上升至“新机制”实施初 2006 年的 75. 8%，而到 2016 年时下降至 71. 14%，但仍高于 1995 年的水平；其相对集中率由 1995 年的 0. 198 上升至 2005 年的 0. 215，在“新机制”实施后开始呈现下降趋势，到 2016 年时下降到 0. 172，人员经费的地区差异是各年份小学生均支出差异的主要贡献者，其相对集中率总体上呈现上升趋势，在 2008 年之前，人员经费的相对集中指数小于 1，它对总体差异的贡献率要小于其所占份额，并且在 2006 年“新机制”实行之后，人员经费的相对集中率在 2007 年出现了一次较大幅度的下降，由 2006 年的 0. 984 降至 0. 947，说明新机制的实行后人员经费的分布对总支出分布不均具有比较明显的促减效应，但该效应作用的时间较短，从 2008 年开始，该项支出的促减作用逐渐变弱，即其相对集中率一直大于 1，在 2012 年达到最高点 1. 073，到 2016 年时，其相对集中率为 1. 047。我们认为，由于从规范收费如“一费制”到免除学杂费都率先是从贫困地区开始的，结果导致其集中率在“新机制”实行后明显上升（收费收入向富裕地区集中），相应地，其相对集中指数也由“新机制”实施前小于 1 变为新机制实行后大于 1，正是因为这一原因，它对总体差异的贡献率在“新机制”实行后绝大多数年份都要大于其所占份额。“新机制”实行后，总体上公用经费所占份额在逐年提高，其集中率在新机制实行前绝大多数年份都要大于0.250，且对总体差异的贡献也要远大于其所占份额，但“新机制”实行后其集中率却呈逐年下降趋势；2012年下降的幅度最大，下降至0.162，这与国家自2006年始免除义务教育阶段学生杂费后，将公用经费按统一标准全部纳入财政预算内有关。

表4-1　1995—2016年小学生均支出基尼系数、分项支出集中率及其相对集中指数与各分项支出对总支出分布不平等的贡献率

年份	基尼系数	集中率		相对集中指数		分项支出的构成（%）		各分项支出对总支出分布不平等的贡献率（%）		总贡献率（%）
		人员经费	公用经费	人员经费	公用经费	人员经费	公用经费	人员经费	公用经费	
1995	0.217	0.198	0.260	0.916	1.201	70.432	29.568	64.503	35.497	100
1996	0.216	0.204	0.244	0.943	1.129	69.319	30.681	65.362	34.638	100
1997	0.223	0.212	0.246	0.953	1.106	69.029	30.971	65.758	34.242	100
1998	0.225	0.219	0.239	0.973	1.063	69.808	30.192	67.913	32.087	100
1999	0.229	0.217	0.261	0.946	1.138	71.692	28.308	67.797	32.203	100
2000	0.232	0.217	0.273	0.937	1.178	73.890	26.110	69.237	30.763	100
2001	0.225	0.209	0.278	0.928	1.235	76.538	23.462	71.024	28.976	100
2002	0.226	0.205	0.303	0.907	1.338	78.499	21.501	71.223	28.777	100
2003	0.234	0.209	0.322	0.892	1.376	77.626	22.374	69.220	30.780	100
2004	0.233	0.215	0.292	0.925	1.254	77.287	22.713	71.509	28.491	100
2005	0.225	0.215	0.256	0.956	1.140	76.043	23.957	72.685	27.315	100
2006	0.217	0.214	0.228	0.984	1.051	75.781	24.219	74.540	25.460	100
2007	0.203	0.192	0.237	0.947	1.168	75.937	24.063	71.899	28.101	100
2008	0.200	0.198	0.204	0.992	1.024	73.990	26.010	73.364	26.636	100
2009	0.208	0.209	0.205	1.005	0.985	74.867	25.133	75.243	24.757	100
2010	0.214	0.219	0.200	1.023	0.934	74.064	25.936	75.765	24.235	100
2011	0.211	0.217	0.199	1.027	0.940	68.847	31.153	70.721	29.279	100
2012	0.189	0.203	0.162	1.073	0.857	66.268	33.732	71.092	28.908	100
2013	0.188	0.196	0.172	1.044	0.916	65.689	34.311	68.568	31.432	100
2014	0.177	0.179	0.173	1.010	0.980	66.712	33.288	67.362	32.638	100
2015	0.165	0.171	0.151	1.036	0.914	70.160	29.840	72.714	27.286	100
2016	0.164	0.172	0.146	1.047	0.885	71.139	28.861	74.447	25.553	100

表 4－2　1995—2016 年初中生均支出基尼系数、分项支出集中率及其相对集中指数与各分项支出对总支出分布不平等的贡献率

年份	基尼系数	集中率		相对集中指数		分项支出的构成（%）		各分项支出对总支出分布不平等的贡献率（%）		总贡献率（%）
		人员经费	公用经费	人员经费	公用经费	人员经费	公用经费	人员经费	公用经费	
1995	0. 186	0. 152	0. 246	0. 820	1. 326	64. 386	35. 614	55. 770	44. 230	100
1996	0. 188	0. 165	0. 229	0. 875	1. 218	63. 470	36. 530	55. 522	44. 478	100
1997	0. 201	0. 182	0. 234	0. 902	1. 163	62. 442	37. 558	56. 338	43. 662	100
1998	0. 204	0. 190	0. 227	0. 933	1. 116	63. 484	36. 516	59. 259	40. 741	100
1999	0. 216	0. 198	0. 250	0. 916	1. 154	64. 696	35. 304	59. 243	40. 757	100
2000	0. 220	0. 205	0. 248	0. 934	1. 129	66. 374	33. 626	62. 025	37. 975	100
2001	0. 217	0. 202	0. 251	0. 929	1. 155	68. 512	31. 488	63. 642	36. 358	100
2002	0. 227	0. 207	0. 277	0. 908	1. 218	70. 337	29. 663	63. 861	36. 139	100
2003	0. 242	0. 220	0. 293	0. 908	1. 210	69. 517	30. 483	63. 127	36. 873	100
2004	0. 244	0. 223	0. 292	0. 916	1. 196	69. 846	30. 154	63. 950	36. 050	100
2005	0. 237	0. 225	0. 262	0. 952	1. 106	69. 010	30. 990	65. 727	34. 273	100
2006	0. 228	0. 224	0. 237	0. 982	1. 104	69. 232	30. 768	68. 017	31. 983	100
2007	0. 205	0. 197	0. 223	0. 962	1. 088	69. 951	30. 049	67. 306	32. 694	100
2008	0. 183	0. 187	0. 174	1. 023	0. 950	67. 957	32. 043	69. 548	30. 452	100
2009	0. 187	0. 190	0. 180	1. 018	0. 962	68. 334	31. 666	69. 538	30. 462	100
2010	0. 199	0. 202	0. 191	1. 018	0. 962	68. 313	31. 687	69. 511	30. 489	100
2011	0. 193	0. 196	0. 186	1. 019	0. 967	63. 568	36. 432	64. 788	35. 212	100
2012	0. 182	0. 189	0. 171	1. 037	0. 942	61. 310	38. 690	63. 551	36. 449	100
2013	0. 179	0. 179	0. 179	1. 002	0. 997	62. 220	37. 780	62. 321	37. 679	100
2014	0. 176	0. 172	0. 182	0. 980	1. 037	64. 474	35. 526	63. 173	36. 827	100
2015	0. 168	0. 171	0. 159	1. 024	0. 947	68. 589	31. 411	70. 236	29. 764	100
2016	0. 170	0. 179	0. 148	1. 054	0. 869	70. 916	29. 084	74. 720	25. 280	100

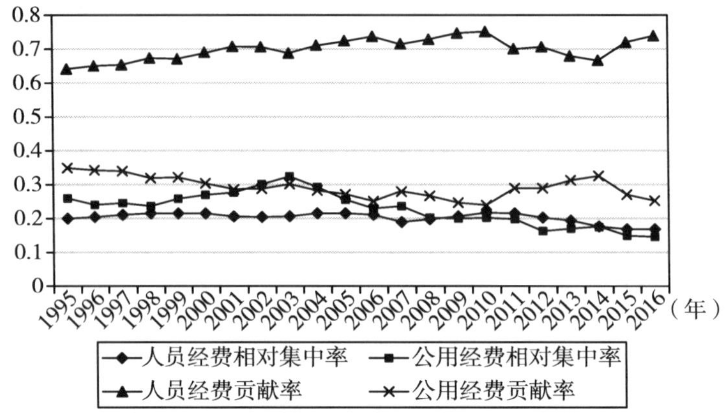

图 4－4　1995—2016 年小学生均人员和公用经费相对集中率和对总体差异的贡献率

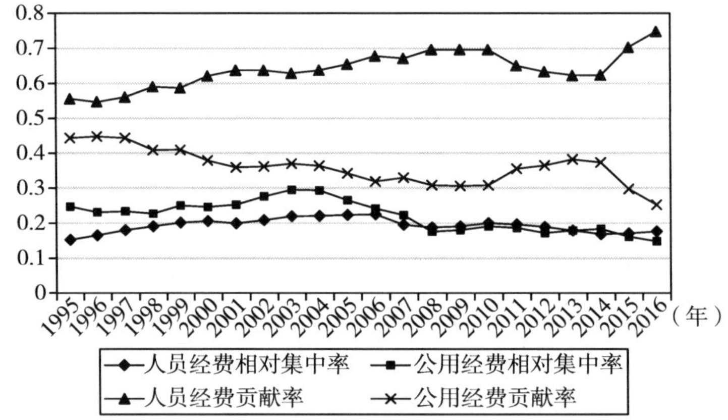

图 4－5　1995—2016 年初中生均人员和公用经费相对集中率和对总体差异的贡献率

从表 4－2 全国初中生均支出的基尼系数分解结果和图 4－5 变化趋势来看，与小学相同，占生均总支出比重第一位的是人员经费支出，1995—2006 年，其集中率均呈逐年上升的趋势，在 2006 年“新机制”实行后，其集中率开始逐年下降。不过，与小学类似，这项支出的相对集中率在 2007 年出现骤减，随后又略有上升，总体上低于“新机制”实施前。其所占份额在“新机制”实行后逐年下降，但其相对集中率却在大幅上升，相应地，对总体差异的作用也由“新机制”实行前的促减变为实行后的促增，其原因与小学相同。初中生均公用经费的集中率从 1995 年的 0.246 上升至 2005 年的 0.262，此后开始逐年略有下降，

2008 年下降幅度特别大，比 2007 年下降了 4.9 个百分点，其原因也与小学相同。值得注意的是，此项支出在“新机制”实行前后都是导致总体差异扩大的一个重要因素。

4.4　全国义务教育投入地区差异变化的分解分析

根据前面给出基尼系数变化的分解公式（4－4），生均总支出基尼系数的变化可以分成结构效应、集中效应和综合效应。就全国小学而言，结构效应和集中效应在“新机制”实行前后对总体差异产生促增和促减效应的年份各占一半，其中，“新机制”实行前主要以促增为主，“新机制”实行后主要以促减为主。值得注意的是，集中效应变化方向与总体差异的变化方向完全一致。综合效应在“新机制”实行前后基本都为负，但由于其绝对值非常小，在制定政策时这方面的因素可以不予考虑。从各效应对各年份间基尼系数变化的贡献率来看，1995—2016 年间变化都主要是由集中效应引起的。

就初中而言，结构效应在“新机制”实行前主要为负或者说对总体差异是促减的，在“新机制”实行后主要为正或者说对总体差异是促增的，一般来说，由结构效应引起的地区差异变化会随着支出结构调整结束而逐步消失；集中效应在“新机制”实行后主要为负或者说对总体差异是促减的；综合效应在“新机制”实行后主要为负，但同小学一样，其绝对值非常小，在制定政策时可以忽略不考虑。从各效应对各年份间初中生均支出差异变化的贡献率来看，“新机制”实行前后，即 1995—2016 年，各年份初中生均支出的基尼系数变化主要由集中效应引起（详见表 4－3、表 4－4）。

表 4－3　1995—2016 年小学生均支出基尼系数变化的分解

年份	ΔG	ΔG 的分解			各效应对 ΔG 的贡献率（%）		
		结构效应	集中效应	综合效应	结构效应	集中效应	综合效应
1995—1996	－0.0005	0.0007	－0.0010	－0.0002	－138.7720	190.9238	48.2994
1996—1997	0.0067	0.0001	0.0066	－0.0000	1.8045	98.4593	－0.2632
1997—1998	0.0020	－0.0003	0.0022	0.0001	－13.2604	107.9985	5.3034

续表

年份	ΔG	ΔG 的分解			各效应对 ΔG 的贡献率（%）		
		结构效应	集中效应	综合效应	结构效应	集中效应	综合效应
1998—1999	0.0046	-0.0004	0.0054	-0.0005	-8.2657	117.9809	-9.7336
1999—2000	0.0024	-0.0010	0.0036	-0.0003	-40.8647	151.8993	-11.0160
2000—2001	-0.0068	-0.0015	-0.0049	-0.0004	21.9255	72.8942	5.1712
2001—2002	0.0013	-0.0014	0.0033	-0.0006	-101.2101	242.9540	-41.7694
2002—2003	0.0075	0.0009	0.0065	0.0001	11.4196	86.7606	1.8231
2003—2004	-0.0011	0.0004	-0.0014	-0.0001	-34.9245	123.6164	11.2422
2004—2005	-0.0079	0.0010	-0.0084	-0.0004	-12.0287	106.5153	5.5291
2005—2006	-0.0076	0.0001	-0.0077	-0.0001	-1.4293	100.4979	0.9227
2006—2007	-0.0144	-0.0000	-0.0143	-0.0001	0.1601	99.5137	0.3286
2007—2008	-0.0034	0.0009	-0.0035	-0.0008	-26.0032	103.7722	22.2386
2008—2009	0.0082	-0.0001	0.0081	0.0001	-0.6976	99.5572	1.1426
2009—2010	0.0064	-0.0000	0.0065	-0.0001	-0.5173	102.3896	-1.8724
2010—2011	-0.0027	-0.0010	-0.0017	0.0000	37.1974	63.7568	-0.9588
2011—2012	-0.0224	-0.0005	-0.0214	-0.0006	2.1239	95.3092	2.5676
2012—2013	-0.0014	-0.0002	-0.0013	0.0001	16.5251	90.2999	-6.8118
2013—2014	-0.0106	0.0003	-0.0106	-0.0002	-2.3162	100.5021	1.8139
2014—2015	-0.0116	0.0002	-0.0123	0.0005	-1.5341	105.9722	-4.4395
2015—2016	-0.0008	0.0002	-0.0011	0.0001	-23.9983	131.5334	-7.5388

表 4-4　1995—2016 年初中生均支出基尼系数变化的分解

年份	ΔG	ΔG 的分解			各效应对 ΔG 的贡献率（%）		
		结构效应	集中效应	综合效应	结构效应	集中效应	综合效应
1995—1996	0.0022	0.0009	0.0016	-0.0003	39.2078	73.1119	-12.3648
1996—1997	0.0132	0.0007	0.0127	-0.0001	5.0054	95.9370	-0.9369
1997—1998	0.0022	-0.0006	0.0026	0.0002	-24.7478	117.5075	7.2275
1998—1999	0.0129	-0.0005	0.0135	-0.0002	-3.4922	104.8731	-1.3713
1999—2000	0.0033	-0.0009	0.0040	0.0002	-26.1767	121.7014	4.4851
2000—2001	-0.0027	-0.0009	-0.0017	-0.0001	33.4492	61.7562	4.8243
2001—2002	0.0105	-0.0009	0.0118	-0.0004	-8.5162	112.2725	-3.7589

续表

年份	ΔG	ΔG 的分解			各效应对 ΔG 的贡献率（%）		
		结构效应	集中效应	综合效应	结构效应	集中效应	综合效应
2002—2003	0.0149	0.0006	0.0143	0.0000	3.8926	95.9707	0.1361
2003—2004	0.0016	-0.0002	0.0019	0.0000	-14.7115	113.7171	0.9689
2004—2005	-0.0074	0.0006	-0.0077	-0.0003	-7.6692	104.0694	3.6001
2005—2006	-0.0087	-0.0001	-0.0087	0.0001	0.9209	99.6650	-0.5914
2006—2007	-0.0228	-0.0001	-0.0226	-0.0001	0.4103	99.1846	0.4045
2007—2008	-0.0223	0.0005	-0.0220	-0.0008	-2.3107	98.8024	3.5072
2008—2009	0.0042	0.0001	0.0042	-0.0000	1.1947	99.0666	-0.2643
2009—2010	0.0116	0.0000	0.0116	0.0000	-0.0190	100.0181	-0.0011
2010—2011	-0.0060	-0.0005	-0.0055	0.0000	8.6880	91.9746	-0.6665
2011—2012	-0.0107	-0.0002	-0.0103	-0.0002	2.1426	96.3730	1.4857
2012—2013	-0.0028	0.0002	-0.0028	-0.0002	-5.6139	100.2527	5.3568
2013—2014	-0.0034	0.0000	-0.0031	-0.0002	-0.5161	93.2961	7.2219
2014—2015	-0.0080	-0.0004	-0.0085	0.0009	5.1379	106.6832	-11.8210
2015—2016	0.0024	0.0003	0.0017	0.0004	12.5757	69.5880	17.8342

4.5　全国义务教育投入差异分区域分解分析

由前文分析可知，2006 年农村义务教育经费保障新机制实行前，我国义务教育投入省际差异在逐年增大，很多研究表明，这是由于我国义务教育管理和筹资责任下放到地方后，地方经济发展的不平衡和地方财力悬殊造成的。“新机制”实行之后，由于中央和地方按照分项目、按比例承担义务教育经费，并且加大了对地方的转移支付力度，在总体上缩小了义务教育经费投入的省际差异。但从具体的经费负担结构来看，国家根据各省的财力状况将全国省份分为了东、中、西三大地区，不同地区中央和地方所负担的支出责任比例不同，在西部地区，中央和省级地方政府按 8∶2 的比例分担经费，中部地区按 6∶4 的比例分担经费，而在东部地区，除直辖市以外，根据各省的财力状况来确定。为了研究这些分区域有区别的义务教育财政支持政策对区域间义务教育支出差异产生的影响，我们利用泰尔指数的分解公式，分别估算了1995—2016年各组组内差异和组间差异及其各自对总体差异的贡献率，其估算的结果见表4－5、表4－6。

从表4－5小学分解的结果来看，东部地区内部差异较大，且其变化趋势与总体差异相同，即其泰尔指数从1995年的0.090上升至2004年的0.223，从2005年开始逐年下降。中部地区内部各省份各年份小学生均支出差异很小。就趋势而言，“新机制”实行后，中部地区内部各年份小学生均支出差异较改革前略有扩大，从2010年开始略有缩小，到2016年时，中部地区内部泰尔指数回到与“新机制”实行前2005年同等水平，总的来说中部地区在“新机制”实施前后支出差异变化不大。西部地区内部小学生均支出差异比中部地区高，在时间上无明显的变化趋势。从贡献率来看，无论是“新机制”实行前还是实行后，全国小学生均支出的总体差异主要是各区域内部差异所引起的，共解释了总体差异的80%以上。其中东部地区内部小学生均支出差异对总体贡献最大，“新机制”实行后它对总体差异的贡献率在70%左右，近年来其贡献率下降至60%左右。组间差异对总体差异贡献率维持在15%左右，“新机制”实行后，其变化趋势成倒U形，在2010年达到最高点19.02%，到2016年时，该贡献率下降至12.4%。

表4－5　1995—2016年小学生均支出的泰尔指数及其按地域分解的结果

年份	泰尔指数	分组泰尔指数					各组贡献率（%）				
		东部	中部	西部	地区内部合计	地区之间	东部	中部	西部	地区内部合计	地区之间
1995	0.137	0.090	0.007	0.014	0.111	0.026	65.272	5.389	10.062	80.722	19.278
1996	0.161	0.109	0.007	0.021	0.137	0.025	67.357	4.554	12.825	84.736	15.264
1997	0.173	0.125	0.006	0.019	0.150	0.023	72.191	3.656	10.704	86.552	13.448
1998	0.180	0.129	0.006	0.021	0.156	0.024	71.904	3.223	11.615	86.742	13.258
1999	0.204	0.144	0.008	0.023	0.175	0.029	70.606	3.708	11.252	85.566	14.434
2000	0.223	0.158	0.009	0.023	0.189	0.034	70.804	3.946	10.140	84.889	15.111

续表

年份	泰尔指数	分组泰尔指数					各组贡献率（%）				
		东部	中部	西部	地区内部合计	地区之间	东部	中部	西部	地区内部合计	地区之间
2001	0. 248	0. 176	0. 010	0. 026	0. 212	0. 036	70. 992	4. 096	10. 564	85. 653	14. 347
2002	0. 256	0. 176	0. 011	0. 028	0. 216	0. 040	68. 959	4. 213	11. 091	84. 263	15. 737
2003	0. 288	0. 207	0. 010	0. 024	0. 241	0. 048	71. 619	3. 571	8. 325	83. 515	16. 485
2004	0. 301	0. 223	0. 009	0. 023	0. 255	0. 046	74. 050	2. 942	7. 622	84. 614	15. 386
2005	0. 278	0. 200	0. 010	0. 024	0. 234	0. 044	71. 965	3. 599	8. 614	84. 178	15. 822
2006	0. 273	0. 198	0. 011	0. 024	0. 232	0. 041	72. 474	3. 941	8. 644	85. 059	14. 941
2007	0. 241	0. 169	0. 010	0. 029	0. 208	0. 033	70. 137	4. 291	11. 952	86. 380	13. 620
2008	0. 242	0. 170	0. 010	0. 025	0. 206	0. 035	70. 578	4. 313	10. 488	85. 379	14. 621
2009	0. 233	0. 159	0. 010	0. 026	0. 195	0. 038	68. 430	4. 168	11. 115	83. 712	16. 288
2010	0. 243	0. 156	0. 009	0. 032	0. 197	0. 046	63. 975	3. 656	13. 352	80. 983	19. 017
2011	0. 236	0. 150	0. 008	0. 036	0. 194	0. 042	63. 441	3. 377	15. 426	82. 244	17. 756
2012	0. 193	0. 119	0. 008	0. 032	0. 160	0. 034	61. 763	4. 107	16. 666	82. 536	17. 464
2013	0. 176	0. 111	0. 008	0. 029	0. 148	0. 028	63. 345	4. 340	16. 304	83. 989	16. 011
2014	0. 164	0. 103	0. 008	0. 033	0. 144	0. 020	62. 794	4. 859	20. 370	88. 023	11. 977
2015	0. 151	0. 076	0. 010	0. 046	0. 132	0. 019	50. 287	6. 775	30. 229	87. 290	12. 710
2016	0. 147	0. 082	0. 010	0. 036	0. 129	0. 018	56. 062	7. 008	24. 539	87. 609	12. 391

从表 4－6 初中生均支出泰尔指数分解的结果来看，东部地区内部初中生均支出差异较大，且呈现出逐年扩大的趋势，“新机制”实行后，其泰尔指数开始呈现逐年下降的趋势。中部地区内部各年份的初中生均支出差异非常小，且无明显的时间变化趋势。西部地区内部各年份初中生均支出差异大于中部，但远小于东部，且在新机制实行后呈逐年扩大的趋势。从贡献率来看，初中生均支出的总体差异都是由各地区内部差异引起的，对总体差异贡献率平均在 90% 左右。其中，东部地区的内部差异对总体差异贡献率逐年增加，组间差异对总体差异的贡献率在新机制实行后有缩小趋势。

表 4-6　　1995—2016 年初中生均支出的泰尔指数及其按地域分解的结果

年份	泰尔指数	分组泰尔指数					各组贡献率（%）				
		东部	中部	西部	地区内部合计	地区之间	东部	中部	西部	地区内部合计	地区之间
1995	0.084	0.059	0.003	0.021	0.083	0.001	69.825	3.876	25.100	98.801	1.199
1996	0.142	0.072	0.003	0.063	0.138	0.003	50.771	2.340	44.439	97.551	2.449
1997	0.134	0.092	0.003	0.046	0.141	-0.006	68.358	2.223	34.109	104.690	-4.690
1998	0.144	0.095	0.003	0.046	0.143	0.000	66.074	1.918	31.820	99.812	0.188
1999	0.177	0.116	0.004	0.052	0.172	0.005	65.369	2.132	29.428	96.930	3.070
2000	0.168	0.123	0.005	0.031	0.158	0.010	73.011	2.743	18.259	94.013	5.987
2001	0.179	0.130	0.005	0.027	0.162	0.017	72.421	2.703	15.293	90.417	9.583
2002	0.208	0.144	0.005	0.030	0.179	0.029	69.381	2.399	14.353	86.132	13.868
2003	0.241	0.173	0.005	0.022	0.200	0.041	71.761	1.947	9.326	83.034	16.966
2004	0.267	0.195	0.004	0.018	0.217	0.049	73.021	1.594	6.916	81.531	18.469
2005	0.270	0.197	0.005	0.018	0.220	0.049	72.976	1.935	6.739	81.651	18.349
2006	0.276	0.206	0.006	0.016	0.228	0.048	74.663	2.159	5.828	82.650	17.350
2007	0.233	0.176	0.005	0.019	0.199	0.034	75.500	2.008	8.041	85.548	14.452
2008	0.204	0.153	0.005	0.020	0.178	0.026	75.015	2.472	9.958	87.446	12.554
2009	0.200	0.152	0.005	0.020	0.177	0.023	75.852	2.413	10.167	88.431	11.569
2010	0.215	0.159	0.004	0.025	0.188	0.027	73.642	1.936	11.695	87.272	12.728
2011	0.204	0.152	0.004	0.025	0.180	0.024	74.471	1.757	12.142	88.370	11.630
2012	0.171	0.130	0.004	0.020	0.154	0.018	75.643	2.163	11.965	89.770	10.230
2013	0.169	0.130	0.004	0.021	0.155	0.014	77.148	2.295	12.345	91.788	8.212
2014	0.165	0.128	0.004	0.024	0.157	0.009	77.739	2.552	14.538	94.828	5.172
2015	0.154	0.108	0.006	0.029	0.143	0.010	70.384	4.041	18.815	93.239	6.761
2016	0.157	0.114	0.006	0.025	0.145	0.012	72.568	4.056	15.631	92.255	7.745

总之，“新机制”实行后中央对中西部地区义务教育财政强势干预，在缩小组间差异方面起了很大的作用，但对于缩小组内差异似乎不明显。尤其是初中生均支出西部地区组内差异还出现了扩大的迹象。一种可能解释是，“新机制”实行后中央对中西部地区的转移支付更多的是弥补农民及学生家庭教育投入迅速退出留下的缺口，这些补助尚不足以抵消东部与中西部因财政能力悬殊而导致的日益扩大的地区差异。

4.6　总结性的结论与政策含义

本章运用 1995—2016 年全国分省（直辖市、自治区）小学和初中教育经费投入的数据，全面考察了我国义务教育生均支出的地区差异及其变化趋势，并对其进行了系统的因素分解分析，重点关注 2006 年始实施的义务教育经费保障新机制对我国义务教育生均支出地区差异的长期影响。其研究结论概括如下：

一是就义务教育生均支出省际分布总体情况而言，“新机制”实行后，除个别年份外，无论是用基尼系数还是泰尔指数衡量的全国小学和初中生均支出省际差异均呈现下降趋势。值得注意的是，用泰尔指数衡量的小学和初中生均支出省际差异要比用基尼系数衡量省际差异下降更为明显，这表明“新机制”实施后义务教育生均支出中段分布变化并不大，但两端分布的绝对差距在逐年大幅缩小。

二是就交叉比较新机制实行前后中小学生均支出省际分布情况而言，“新机制”实行前全国小学生均支出省际分布的基尼系数要大于初中，“新机制”实施后至最初两年初中高于小学，但在 2007 年后小学再次高于初中；而用泰尔指数衡量的全国小学和初中生均支出省际分布差异，“新机制”实施前后基本上均呈现小学大于初中的情况。

三是运用基尼系数分解公式对新机制实行前后各年份的省际差异分项分解分析发现，无论初中还是小学，生均人员经费支出对总体差异贡献最大，在“新机制”实行之前，它是促减的，在“新机制”实行后这项支出的促减作用逐渐减弱，进而转为促增的作用；而公用经费在“新机制”实行后的大多数年份中都是促减的。同时还发现，2006 年始因对义务教育实行免除学杂费的政策，而将公用经费全部纳入财政预算内，极大地改善了全国预算内义务教育公用支出分布不平等的程度。

四是就义务教育生均支出省际差异变化而言，绝大多数年份尤其是“新机制”实行后小学和初中生均支出分布省际差异的变化主要是由集中效应引起的，即主要是由于各分项支出的分布差距变化引起的，各效应对各年份间基尼系数变化的贡献率也证实了这一点。这说明各省财力状况在较大程度上影响了生均支出分布的省际差异，而省内各分项支出比例变动对省际差异产生的影响不大。

五是就三大地带间差异和地带内的差异而言，全国小学和初中生均支出的总体差异主要是由地域内的差异引起的，共解释了总体差异的80%—90%，其中东部地区内部差异对总体差异贡献率最大（平均在60%以上）。

从上述分析的结论不难发现，“新机制”的实行极大地改善义务教育生均支出省际分布不平等的状况。由于义务教育生均支出省际分布的差距变化主要是由集中效应引起的，故要从根本上缩小省际差异，还有待能均等各省财力规范的财政转移支付制度的建立。

第5章 “新机制”实施前后义务教育公共支出利益归宿变化

——基于省级数据实证分析

确保低收入群体也能享受均等的教育机会，是现代国家免费提供义务教育和资助高层次教育的重要法律依据。然而，政府的公共教育支出是否能真正使低收入群体及其子女成为最大的受益者？许多国外学者运用利益归宿的分析方法，对发展中国家不同教育阶段公共支出的利益归宿进行了考察。范·德瓦勒和奈德（1997）对这些研究进行总结后认为，教育部门公共支出的利益归宿随着教育阶段的变化而变化，且就整个教育阶段而言，小学和中等教育通常比大学教育对穷人更为有利。有关我国义务教育公共支出利益归宿的实证分析，最早见于1997年世界银行的研究报告。该报告认为，1993年我国初等教育机会分布是有利于高收入地区的，低收入地区处于明显劣势。赵海利（2007）借鉴世界银行1997年的研究方法，以各地享有的预算内公共支出份额作为受益衡量指标，考察了2002年我国初等教育公共支出的利益归宿分布，发现人均GDP最高和次高地区是我国初等教育公共支出的最大受益者。综合已有的研究文献不难看出，对我国义务教育公共支出利益归宿的分析仍然存在一些不足：一是已有的研究均以小学教育为研究对象，缺少对初中教育公共支出利益归宿的考察；二是我国义务教育公共支出分布不仅存在地区差异，也存在严重的城乡差距。同时，中央的义务教育财政转移支付一般是分东、中、西部区别对待的，这种有区别的转移支付对义务教育公共支出利益归宿地带分布也会产生影响。已有的实证分析主要研究地区间的利益归宿问题，忽视了城乡和地带间义务教育公共支出利益归宿分析；三是改革开放以来，我国农村义务教育财政体制经历了“以乡镇为主”到“以县为主”再到“新机制”的演变，这种演变是否改变了义务教育公共支出利益归宿的分布格局，目前尚无这方面的实证分析。本章将在已有研究的基础上，针对上述存在问题，对我国义务教育公共支出的利益归宿作进一步分析，重点考察“新机制”实施前后农村义务教育财政体制调整，对义务教育公共支出利益归宿地区、城乡和地带分布格局的影响。

5.1 方法与数据

利益归宿分析方法是衡量公共支出公平性的一种常用方法，该方法是根据某种福利指标（如收入、消费等）将个人或家庭进行排序，用各个群体享有的公共支出份额作为受益的衡量指标。如果一个群体享有的公共支出份额超过其所占总人口比例，此群体则为公共支出的受益者，相反，如果一个群体享有的公共支出份额低于其所占总人口比例，此群体则为公共支出的受损者。

“新机制”全称是农村义务教育经费财政保障新机制，简称为“新机制”，始于2006年，至今已有10多年。“新机制”的核心内容是免除义务教育阶段学生的学杂费，免费提供教科书，对困难学生给予生活补助，即“两免一补”，免除和补助的费用由中央和地方分项目按比例共同承担，且不同地域分担比例有所不同。为避免因偶然因素和突发事件导致数据不稳定，本章用“新机制”实施前1999年、2002年、2005年以及“新机制”实施后2007年、2010年、2013年、2016年省级数据分别取均值反映“新机制”实施前后我国义务教育公共支出利益归宿的分布情况（由于西藏部分数据缺失，所用数据不含西藏），并根据估算结果对“新机制”实施前后不同义务教育财政制度安排下义务教育公共支出利益归宿的地区、城乡和地带分布变化进行对比分析。考虑到目前没有全国城乡统一的人均收入指标，故在分析义务教育公共支出的利益归宿时，借鉴世界银行1997年的研究方法，采用人均GDP作为福利指标。在考察义务教育公共支出的地区分布时，按照上述方法，将30个省份（直辖市、自治区）人均GDP从高到低进行排序，并将全国地区五等分。为了便于比较，我们引入一个指数“EPI”，即RE/RP（其中，RE表示某地区或地带所享受的义务教育公共支出份额，RP表示某地区或地带所占总人口份额），以此考察某一地区或地带在义务教育公共支出中的受益情况。若EPI等于或大于1，则该地区或地带为义务教育公共支出的受益者，反之则为受损者。但是，仅以某一地区或地带所占人口比例来衡量该地区或地带在义务教育公共支出中的受益程度，会忽略各地区或地带义务教育公共支出的需求差异。而影响一个地区或地带义务教育公共支出需求的主要因素是学生数，考虑到这一问题，我们还引入了另一个指数“ESI”，即RE/RS（其中，RE表示某地区或地带所享受的义务教育公共支出份额，RS表示各地区或地带所占义务教育阶段的学生数比例），以此考察某一地区或地带义务教育公共支出对该地区或地带义务教育需求的满足程度。若ESI等于或大于1，则义务教育公共支出已满足或超过了该地区的义务教育需求，反之则为不满足。文中所用原始数据均来自于《中国统计年鉴》《中国教育经费统计年鉴》及《中国人口统计年鉴》。

5.2 “新机制”实施前后义务教育公共支出利益归宿地区分布变化

根据上述方法和数据，表5－1和表5－2分别给出了“新机制”实施前后小学和初中公共教育支出利益归宿的地区分布情况。

5.2.1 “新机制”实施前后全国小学公共支出利益归宿的地区分布及变化

表5－1显示：从各地区享有的小学公共支出份额来看，“新机制”实施前，人均GDP最高、次高的两个1/5地区是小学公共支出的受益者，其中人均GDP最高的1/5地区享有的小学公共支出份额超过其所占人口比例11.54个百分点，人均GDP次高的1/5地区享有的小学公共支出的份额正好等于该地区的所占人口的比例。其余三个地区都是小学公共支出的受损者，按EPI指数对其受损程度进行排序，人均GDP次低的1/5地区为最大的受损者，其次是人均GDP最低的1/5地区，人均GDP中间的1/5地区受损相对较小。“新机制”实施后，人均GDP最高、次高的两个1/5地区仍为小学公共支出的受益者，且两个地区从小学公共支出中受益的份额进一步加大，其EPI指数分别由“新机制”实施前的1.64、1.00上升至新机制实施后的1.67、1.03。其他三个地区依旧是小学公共

支出的受损者，同样按EPI指数对其受损程度进行排序，人均GDP次低、最低两个1/5地区均为小学公共支出的最大受损者，不同的是人均GDP次低的1/5地区由于享有的公共支出份额的明显增加，其从小学公共支出中受损的程度较“新机制”实施前明显减弱，而人均GDP最低的1/5地区变化幅度较小。虽然“新机制”的实施尚未从根本上改变全国小学生公共支出利益归宿的地区分布格局，但与实施前相比还是出现了一些积极变化，即原受损的3个地区的EPI指数均有所提高。

表5-1　“新机制”实施前后全国小学教育公共支出利益归宿的地区分布

指标 \ 时间 \ 地区	人均GDP最高的1/5地区		人均GDP次高的1/5地区		人均GDP中间的1/5地区		人均GDP次低的1/5地区		人均GDP最低的1/5地区	
	新机制前	新机制后	新机制前	新机制后	新机制前	新机制后	新机制前	新机制后	新机制前	新机制后
占总人口比重（%）	17.94	13.78	23.71	23.48	16.69	16.18	22.50	22.67	22.38	23.89
占总学生数比重（%）	17.36	13.89	24.16	23.24	17.38	15.89	22.58	23.02	23.34	23.95
享受公共支出份额	29.48	23.04	23.81	24.26	14.38	14.63	14.98	18.48	18.09	19.59
EPI指数	1.64	1.67	1.00	1.03	0.86	0.90	0.67	0.82	0.81	0.82
ESI指数	1.70	1.66	0.99	1.04	0.83	0.92	0.66	0.80	0.78	0.82

小学公共支出的利益归宿分布是否公平合理，还需要结合各地区所占小学生的比例进行具体分析。从各地区小学公共支出对小学教育需求的满足程度来看，“新机制”实施前，人均GDP最高的1/5地区所占小学公共支出份额大大超过其小学教育的需求，其ESI指数高达1.7。其余4个1/5地区均不能满足其小学教育的需求，按ESI指数高低对其进行排序，最不能满足其小学教育需求的为人均GDP次低的1/5地区，该地区的ESI指数仅为0.66；其次是人均GDP最低、中间的两个1/5地区；人均GDP次高的1/5地区享受的小学教育公共支出的份额与该地区小学生所占的比重较为接近，基本能够满足小学教育的需求。很明显，按ESI指数排序的结果与按EPI指数排序的结果并不完全一致，原因在于人均GDP次高的1/5地区所占学生的比例超过了其所占人口的份额，这说明

考察义务教育公共支出的利益归宿不能忽视各地区的需求差异。与“新机制”实施前相比，“新机制”实施后，各地区小学公共支出对其小学教育需求的满足程度也有所变化。其中，人均 GDP 最高的 1/5 地区所享有的小学公共支出的份额仍超过其需求，但其 ESI 指数有所下降；次高的 1/5 地区因其学生份额的下降和公共支出份额的上升，其 ESI 指数由“新机制”实施前的 0.99 上升至“新机制”实施后的 1.04，能够满足该地区小学教育的需求；人均 GDP 中间、次低、最低三个 1/5 地区享有的小学公共支出的份额仍无法满足其教育需求，但其总体满足程度均有所提升，其 ESI 指数分别上升至 0.92、0.8、0.82。

5.2.2 “新机制”实施前后全国初中教育公共支出利益归宿的地区分布变化

表 5－2 显示：从各地区享受到的初中公共支出份额来看，“新机制”实施前，人均 GDP 最高、次高的两个 1/5 地区均为初中公共支出的受益者，其 EPI 指数分别为 1.7 和 1.04. 其余三个地区都是受损者，其中人均 GDP 最低的 1/5 的地区是最大的受损者，其 EPI 指数仅为 0.71。“新机制”实施后，初中公共支出的利益归宿格局并没有发生巨大的变化，人均 GDP 最高、次高的 1/5 地区仍为初中公共支出的受益者，其余三个地区均为受损者，但同小学一样，“新机制”实施后初中公共利益归宿的分布不合理的状况有所改善，主要表现在受损地区 EPI 指数明显上升。

从各地区初中公共支出对其需求的满足程度来看，“新机制”实施前，人均 GDP 最高、次高的两个 1/5 地区的享有的初中公共支出的份额均超过其初中学生所占的比重。其余三个地区的初中公共支出的份额均无法满足其初中教育的需求，按 ESI 指数对其进行排序，最不能满足初中教育需求的为人均 GDP 最低的 1/5 地区，其享有的初中公共支出的份额低于所占初中学生比例 4.76 个百分点，人均 GDP 中间和次低的两个 1/5 地区要稍好一些。“新机制”实施后，人均 GDP 最高、次高的两个 1/5 地区仍享有的初中公共支出份额仍超出其初中教育的需求，其中人均 GDP 最高的 1/5 地区的满足程度有所下降；其余三个地区仍无法满足其初中教育的需求，值得注意的是，人均 GDP 中间和最低两个 1/5 地区均因其所占学生比例提高致使其满足程度略有下降，其 ESI 指数分别由“新机制”实施前的 0.93、0.77 下降至“新机制”实施后的 0.91、0.74。

表 5－2　“新机制”实施前后全国初中教育公共支出利益归宿的地区分布

指标＼时间＼地区	人均 GDP 最高的 1/5 地区		人均 GDP 次高的 1/5 地区		人均 GDP 中间的 1/5 地区		人均 GDP 次低的 1/5 地区		人均 GDP 最低的 1/5 地区	
	新机制前	新机制后	新机制前	新机制后	新机制前	新机制后	新机制前	新机制后	新机制前	新机制后
占总人口比重（%）	17. 94	13. 78	24. 94	23. 48	16. 69	16. 18	18. 40	22. 67	22. 38	23. 89
占总学生数比重（%）	17. 16	13. 50	25. 80	23. 92	16. 61	16. 73	18. 18	21. 99	20. 61	23. 86
享受公共支出份额（元）	30. 54	23. 72	25. 82	24. 94	15. 43	15. 29	14. 59	18. 39	15. 85	17. 66
EPI 指数	1. 70	1. 72	1. 04	1. 06	0. 92	0. 94	0. 79	0. 81	0. 71	0. 74
ESI 指数	1. 78	1. 76	1. 00	1. 04	0. 93	0. 91	0. 80	0. 84	0. 77	0. 74

5. 3　“新机制”实施前后义务教育公共支出利益归宿的城乡分布及变化

“新机制”实施后义务教育财政体制调整以及中央采取的旨在增加义务教育公共支出措施，主要是针对农村的。这些有利于增加农村义务教育公共支出的制度安排和措施，是否改变了义务教育公共支出利益归宿在城乡间的分布格局？为弄清这一问题，表 5－3 给出了“新机制”实施前后全国小学和初中公共支出利益归宿的城乡分布。

表 5－3 显示：从城镇和农村享有的义务教育公共支出的份额来看，“新机制”实施前，城镇是小学和初中公共支出的受益者。其中，城镇享有的小学公共支出的份额高出其人口所占份额 8. 94 个百分点，享有的初中公共支出的份额高于其所占人口 19. 36 个百分点；而农村是小学和初中公共支出的受损者。其中，农村享有的小学公共支出的份额要低于其人口所占比例 8. 97 个百分比，农村享有的初中公共支出份额低于其人口所占比例 19. 32 个百分比。可见，“新机制”实施前，农村初中的受损程度远远大于小学的受损程度。“新机制”实施

后，小学和初中公共支出的利益归宿的城乡分布格局发生了逆转：农村成为小学和初中公共支出的受益者，而城镇则成为受损者。这可以通过反映城镇和农村享有小学和初中公共支出受益程度的 EPI 指数进一步说明：城镇享有的小学公共支出的 EPI 指数由“新机制”实施前的 1. 32 下降至“新机制”实施后的 0. 59；而农村享有的小学公共支出受益程度的 EPI 指数由“新机制”实施前的 0. 85 上升至“新机制”实施后的 1. 44。城镇享有初中公共支出受益程度的 EPI 指数由“新机制”实施前的 1. 7 下降至“新机制”实施后的 0. 72，反之，农村享有初中公共支出受益程度的 EPI 指数，则由“新机制”实施前的 0. 73 上升至“新机制”实施后的 1. 45。出现这种转变，主要由两个方面的因素引起的：一是城乡所占义务教育总人口的相对份额发生了变化，即城镇所占义务教育总人口的比重由“新机制”实施前的 27. 79% 上升至“新机制”实施后的 61. 69%，而农村所占义务教育总人口的比重则由“新机制”实施前的 72. 24% 下降为“新机制”实施后的 38. 31%；二是城乡所占初中公共支出的相对份额发生了较大变化，即与“新机制”实施前相比，“新机制”实施后城镇所享有的初中公共支出份额下降了 2. 78 个百分点，农村享有的初中公共支出份额上升了 2. 71 个百分点。

表 5 – 3　“新机制”实施前后全国小学和初中公共支出的利益归宿的城乡分布

学校	指标	城镇地区		农村地区	
	时间	新机制前	新机制后	新机制前	新机制后
小学	占总人口比重（%）	27. 79	61. 69	72. 24	38. 31
	占总学生数比重（%）	25. 56	55. 87	74. 44	44. 13
	享受公共支出份额（%）	36. 73	36. 48	63. 27	63. 52
	EPI 指数	1. 32	0. 59	0. 88	1. 66
	ESI 指数	1. 44	0. 65	0. 85	1. 44
初中	占总人口比重（%）	27. 79	61. 69	72. 24	38. 31
	占总学生数比重（%）	33. 10	73. 30	66. 90	26. 70
	享受公共支出份额（%）	47. 15	44. 37	52. 92	55. 63
	EPI 指数	1. 70	0. 72	0. 73	1. 45
	ESI 指数	1. 42	0. 61	0. 79	2. 08

从城镇和农村公共支出对其小学和初中教育需求的满足程度来看，“新机制”实施前，城镇小学和初中公共支出均超出其小学和初中教育的需求。“新机

制”实施后，城镇享有的公共支出远远无法满足其小学和初中的教育需求，其反映小学和初中教育满足程度的ESI指数，分别由“新机制”实施前1.4、1.42下降至“新机制”实施后的0.65、0.61。农村享有的小学和初中公共支出远远超出其教育需求，享有的小学公共支出的份额要高于其学生所占比例19.39个百分比，其ESI指数上升至“新机制”实施后的1.44；农村享有的初中公共支出的份额超过其学生所占比例28.93个百分比，其ESI指数由“新机制”实施前的0.79上升至“新机制”实施后的2.08。出现这种情况一个重要原因是城镇化快速推进所引起的农村人口向城镇流动。

结合上述分析可知，“新机制”实施后，农村享有小学和初中公共支出的收益份额，以及农村和初中公共支出对其需求的满足程度均发生了极大地转变。这表明农村义务教育财政体制的调整和旨在增加农村义务教育公共支出的措施，完全改变了义务教育公共支出利益归宿的城乡分布格局，极大地促进了农村教育事业的发展。但由于农村人口的城市化转移，导致农村义务教育公共支出严重富余，容易引发教育资源浪费的现象。

5.4 “新机制”实施前后义务教育公共支出利益归宿地带分布变化

中央出台的很多义务教育财政政策是按经济地带区别对待的，如中央对义务教育的财政转移支付主要集中在中西部，且就中西部而言，中央按义务教育支出项目配套比例也是有所区别的。为了进一步考察这些有区别的义务教育财政政策对义务教育公共支出利益归宿的地带分布影响，本部分根据国家统计局最新的地带划分标准，综合考虑经济发展水平以及地理位置，将全国分为东部、中部和西部三大经济地带。表5－4和表5－5给出了“新机制”实施前后全国小学和初中公共支出的利益归宿在三大地带间的分布情况。

表5－4显示：从三大地带所享有的小学公共支出份额来看，“新机制”实施前，东部是最大的受益者，它享有小学公共支出的份额高出了所占人口比例10.52个百分点；中部和西部是受损者，它们所享有的小学公共支出份额分别低于其所占人口比例的8.17个、2.31个百分点。“新机制”实施后，东部地带的

受益程度略有下降，其 EPI 指数由"新机制"实施前的1.28下降至"新机制"实施后的1.22；中部地区依然是最大的受损者，但其受损程度有所削弱，其EPI指数分别从"新机制"实施前的0.76、0.92上升至"新机制"实施后的0.78和0.97；西部地带虽仍为小学公共支出的受损者，但其EPI指数基本接近于1。总体来看，虽然"新机制"的实施尚未完全改变全国小学公共支出利益归宿在三大地带的分布情况，但其变化呈现日趋合理的趋势。从三大地带小学公共支出对其需求的满足程度来看，"新机制"实施前，东部地带享受到的小学公共支出的份额要大于其所占学生的比重；中部和西部地带小学公共支出均无法满足小学教育的需求。"新机制"实施后，东部地带由于小学公共支出份额的下降，其小学教育需求的满足程度有所下降；中部和西部地带小学公共支出对其小学教育的满足程度均有所提高，其ESI指数分别由"新机制"实施前的0.76、0.86上升至"新机制"实施后的0.78和0.97，其中，西部地带的小学公共支出份额增幅显著，基本能够满足小学教育的需求。

表5-4　"新机制"实施前后全国小学教育公共支出利益归宿的地带分布

地带 时间	东部		中部		西部	
	新机制前	新机制后	新机制前	新机制后	新机制前	新机制后
占总义务教育人数比重（%）	38.01	37.29	34.04	32.37	27.91	30.34
占总小学生数比重（%）	36.06	37.33	34.03	32.48	29.87	30.18
享受公共支出份额（元）	48.53	45.34	25.87	25.37	25.60	29.29
EPI 指数	1.28	1.22	0.76	0.78	0.92	0.97
ESI 指数	1.35	1.21	0.76	0.78	0.86	0.97

表5-5显示：从三大地带享有的初中公共教育支出份额来看，"新机制"实施前，东部地带是初中公共教育支出的最大受益者，它享有的初中公共教育支出的份额高于其所占义务教育人口比例14.89个百分点，西部地带是初中公共教育支出的最大受损者，中部地带初中公共教育支出情况略好于西部地带。"新机制"实施后，东部地带仍为初中公共教育支出的最大受益者，但受益程度较"新机制"实施前有所下降，其EPI指数由"新机制"实施前的1.41下降至"新机制"实施后的1.26；中部地带成为初中公共教育支出的最大受损者，其EPI指数仅为0.8；西部地带的初中教育在"新机制"实施的过程中得到快速发

展，该地带初中公共教育支出的份额增加较大，其 EPI 指数由“新机制”实施前的 0.75 上升至 0.9。从三大地带初中公共教育支出对其需求的满足程度来看，“新机制”实施前，东部地带享受的初中公共教育支出的份额远远超出其所占初中学生数的比重，中部地带初中公共教育支出对该地区的满足程度最低，西部地带的满足程度次低。“新机制”实施后，东部地带初中公共教育支出对仍大于该地区教育的需求，但满足程度较“新机制”实施前有所下降，其 ESI 指数由“新机制”实施前的 1.35 下降为“新机制”实施后的 1.26；中部地带和西部地带初中公共教育支出对其教育需求的满足程度显著提升，这两个地带的 ESI 指数分别由“新机制”实施前的 0.74、0.84 上升至 0.81、0.89，但二者满足程度提升的原因有所不同，前者在于初中学生数比重的下降，后者提升的原因在于其享受的初中公共支出份额的增加。总体来看，“新机制”实施后小学和初中公共教育支出的利益归宿在三大地带间分布均出现趋于合理的迹象。

表 5－5　“新机制”实施前后全国中学教育公共支出利益归宿的地带分布

地带 时间	东部		中部		西部	
	新机制前	新机制后	新机制前	新机制后	新机制前	新机制后
占总义务教育人数比重（%）	36.45	37.29	34.14	32.37	29.41	30.34
占总小学生数比重（%）	38.10	37.14	35.65	32.13	26.31	30.73
享受公共支出份额（元）	51.34	46.82	26.53	25.97	22.12	27.21
EPI 指数	1.41	1.26	0.78	0.80	0.75	0.90
ESI 指数	1.35	1.26	0.74	0.81	0.84	0.89

5.5　结论与政策含义

本章运用“新机制”实施前后省（直辖市、自治区）的数据，对“新机制”实施前后不同义务教育财政制度安排下，全国小学和初中公共教育支出利益归宿的地区、城乡和地带分布及其变化进行了实证分析。主要结论归纳如下：

——就全国义务教育公共支出利益归宿的地区分布而言，一是无论是“新机制”实施前，还是“新机制”实施后，人均 GDP 最高、次高的两个 1/5 地区均为义务教育公共支出的受益者，其余三个地区均为义务教育公共支出的受损者。同时还发现，小学没有出现人均收入越高地区，其从公共支出中受益程度也越高的对应关系，但初中却出现这种对应关系。二是“新机制”实施后，人均 GDP 中间、最低的两个 1/5 地区由于接受初中教育的人数份额的上升，其初中公共支出对其初中教育需求的满足程度呈现下降趋势。三是尽管“新机制”的实施并没有从根本上转变义务教育公共支出利益归宿在地区间分布的格局，但在其内部各地区的分布上还是出现了一些积极变化，如“新机制”实施后人均 GDP 最低、次低和中间地区，其享受公共义务教育支出的受损程度均有所下降。

——就全国义务教育公共支出利益归宿在城乡间分布而言，“新机制”实施前，城镇人口是小学和初中公共支出的受益者，且所享受的公共支出的份额也超过了其小学和初中教育的需求。相反，农村人口是小学和初中公共支出的受损者，其享受的公共支出的份额小于其小学和初中教育的需求。“新机制”实施以后，上述状况发生逆转，农村人口成为义务教育阶段公共支出的主要受益者，而城镇人口则变为受损者。该转变表明农村义务教育发展的“新机制”的实施，极大改善义务教育公共支出城乡分布不公状况。同时可以看出，农村义务教育的公共支出比例远远超出了其学生所占的比例，这在一定程度上有可能造成农村教育资源的浪费。

——就全国义务教育公共支出利益归宿在三大地带间的分布而言，“新机制”实施以后，小学和初中公共教育支出的利益归宿在地带间分布均出现了积极变化：一是东部仍为义务教育公共支出的最大受益者，但较“新机制”实施以前，其受益程度有所下降；二是尽管中部地带仍为义务教育公共支出的最大受损者，但其受损的程度略有下降；三是由于“新机制”实施，使得财政资金大幅度向西部倾斜，这导致“新机制”实施后，该地带义务教育公共教育支出基本能够满足义务教育的需求。值得注意的是，相比于小学公共支出对其教育需求的满足程度，西部地带初中公共教育支出对其教育需求的满足程度还有待进一步提高。

上述分析表明，“新机制”的实施致使全国义务教育公共支出利益归宿在地区、城乡和三大地带的分布出现了一些积极变化。但这些变化尚未完全改变义务教育公共支出利益归宿分布不合理的格局，义务教育公共支出的公平性仍有待提高。由于地方义务教育财政支出多寡主要取决于地方财力和地方努力程度，贫困地区义务教育财政支出偏低既存在财力不足问题也与地方努力程度不够有关。因此，要增加贫困地区的义务教育公共支出必须着力解决以上两方面的问题。具体措施包括：

一是按照“财政中立”原则，在政府间事权与财权划分清晰的基础上，建立起纵向和横向调节相结合、规范的财政转移支付制度，以确保各地有财政能力提供包括义务教育在内的全国大致相等的基本公共服务。“新机制”实施的主要内容是“重点支持中西部地带，适当兼顾东部部分困难地区”，但由于中西部县域经济发展缓慢，财力薄弱，自身财力对义务教育投入极其有限，各级政府的财政投入仅能确保中西部农村中小学的最基本支出。由于公共义务教育实际支出水平是由地方决定的，即使在各地方义务教育财政支出努力程度相同，也会出现地方财力越充足，公共义务教育支出也越多情况。相反，地方财力越拮据，地方用于义务教育支出越少，即现行义务教育财政转移支付制度并不能满足“财政中立”的原则。因此，要从根本上解决义务教育公共支出利益归宿分布不合理状况，就必须要着手构建“以财政能力均衡”为目标、规范的一般性转移支付制度。

二是在均衡各地财政能力一般性转移支付的基础上，中央还应采取专门针对义务教育的干预机制，引导或激励地方政府增加义务教育公共支出。与东部地带相比，中西部地带享有义务教育支出份额偏低，除了财力不足以外，还与其自身努力程度不够有关。近几年中西部义务教育财支出绝对额大幅增长，但义务教育支出在地方财政支出中的地位并没有大幅提高。同时，“新机制”实施后中央加大中西部义务教育财政转移支付，在一定程度上替代了中西部地带自有财政收入用于义务教育的财政支出。针对这种情况，中央在设计义务教育财政专项补助分配公式时，应加入激励因子，即地方义务教育财政支出越多，中央的专项补助也越多，以激励地方政府不断增加义务教育财政支出，从而形成地方义务教育财政支出保持持续稳定增长的机制。

第四部分
学校规模

第6章　国外中小学规模作用研究：一个文献综述

在工业化和城市化快速推进的过程中，因人口迁移和出生率的下降，一些中小学尤其是乡村中小学因生源不足而被合并是不可避免的。然而，多年来很多国家的教育决策者热衷于中小学合并，不仅仅是因为学龄人口的变化，在很大程度上是基于学校的规模优势，即较大规模的学校能带来规模经济和课程的多样性，进而有助于提高学校的教育质量。在这一理论的推动下，英、美等发达国家在20世纪60年代掀起了中小学合并的高潮（石人炳，2004）。伴随着大规模学校合并，国外有关中小学规模作用研究的文献也不断涌现。大量关于这方面的研究结果表明，合并学校带来的规模优势被教育决策者夸大了，学校规模与生均教育成本和课程多样化并非一种简单的线性关系，学校规模对教育质量的影响也非常复杂，教育决策者在推进学校合并时，必须要在与学校规模相关的各种重要因素间进行权衡。受这些研究的影响，加之学校合并的确带来了诸多社会问题，发达国家曾一度出现的学校合并热逐渐被降温，美国甚至在20世纪80年代还兴起了“小规模学校运动”（廖英丽，2008）。我国于2001年开始对农村中小学进行布局调整（简称“撤点并校”），目的旨在解决农村中小学数量多、规模小、办学分散等问题，以切实提高教育质量。由于在“撤点并校”的过程中，很多地方出现了诸如“学生上学成本上升、辍学增多、废弃学校利用难”等一系列尴尬，国内主流观点将其归咎为“论证不足”。鉴于此，本章试图对20世纪60年代以来国外关于中小学规模作用研究的文献进行系统梳理，以期为国内学者从事该领域的研究和“撤点并校”的政策调整有所借鉴和启示。

6.1 学校规模与经济效率

支持学校合并的重要理由之一就是合并学校能产生巨大的经济效益，也就是通常所说的规模经济。规模经济是生产理论中的一个基本概念。在生产理论中，规模经济是指由于生产规模扩大而导致长期平均成本下降的一种现象。当这一概念应用于学校时，就意味着较大规模的学校比较小规模的学校更具有成本效益。学校规模扩大能产生规模经济的原因包括：一是学校内部许多设施与资源在使用量不超过一定数量（或未发生拥挤）时，额外多服务一名学生的边际成本相当低，而在多一名使用者分摊成本的情况下，可以降低生均教育成本。二是扩大学校规模能使学校内部人员分工更趋合理和专业化。三是具有一定规模学校有利于批量采购和降低学校的管理成本。然而，也有不少学者对基于规模经济支持学校合并的理由提出了质疑。他们认为，即使在商业界，某些组织也会出现规模不经济的现象。如古丁等（Gooding，1985）收集整理了31项关于组织规模与经济效率关系的研究后发现，在一些劳动密集型的服务组织中，其组织规模与经济效率存在负相关的关系。换句话说，当生产力提高主要依靠人的努力而非机器时，增加组织规模往往会降低其经济效率。学校合并的反对者认为，商业中出现规模不经济的现象也适用于学校。因为学校在很大程度上也是按其他劳动密集型服务组织方式一样运作的。

上述关于学校规模与经济效率间关系的理论争论，究竟孰是孰非，尚需要通过实证检验。从已有的实证研究文献来看，早期的研究一般都是支持大规模学校存在规模经济的假设。如莫里斯（Morris，1964）发现少于500名学生的高中比大规模学校要支付更高的生均成本。同样地，麦高菲（McGuffey，1978）等考察了学校的规模与设备使用和运转成本间的关系，也发现大规模学校比小规模学校设备利用率较高，生均运转成本较低。然而，1980年以后的多数经验研究发现，学校规模与经济效率间并不存在简单的线性关系。福克斯（Fox，1980）的研究认为，学校规模与生均教育成本关系的曲线呈U形，即随着招生规模的逐渐扩大，生均教育成本下降至一个最小值，若招生规模继续增加，生均成本不但不会降低反而会上升。蒙克（Monk，1987）的研究则进一步指出，学校注册生数达到400学生以后，从规模经济中得不到任何益处。

继福克斯（Fox，1981）之后，大量研究者试图去探索学校规模与生均教育成本关系曲线呈U形的原因。大多数研究者把其原因归咎为学校规模扩大所引起的管理成本增加。但也有少数学者注意到了学生上学的私人交通成本，即在人口密度较低的农村地区建立大型学校会极大地增加学生的交通成本。因此，若考虑私人承担的交通成本，扩大学校规模获得规模收益会因私人交通成本增加而被抵消，特别是对于那些人口密度较小或者单位里程私人交通成本较高的地区。不过，此前的经验研究并没有将私人交通成本纳入生均教育成本函数。

斯梅特（Smet，2001）通过构造了一个包含学生私人交通成本的生均成本函数，并利用弗兰德斯地区初等学校的数据，试图去估算最优的学校规模。其基本思路是将生均教育总成本分为公共教育成本和私人教育成本两部分，公共成本由学校固定成本和学校运行成本构成，私人成本主要指的是学生交通成本。在不考虑私人教育成本的情况下，随着学校招生规模的扩大，公共成本具有边际递减的特点，即生均公共教育成本曲线形状呈L形。其政策含义是学校的公共投入存在着规模经济，从节约公共成本角度，意味着学校规模越大越好，极端的情况就是一个地区只有一所巨型学校；若只考虑私人成本，当一个地区的学生密度既定，学校规模越大，学生平均上学距离越远，生均私人成本就越高，即私人教育成本是边际递增的。其政策含义是生均私人教育成本存在规模不经济，从节省上学的私人交通成本角度，意味着学校规模越小越好。若同时考虑生均公共和私人教育成本，则学校规模与总的生均成本曲线呈U形，即学校存在最优规模，且最优规模随人口密度和固定成本增加而增加，随学生来回上学私人交通成本增加而减小。他的研究发现，弗兰德斯地区各初等学校均偏离了最优的学校规模。

6.2　学校规模与课程的多样性

支持学校合并的另一个重要理论依据就是课程的全面性和多样性。赞同学校合并的教育决策者强调，相对于小规模学校，大规模学校能提供更广泛的课程，包括更高级的课程。因为只有学校达到一定规模和教师达到一定数量后，才比较容易出现多元的兴趣与多个专业，学生人数也足以支持更全面和更多类型的课程。康奈特（Conant，1959）研究了美国 18 个州的高中，以确定高中是否能同时为所有学生提供高质量的全面教育，包括既能为毕业后接受高等教育的学生打基础的课程，也能为毕业后学生就业做准备的职业课程。他认为小规模高中提供这类全面的教育是非常昂贵的。杰克逊（Jackson，1966）也认为大规模学校比小规模学校能提供更多各种重要课程。沃尔伯格（Walberg，1994）在研究国家教育评估委员会收集的美国 38 个州的资料后，甚至断言小规模学校不太可能提供各种各样的专门课程。

已有的经验研究结果表明学校规模对课程设置是有影响的，但也有不少研究认为，学校规模扩大对课程设置数量和种类的影响是有限的。巴克等（Barker，1964）收集了规模从 35 名到 2287 名学生的各种中等学校资料，研究发现学校规模的增加并没有导致课程同倍增加，如学生数是小规模学校 65 倍的大规模学校提供课程仅仅是小规模学校的 2 倍。皮特曼（Pittman，1987）的研究也得出了类似的结论，即在校生数每增加 100% 而提供课程仅增加了 17%。蒙克（Monk，1987）的研究进一步指出：学校规模的增加与提供更多种类课程是有联系的，但学校规模上限是 400 名学生，超过 400 名学生不会再增加课程的种类。后来几项补充研究的结论也支持了这一观点。值得注意的是，巴克等（Barker，1964）的研究还发现只有少数学生充分利用了大规模学校提供的专门课程，且大规模学校课程中也只有不到 12% 的课程在小规模学校没有被讲授过。另外，在偏远地区，随着现代远程教育和其他技术应用的增加，可以改善不同规模学校课程设置上的不均等状况。

除了学校规模对课程的数量和种类作用有限以外，蒙克（Monk，1987）还认为课程数量增加并不必然会导致课程质量的改进，即单独就学校规模而言，学校规模扩大所增加的并不是数学或外语等高级课程，而是一些非核心科目的初级课程。豪利（Howley，1994）也认为大规模学校提供广泛专门课程价值被夸大了，具有一门核心课程的小规模学校也可以培养出高水平的学生。事实上，过多的选修课程可能会削弱学生对基础课程的学习。1983 年美国教育部发布的、被视为是美国历史上最重要的教育报告——《国家处在危险之中》所描述的缺点之一，就是过多的选修课替代了基础课。

6.3　学校规模与教育质量

评估任何一项学校改革成败的最终标准，是这项改革在多大程度上提高了教育质量，中小学学校合并改革也不例外。规模优势作为学校合并的理论依据，其主要假设是：规模经济节约的生均支出能转化成学生学业成绩的提高。原因是学校将规模经济节约的资源，既可以用于提供高教师的待遇吸引更优秀的教师，也可以为学校教职工提供更多高质量的培训计划，还可以用于不断升级的教育基础设施，为学生打造一个优越的学习环境。麦高菲（McGuffey，1978）早期研究的确发现减少生均支出与提高学生成绩有联系。合并学校提高学生成绩的另一论点是大规模学校学生学习时的“同侪效应”。有学者指出，学生学习成绩常与同侪之间的互动密切相关，学生之间的互动容易激发新的语汇与行动，相互刺激模仿，对于学生整体学习成绩有一定的帮助。而小规模学校流动性不足，限制了“同侪效应”对学生的正面影响。

然而，瑟吉奥万尼（Sergiovanni，1995）则认为：即使小规模学校花费的生均成本比大规模学校稍高，但只要它们在提高学生成绩方面更富有成效，小规模学校仍可能是高效的。支持这一观点的研究表明，学生学业成绩的提高与生均成本呈正相关关系，降低生均成本会导致学生学业成绩下降。格林伍德等（Greenwood，1996）收集整理了 60 项与学生成绩有关的投入因素，研究发现生均支出每增加 10%，学生成绩可增加 1 个百分点。因此，对于学生来说，规模经济节省的成本本身并不能自动转化成一个好的教育。有成本效益的学校或许仅仅是给的费用较少，或者是降低生均教育成本本身就是损害学生成绩的一种行为。

上述关于生均支出或成本与学生成绩关系的研究得出了两种相反的结论，表明学校规模和学生成绩间关系是复杂的。但学校规模与学生成绩间究竟存在什么样的关系，同样需要大量的实证检验。哈尼施（Harnisch，1987）发现学校规模与学生成绩的关系非常微弱，二者之间相关系数仅为 0.13。Cotton（1996）收集整理了 31 篇相关研究文献发现，支持小规模学校有利于学生成绩提高和学校规模与学生成绩无关系的文献各占一半，没有一项研究赞同大规模学校有利于学生学业成绩的提高。

尽管大多数研究发现学校规模越大学生成绩越差，或者学校规模与学生成绩无关系，但也有少量的研究发现学校规模越小学生成绩越低。如 Forbes（1993）分析了学生在个别高中课程中的成绩，发现大规模学校比小规模学校更有利于学生生物和物理成绩提高。对于这些截然不同甚至相反的结论，究竟如何解释？研究者认为，导致这一现象的主要原因是一些中间变量起了关键作用。其中，社会阶层和学生年级这两个中间变量备受研究者的高度关注。

大量研究发现，社会阶层是学校规模对学生成绩作用的一个重要解释变量。豪利（Howley，1995）甚至认为学校规模与学生成绩之间的联系完全被社会阶层所主导。他估算增加学校规模对于中上阶层学生成绩产生的作用相当于增加了 0.25 年学校教育，而对于低下阶层学生来说则相当于减少了 0.67 年学校教育。斯蒂文森（Stevenson，2006）总结了来自南卡罗来纳州8 项有关学校规模作用研究后发现，社会阶层是迄今为止影响学生成绩最重要的因素，几乎可以解释学生成绩差异的 75%。

另一个吸引研究者注意的中间变量是学生就读的年级。弗里德金等（Friedkin，1988）考察了就读加利福尼亚州学校 3、6、8 和 12 年级的学生，研究发现，大规模学校对 12 年级的学生成绩有利，而小规模的学校对 3、6 和 8 年级学生的学习成绩有利。同样德州教育机构研究结果也显示：初等和初级中等学校的学生在小规模学校成绩会好一些，而高中的学生可以从较大规模的学校提供有利条件中受益。也就是说，只要当学生获得基本学习技巧和独立的学习能力后，才会从较大规模学校中获得潜在益处。

6.4 学校规模与学校风气

在有关学校规模与学生成绩关系的研究中得出了较为一致的结论，即就学生成绩而言，低社会阶层学生适合在小规模学校学习。为弄清这一原因，研究者们试图从学校规模与学校风气关系中去寻找合理的解释，因为学校风气与教育结果密切相关。研究表明，学校规模扩大会导致学校风气变坏，其中低社会阶层学生受到不利的影响远大于高社会阶层学生。

6.4.1　学校规模与学生态度和行为

大量关于不同规模学校学生对待学校的总体态度和学校某些科目态度的研究结果显示小规模学校学生态度要比大学校的学生更积极，尤其是低社会阶层和少数族裔学生的态度对学校规模极其敏感，学校规模越大，其态度越消极。对学校规模和学生行为的研究涉及学生旷课、扰乱课堂秩序、破坏、激进行为，偷窃、滥用药品、参与帮会组织等负面行为。研究表明，不管以什么样的标准来衡量，小规模学校学生的负面行为发生率都比大规模学校低。同样地，低社会阶层和少数族裔学生的行为比其他学生受学校规模的影响更明显。

6.4.2　学校规模与学生课外活动的参与

巴克（Barker）在 1964 的研究中首次提到，小规模学校学生对课外活动的参与度要显著高于大规模学校。这一结论也得到后来一些学者的支持。其中，思科根（Schoggen，1988）所作的大规模研究中得出的结论是，大体上说，大规模学校提供了更多种类的活动，但学生并没有充分利用这样的机会。而小学校虽没有提供这么丰富的活动，但学生参与度高，并从所选择参加的活动中获得了更好的体验。哈密尔顿（Hamilton，1993）的研究进一步指出，大学校的学生分成了两个极端，一端是一部分积极参与活动的学生，另一端是大量的学生不参加任何课外活动。而且低社会阶层和少数族裔学生参与课外活动的表现比其他学生受学校规模影响更加显著。

6.4.3　学校规模与学生辍学率和出勤率

柯顿（Cotton，1996）关于学校规模与辍学率关系进行了 10 项研究，其中有 9 项发现小规模学校辍学率较低。皮特曼（Pittman，1987）曾对 174 所公立高中学校规模与辍学率之间关系进行了差别量化研究，发现毕业班低于 667 个学生的学校平均辍学率是 6.4%；毕业班学生超出 2091 的学校辍学率是 12.1%，大约是小规模学校的 2 倍；而毕业班规模介于二者之间的学校的辍学率会随着学校规模增加而增加。因此，合并学校意想不到的后果之一是提高了辍学率。

研究学校规模与学生出勤率之间关系也非常重要。研究发现小规模学校在学生到课率上显现出明显的优势。另外，不仅小规模学校学生到课率比大规模学校高，而且从大规模学校转入小规模学校的学生到课率一般也会提高。值得高度关注的是，无论是学生的辍学率还是出勤率，低社会阶层和少数族裔学生受学校规模的影响更大。

6.4.4 学校规模与人际关系和父母参与

贝茨（Bates，1993）等10多位学者专门针对不同学校规模的学校人际关系进行了调查，这些调查主要集中在师生关系、同学关系尤其是教师对学生的关注度和关心指导上。结果发现学校规模与人际关系呈负相关，即规模越小学校人际关系越好。学生家长的参与度更高常常被当作对学生成绩和态度产生积极作用的主要因素。迈耶（Meier，1996）的研究发现，小规模学校比大规模学校学生家长有更多参与学校决策的机会。他们认为父母、学生和教师彼此间在一个更尊重的氛围中是父母参与的必要条件，而这种氛围或文化在小规模学校容易形成。因为小规模学校的教师和父母之间彼此相互了解。

6.5 总结与评述

通过对20世纪60年代以来国外有关学校规模作用研究方面文献的梳理，其具体结论大致归纳如下：第一，学校规模与经济效率并不是一种简单的线性关系，而是呈“U”形曲线关系，即随着学校规模增加，生均总成本下降，但当达到一定的规模后，继续扩大规模会因管理成本和学生上学的交通成本增加而出现规模不经济。单纯就经济效率而言，当前研究并没有支持早已达到500名或多于500名学生的学校合并。第二，学校规模与课程多样性也不是简单的线性关系。研究表明，增加学校的规模，特别是超过400名学生的学校规模并没有导致课程大量增加，而且也只有少数学生充分利用额外增加的课程。事实上，小规模学校提供少量和更集中课程要比大规模学校更能提高教学质量。第三，大多数研究并没有支持学校合并节约的生均支出会自动转化成学生成绩的提高。学校规模与学生成绩关系更为复杂，且这种关系常被一些中间变量所主导。其中，学校所处社会阶层和学生所在的年级是两个重要的解释变量。目前主流观点认为，小规模学校更有利于低社会阶层和低年级学生成绩的提高。第四，学校规模扩大会导致学校风气变坏，即从学生在校的表现、纪律管理、辍学率、出勤率以及学生和父母对学校活动参与等角度，为数众多的经验研究也倾向于支持一个小规模的学校。尤其值得注意的是，学校规模扩大，学校风气变坏，低社会阶层和少数族裔学生所受的影响远大于其他学生。第五，在这里还需要特别说明的是，文献回顾中出现了大量关于学校规模作用不尽一致甚至截然相反的研究结论，然而这些结论之间并不是矛盾的，或者说非此即彼的，它们只是代表了一种复杂现象的不同方面。

尽管国外学者在学校规模方面进行大量研究，揭示出各变量之间关系，但仍有许多问题尚需要进一步研究。这些问题包括：一是在理论上，已有的研究在很大程度上被规模经济理论所主导，使多数讨论集中在纯经济问题上。目前还没有一个综合性的理论研究框架来分析学校规模对教育质量的影响。缺少理论框架的分析可能会遗漏一些重要的中间变量，进而导致无法全面理解学校规模给教育质量带来的影响。二是在研究方法上，要对不同规模学校的学生随机抽样是非常困难的，故有关这方面研究中任何因果关系的结论都是潜在性，是否真正存在这种关系，仍需要进一步检验。三是在研究范式上，很多研究都是为支持或反对学校合并提供经验证据。这种带有具体目的研究，在研究设计、资料收集与分析中会有意或无意的省略某些关键变量，以期得到自己希望的结果。如在学校规模与经济效率关系的研究中，研究者为支持学校合并，忽略人口密度，而没有把私人交通成本纳入成本函数。忽视这些因素，不仅大大低估合并成本，更危险的是这些带有偏见的结论很容易对政策制定产生误导。四是在分析技术上，由于学校规模与教育质量是非线性关系并受多种因素的影响，未来的研究应该是多变量的，且要用描述非线性关系统计技术分析数据资料。研究者验证学校规模与教育质量间关系至少应包括学生的社会背景（社会阶层）。为较理想地把学校规模的各种作用更准确地描述出来，还应研究衡量教育质量的多种手段。另外，很多研究对大规模学校或小规模学校界定是非常模糊的。如 Conant（1959；1967）界定的大规模学校为在学生 400 人，巴克（Barker，1964）界定的大规模学校为在校生 2287 人，这个数是科南特（Conant）大规模学校的 2.5 倍。未来的研究应尽力避开把“大”和“小”术语放在一起，而要用学校实际规模这个更严格术语来讨论研究的发现。

相对于国外中小学规模研究所取得的丰硕成果，国内对中小学规模的研究不仅数量少，且主要集中在农村中小学布局调整的背景、成效、存在问题等描述上。国内有关中小学规模或合并的理论与实证研究更是凤毛麟角。反观国外已有的中小学规模或合并的研究成果，不难理解为什么在我国经济落后、人口居住分散的农村地区快速推进“撤点并校”会出现一系列尴尬的原因。无疑，随着人口迁移和出生率的下降，对我国农村中小学布局进行调整是有必要的，但必须要把握好调整的力度，而要做到这一点，急需要加强基于我国国情的中小学规模或合并的理论与经验研究。

第7章　中小学学校规模变动的决定因素：人口变化还是政策驱动？

——基于省级面板数据的实证分析

7.1　引　言

中小学学校规模究竟是大好，还是小好，在理论上一直是一个复杂的、颇有争议的话题，经验研究也未得出一致的结论。然而，从实践层面来看，20世纪40年代至80年代末，欧美发达国家却出现中小学学校规模不断扩大的现象。如美国从1940—1990年，学校平均在校生人数从127人增加到653人，增加了5倍以上，纽约有许多学校在校生数甚至接近5000人[①]。与此同时，这一现象也引起了不少研究者的重视。为数众多的研究表明，导致学校规模扩大的主要原因并非人口因素，而是这些国家教育决策者过分追求学校的规模优势，热衷于学校合并改革（Mullins，1973；Fox，1981）。由于学校规模扩大带来了诸多的负面影响，加之受研究者的批评，20世纪90年代始，发达国家曾一度出现的学校合并热也逐渐被降温。自改革开放以来，我国中小学学校规模也出现了不断扩大的趋势，1980—2008年，小学平均学校规模从154人上升至359人，初中平均学校规模从442人增至967人，小学和初中学校规模分别扩大了2.33倍和2.19倍[②]。尤其是近10年，我国农村中小学学校规模急剧扩大，出现了诸如“学生上学成本上升、学生辍学、废弃学校利用难”等问题（范先佐等，2009；侯龙龙，2010），这些问

---

① Cotton，K.（1996）. School size，school climate，and student performance. School Improvement Research Series，Close－up #20. Retrieved March 26，2003 from http：//www.nwrel.org/scpd/sirs/10/c020.html.

② 原始数据来源于《中国统计年鉴（2010）》，中国统计出版社。

题已引起了教育行政主管部门的高度重视。

遏制我国中小学规模不断扩大的趋势，必须弄清其背后的主导因素。因为决定中小学学校规模变动的因素不同，控制中小学学校规模的方法也不一样。目前国内有关我国中小学学校规模变动影响因素的研究还比较少，且这些为数不多的研究也主要集中于2001年始的我国农村中小学布局调整——“撤点并校”原因分析。石人炳（2004）在总结国外研究的基础上，结合中国的人口变化的实际，认为人口的变化直接影响学校布局调整，人口规模、人口年龄结构、人口分布等变动都将导致学校数量和分布的变化，特别是生育率下降及人口迁移所造成的学龄人口的减少往往使学校布局的调整成为必然选择。中西部地区农村中小学合理布局结构研究课题组（2008）从我国农村中小学布局调整的背景出发，指出学龄人口减少是布局调整的客观要求；郝文武（2011）从城镇化的角度分析了农村学校布局调整问题，也认为农村地区的中小学学校规模变化是人口流动尤其是城镇化的必然结果。此外，万明钢、白亮（2010）指出，在一些地方的农村教育布局调整工作中存在着矫枉过正的现象，由于过多的追求大规模学校背后的经济成本优势，引起了规模不经济的问题，也滋生出了新的不公平。

总体来看，国内有关中小学学校规模变动的研究还存在以下不足：一是既没有从理论上建立起能整合影响我国中小学学校规模变动各因素的综合分析框架，也没有从实证角度对我国近30年中小学学校规模变动原因进行系统考察。二是国内目前主流观点简单将2001年以来我国中小学学校规模急剧扩大的原因归咎于人口因素，而忽视了在中国特有行政管理体制和以“GDP”为主要政绩考核指标下，地方政府有可能以“布局调整为”借口，过分扩大学校规模来节约财政资金。尽管极少数学者也意识到这一点，但只是一种理论上的推测，还缺乏进一步的实证检验。基于上述研究不足，本章第二部分从理论上不失一般性分析影响中小学学校规模变动的因素，结合我国实际，提出了不同阶段主导我国中小学学校规模变动决定性因素不同的假设。第三部分尝试性建立起包含影响我国中小学学校规模变动各因素的模型，并运用1980—2008年全国范围的省级面板数据对理论假设进行检验。最后根据实证检验的结果，提出了对我国正在实施的“撤点并校”政策进行调整的基本思路。

7.2　影响我国中小学学校规模变动因素的理论分析

影响中小学学校规模变化的因素有很多，包括人口变化、决策者追求规模优势、交通条件改善、城市化和工业化等。从国外已有研究文献来看，在这些因素中，人口变化和决策者追求规模优势，往往是导致一个国家或地区中小学学校规模变动的决定性因素。

7.2.1　人口变化与中小学规模变动

中小学学校规模常用在校学生数来度量，因而学龄人口变化便成为影响中小学规模变动的重要因素。学龄人口变化对中小学规模的影响又可分为两个方面：一是学龄人口总量的变化对中小学学校规模变动的影响。当一个国家人口出生率进入高峰期，意味着未来 5—6 年，小学入学人数将会大幅增加，初中向后延伸 6 年也会迎来入学的高峰。而解决因人口总量增加导致入学人数增加的难题，一种方法就是增加教育机构数（学校数）；另一种方法就是扩大现有学校的规模，包括增加班级数和增加班级人数，如一个班由原来的 40 人增加到 100 人。用这种办法来解决新增人口入学问题，若出生率持续上升，学校规模就会越来越大。从现实情况来看，发展中国家受财力限制，主要是通过扩大班级规模，进而扩大现有学校规模来解决新增人口的入学问题。与此相反，出生率下降，未来中小学学龄人口会减少，学校规模也会变小。二是人口迁移对中小学规模影响。在工业化和城市化快速推进的过程中，常常伴随着大规模人口从农村流向城镇，相应地流入地学校规模会变大，流出地学校规模会缩小。不过，流入地和流出地学校规模的反向变动，对一个国家和地区中小学平均学校规模变动并没有太大的影响。

7.2.2　学校规模优势与中小学规模变动

学校规模优势是指学校规模扩大能产生规模经济。如前所述，扩大学校规模可以降低生均教育成本和学校管理成本，也可使学校内部人员分工更趋合理和专业化，但这主要还是基于一种假设，即学校能将规模经济节约的资源有效转化为有利于提高学生成绩的投入，如用提高教师待遇吸引更优秀教师、为学校职工提高更多高质量培训等。支持学校规模扩大的另外一个论点是课程的全面性和多样性，即相对于小规模学校，大规模学校能提供更广泛的课程，包括更高级课程。因为只有学校达到一定规模和教师达到一定数量后，才比较容易出现多元的兴趣与多个专业，学生人数也足以支持更全面和更多类型的课程。

欧美发达国家在经历第二次世界大战后短暂的人口出生高峰期后，人口出生率呈逐年下降的趋势，显然发达国家几十年来中小学学校规模持续扩大，其背后主导因素并非人口变化，而主要是教育决策者追求学校规模优势，进行了大规模学校合并。然而，为数众多的经验研究表明，欧美发达国家的教育决策者过分夸大了学校规模优势的作用，学校规模与生均成本和课程多样化并非一种简单线性关系。学校规模扩大并不一定会提高学生学业成绩，学校规模与学业成绩关系常常被学生所处环境和家庭背景所主导。对于处境不利和低收入阶层学生来说，学校规模扩大反而还不利于学生成绩提高。

7.2.3 主导我国中小学规模变化的决定性因素：理论假设

改革开放以前，由于我国人口出生率失控，导致改革开放以后，我国中小学出现了庞大学龄人口基数，且学龄人口绝对规模的增长势头，小学一直持续到 1997 年，初中持续到 2001 年才出现拐点（见图 7 - 1）。1986 年的义务教育法颁布，以及政府相关文件规定，作为一项考核的政绩，要求全国在 2000 年底基本普及九年义务教育，这使得我国中小学在整个 20 世纪 80—90 年代一直面临着增加适龄人口入学机会的压力。在财力有限的情况下，各地尤其是农村地区主要是通过扩大学校规模来解决中小学适龄人口入学机会问题。因此，我们认为 1980—2000 年我国中小学规模扩大主要是由人口因素引起的。

到了 2000 年，一方面我国基本普及了九年义务教育，也就是适龄人口入学机会问题基本解决；另一方面，改革开放以后，计划生育实施，人口出生率下降，导致中小学学龄人口的绝对规模在 2000 年左右也出现了下降的趋势（如图 7 - 1），因此，2000 年后我国中小学学校规模扩大，主导因素不是人口因素。

我们认为，2000 年后中小学学校规模扩大，主要是由于 2001 年开始农村中小学布局调整，即所谓“撤点并校”引起的。尽管“撤点并校”与农村生源减少有关，但从已有的文件和我们调查的实际情况来看，“撤点并校”主要目的还是扩大优质教育资源和提高教育质量，同时也不排除，地方政府有单纯节省财政支出的想法，这类似于发达国家 20 世纪 40 年代开始基于学校规模优势的中小学合并改革政策。显然，这种大规模“撤点并校”，出现了欧美发达国家合并改革一样的后果，即并没有经验证据证明，学校规模扩大提高了学生的学业成绩。相反却是学生上学成本上升、学生辍学、废弃学校利用难等一系列问题。当然，这种判断是否准确仍有待实证检验。图 7－1 为中小学学校规模和在校生人数变动趋势。

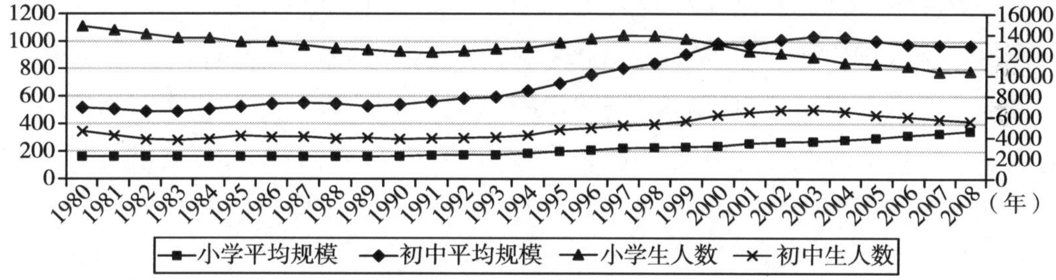

图 7－1　中小学学校规模和在校生人数变动趋势

7.3　我国中小学学校规模变动影响因素的实证分析

7.3.1　模型构建、数据描述与检验

7.3.1.1　模型构建

本章在上述理论分析的基础上，构建 1980—2008 年包含影响我国中小学学校规模变动各因素的省级面板数据模型，基本模型如下：

$$\overline{PS}_{i,t} = c + \alpha D_{01} + \beta PSP_{i,t} + \gamma PT_{i,t} + \beta_1 D_{01} PSP_{i,t} + \gamma_1 D_{01} PT_{i,t} + Z \sum_{j=1}^{2} X_{ji,t} + \varepsilon_{i,t} \qquad (7-1)$$

$$\overline{MS}_{i,t} = c + \alpha D_{01} + \beta MSP_{i,t} + \gamma MT_{i,t} + \beta_1 D_{01} MSP_{i,t} + \gamma_1 MT_{i,t} + Z\sum_{j=1}^{2} X_{ji,t} + \varepsilon_{i,t} \tag{7-2}$$

其中，下表 i 和 t 分别代表第 i 个省份和第 t 年，由于海南和重庆分别是从1988 年和 1997 年被单独设立为省级行政区，而本章的时间序列为 1980—2008 年，故无法获得海南和重庆的准确数据，重庆数据的不全直接导致四川数据调整，再加之西藏部分数据缺失，本章直接剔除了海南、重庆、四川和西藏，其面板数据所涉及的是 27 个省（直辖市、自治区）1980—2008 年的相关数据。

因变量为 $\overline{PS}$ 和 $\overline{MS}$ 分别代表省小学和初中平均学校规模，并分别用历年的省（直辖市、自治区）小学在校生数和初中在校生数除以小学学校数和初中学校数；主要解释变量有两个：第一个是小学或初中的适龄人口数，分别用 PSP 和 MSP 表示，主要用于度量人口变化对学校规模的影响，预期其回归系数为正，即人口会与学校规模同向变动。需要说明的是，由于从现有的统计数据中很难获取小学和初中对应的适龄人口数，而直接将在校生人数作为人口变化的指标，又会使得模型存在较为严重的内生性问题。对此，本章用对应的人口出生率乘以对应的人口基数来获取适龄人口数。以 1980 年的适龄人口为例，我们分别以 1969—1974 年段和 1966—1968 年段的平均人口出生率乘以平均人口基数来对应 1980 年小学和初中的适龄人口数，之后历年数据依次类推。第二个重要的解释变量是小学或初中的学校机构数，分别用 PT 和 MT 表示。学校数的多少主要是由教育政策决定的（因人口变化导致学校机构数自然变化是非常缓慢的），本章用于度量教育政策对学校规模的影响，这里教育政策指的是决策者追求规模优势而对学校进行合并。预期学校机构数的回归系数为负，即机构数变化方向与学校规模变动方向恰好相反。

为了验证上述提出的理论假设，模型中分别引入了 2001 年时间虚拟变量与人口变量乘积项（$D_{01}PSP$ 或 $D_{01}MSP$），以及 2001 年时间虚拟变量与政策变量乘积项（$D_{01}PT$ 或 $D_{01}MT$）。预期（$\beta+\beta_1$）$<\beta$，即 2001 年后人口因素对学校规模影响小于2001 年前；$|\gamma+\gamma_1| > |\gamma|$，即2001 年后学校合并政策——学校机构数的变化对学校规模影响大于 2001 年前。

此外，控制变量为反映地区差异的城市化、交通状况。其中，城市化和交通状况分别用城市化率和公路密度表示，预期二者的回归系数为正，即城市化和交通条件改善有利于学校规模扩大。

7.3.1.2　数据来源与描述

本章数据主要来源于《新中国 60 年统计资料汇编》《中国教育统计年鉴》《中国教育年鉴》《中国人口统计年鉴》等。在处理数据时，我们对相应的数据进行了描述性分析（见表 7-1），包括数值型变量和虚拟变量。

表 7-1　　变量的描述性统计分析

变量		平均值	中位数	最大值	最小值	标准差	观测数	单位
因变量	小学平均规模（$P\bar{S}$）	246.82	224.83	938.17	25.88	133.04	783	人/所
	初中平均规模（$M\bar{S}$）	770.75	737.01	1613.05	191.68	253.59	783	人/所
主要解释变量	小学适龄人口数（*PSP*）	562.467	527.789	1754.15	66.127	336.27	783	万人
	初中适龄人口数（*MSP*）	296.65	282.15	921.63	25.37	187.88	783	万人
	小学学校数（*PT*）	21383.13	17477	157732	615	16182.06	783	所
	初中学校数（*MT*）	2339.15	2062	11469	191	1728.24	783	所
	2001 年政策变量（D_{01}）	0.2758	0	1	0	0.4472	783	
控制变量	交通状况（*RM*）	0.35047	0.3194	0.87457	0.09477	0.16164	783	公里/平方公里
	城市化（*Urban*）	35.047	31.94	87.4569	9.47	16.1637	783	%

7.3.1.3　面板数据的稳定性检验

由于时间跨度较长，为避免伪回归现象，首先对面板数据进行单位根检验，以确定数据的平稳性。本章主要运用了 LLC 检验、IPS 检验、Fisher-ADF 检验、Fisher-PP 检验 4 种方法。具体的结果如表 7-2。结果显示：所有变量的面板数据水平值是不平稳的，而一阶差分都是平稳的，符合面板协整的检验前提。

表 7－2　　面板数据单位根检验

方法	LLC	IPS	Fisher－ADF	Fisher－PP
$P\bar{S}$	7.45 (1.00)	10.24 (1.00)	16.99 (1.00)	20.44 (1.00)
$\Delta P\bar{S}$	－1.94 (0.026)	－4.14 (0.00)	119.44 (0.00)	224.29 (0.00)
$M\bar{S}$	－0.33 (0.37)	2.09 (0.98)	36.52 (0.97)	53.55 (0.49)
$\Delta M\bar{S}$	－1.50 (0.05)	－9.22 (0.00)	194.82 (0.00)	487.29 (0.00)
D_{01}	3.79 (0.99)	5.50 (1.00)	7.63 (1.00)	8，02 (1.00)
ΔD_{01}	－7.45 (0.00)	－11.75 (0.00)	235.48 (0.00)	447.99 (0.00)
PT	2.41 (0.99)	8.21 (1.00)	19.46 (1.00)	31.85 (0.99)
ΔPT	－3.29 (0.00)	－5.42 (0.00)	130.03 (0.00)	252.53 (0.00)
MT	－3.77 (0.00)	－0.75 (0.23)	93.82 (0.00)	201.93 (0.00)
ΔMT	－8.26 (0.00)	－14.21 (0.00)	298.67 (0.00)	601.36 (0.00)
PSN	－6.99 (0.00)	－6.02 (0.00)	144.33 (0.00)	58.31 (0.32)
ΔPSN	－3.28 (0.00)	－4.54 (0.00)	103.81 (0.00)	83.77 (0.01)
MSN	－7.06 (0.00)	－6.52 (0.00)	135.42 (0.00)	44.75 (0.81)
ΔMSN	－3.90 (0.00)	－8.38 (0.00)	171.14 (0.00)	135.5 (0.00)
RM	15.22 (1.00)	15.76 (1.00)	0.33 (1.00)	0.12 (1.00)
ΔRM	－13.17 (0.00)	－9.58 (0.00)	191.41 (0.00)	393.45 (0.00)
$Urban$	－0.002 (0.49)	2.32 (0.99)	38.77 (0.94)	27.51 (0.99)
$\Delta Urban$	－6.19 (0.00)	－7.59 (0.00)	165.35 (0.00)	527.43 (0.00)

注：括号中的数据是统计量的伴随概率。

7.3.1.4　面板数据的协整检验

由于本章的所有面板数据均为一阶单整存在单位根，因此需要进一步判断初中学校规模和小学学校规模分别与其他解释变量之间是否存在协整关系。本章借鉴 Pedroni（1999）构造的 7 个检验面板变量协整关系的统计量，即 4 个用联合组内维度（With - dimension）描述的 Panel ν、Panel rho、Panel PP 和 Panel ADF 统计量和 3 个用组间维度（Between - dimension）描述的 Group rho、Group PP 和 Group ADF 统计量，分别对回归 1、回归 2 检验其包含的变量是否存在协整关系，相关结果如表 7 - 3。

表 7 - 3　　面板数据协整分析

方法	回归 1	回归 2
Panel ν - Statistic	5.365 *** (0.0002)	6.863 *** (0.0000)
Panel rho - Statistic	-5.172 *** (0.0000)	-7.446 *** (0.0000)
Panel PP - Statistic	-6.596 *** (0.0001)	-5.683 *** (0.0000)
Panel ADF - Statistic	6.784 *** (0.0000)	7.335 *** (0.0000)
Group rho - Statistic	7.667 *** (0.0000)	8.289 * (0.11576)
Group PP - Statistic	-13.265 *** (0.0003)	-15.645 *** (0.0000)
Group ADF - Statistic	15.276 *** (0.0000)	18.68 *** (0.0005)

注：原假设为不存在协整关系，***、**、* 分别表示在 1%、5% 和 10% 的显著水平上拒绝原假设。

表 7 - 3 的结果显示，除个别统计量值接受原假设外，绝大部分统计值在 1% 水平上拒绝不存在协整关系的原假设。也就是说，初中学校规模和小学学校规模分别与其他解释变量之间存在显著的协整关系。

7.3.2　实证结果

7.3.2.1　小学学校规模变动影响因素的实证分析

表 7 - 4 给出了小学学校规模变动影响因素的回归结果。模型（1）至模型

(5) 显示的是小学规模变动影响因素的逐步回归结果。总体上看，模型拟合优度较好。首先，模型 (1) 反映小学适龄人口数、小学学校数和2001年时间虚拟变量对小学平均学校规模的影响。结果表明，这三类变量均在1%水平上显著的影响着学校规模变动。其中，小学适龄人口变量每增加1000万，小学平均规模就增加171人；小学学校数每减少1万所，学校平均模约增加37人，这说明，以适龄人口数度量的人口变化和以学校数度量的政策变量，是影响改革开放近30年以来我国小学学校规模变动的两个重要因素。同时，相比较2001年之前，2001年之后的小学平均规模平均增加了约90人，即2001年后全国小学学校规模出现显著扩大的趋势。

表7-4　　小学学校规模变动影响因素的回归结果

变量	$\overline{PS}$				
	(1) RE	(2) RE	(3) FE	(4) FE	(5) FE
Cons	244.473*** (12.5)	249.437*** (13.016)	270.2*** (15.87)	47.109 (2.13)	57.59** (2.75)
D_{01}	90.49*** (13.718)	122.38*** (11.07)	171.34*** (18.18)	54.808*** (5.69)	87.33*** (9.75)
PSP	0.017137*** (3.9528)	0.017296*** (4.049)	0.0118** (2.414)	0.030806*** (7.033)	0.029590*** (7.156)
PT	-0.003763*** (-12.008)	-0.003987*** (-12.599)	-0.004046*** (-13.617)	-0.002623*** (-9.588)	-0.002781*** (-10.78631)
$D_{01}\times PSP$		-0.011474*** (-3.58)		-0.013561*** (-5.49)	
$D_{01}\times PT$			-0.006669*** (-11.44)		-0.00529*** (-10.7689)
RM				217.2388*** (15.93542)	190.8669*** (14.49278)
Urban				226.2388*** (5.461984)	238.0668*** (6.105893)
R^2	0.448	0.456	0.765	0.822	0.847
*F*值	31.669	31.499	32.45	23.02	22.59
Hausman	0.00	0.00	12.966	14.43	9.82

注：***、**分别表示系数在1%和5%水平上统计显著，括号内为t值。此外，面板数据模型类型主要依据F值和Hausman检验在混合效应、固定效应和随机效应模型之间进行选择，表7-3中各模型的F值和Hausman检验值均已显示，模型 (1) 和模型 (2) 均选择随机效应模型，模型 (3) 至模型(5) 均选择固定效应模型。

为进一步考察，人口因素和政策因素在2001年前后我国小学学校规模扩大中的作用差异，我们在模型（2）和模型（3）中分别引入了适龄人口数与2001年时间虚拟变量的交互项（$D_{01} \times PSP$）、小学学校数与2001年时间虚拟变量的交互项（$D_{01} \times PT$）。模型（2）实证结果显示，$(0.017296 - 0.011474) = 0.005822 < 0.017296$，也就是说，相较2001年之后，2001年之前适龄人口数对学校规模变动的影响更大，即适龄人口每增加1000万，2001年之前的学校平均规模将比2001年之后的学校平均规模多增加115人。实际上，全国小学生在校生人数在20世纪90年代增加了1306万人，而在新世纪，小学生在校生人数呈下降趋势。模型（3）显示，$(-0.004046 - 0.006669) = -0.011715 < -0.004046$，这表明，相比较2001年之前，2001年后学校数量变化对学校规模的影响更大，即学校数每减少1万所，2001年之后的学校规模比2001年之前的平均规模多增加77人。事实上，20世纪90年代全国小学学校数量减少183781所，而新世纪的前9年全国小学学校数就减少了245232所。新世纪以来的我国小学学校机构数的大幅减少，足见2001年始全国各地推行的农村中小学“撤点并校”政策力度之大。

模型（4）和模型（5）是分别在模型（2）和模型（3）的基础上引入交通和城市化作为控制变量而形成的，模型（4）和模型（5）的实证结果依然表明，适龄人口变化和学校数的变化决定了小学学校规模的变动，其中，在2001年之前，适龄人口数对小学学校规模扩大起了主要作用，而在2001年之后，小学学校规模急剧扩大主要是由学校机构数减少——“撤点并校”的政策引起的。与预期的结果一样，交通条件的改善和城市化水平的提高也在一定程度上促进了学校规模的扩大。

7.3.2.2　初中学校规模变动影响因素的实证分析

运用同样的方法和思路，我们对影响我国初中学校规模变动的相关因素进行了分析。实证结果如表7－5所示：模型（6）显示，初中学校数在1%水平上显著的影响着学校平均规模，与2001年之前相比，2001年之后的初中学校平均规模增加114人，初中学校数每减少1万所，初中学校平均规模就会增加229人，但是初中适龄人口数与学校规模的关系为负且不显著。模型（7）和模型（8）分别加入了初中适龄人口与2001年时间虚拟变量交互项、初中学校数与2001年时间虚拟变量交互项，除初中适龄人口人数与学校平均规模依然为负且不显著外，其他的变量的影响均未发生较大变化。这说明模型（6）至模型（8）总体效果较好，但依然存在不足。

对此，在模型（7）和模型（8）的基础上分别引入交通和城市化变量，回归结果如模型（9）和（10）报告，我们发现，与小学情况类似，2001 年之前初中适龄人口数对学校规模的影响较之于 2001 年之后更明显，即（0.0376 - 0.0243）=0.0133 <0.0376，初中适龄人口数每增加 1000 万，2001 年之前的初中平均规模比 2001 年之后的平均规模要多增加 243 人；同时还发现，2001 年之后初中学校数对学校规模的影响较之于 2001 年之前更为显著，即（ -0.033215 - 0.020545）= -0.05376 < -0.020545，初中学校数每减少 1 万所，2001 年之后的初中学校平均规模将比 2001 年之前的平均规模多增加 332 人。这表明，2001 年之前和 2001 年之后初中学校规模变动的主导因素是存在差异的，即 2001 年之前适龄人口数的变化对我国初中学校规模扩大发挥了更大的作用，而 2001 年之后我国初中学校规模扩大更多的是由“撤点并校”的政策因素所引起的。此外，以控制变量引入交通和城市化变量也均在 1% 显著水平上促进了学校规模的扩大。

表 7 -5　　初中学校规模变动影响因素的回归结果

变量	$M\bar{S}$				
	(6) FE	(7) FE	(8) FE	(9) RE	(10) FE
Cons	290.4456 *** (19.907)	291.3098 *** (20.07)	298.7242 *** (20.68397)	32.887 (1.327)	44.72135 (2.078)
D_{01}	114.7140 *** (18.84569)	142.89 *** (12.878)	165.5453 *** (14.27831)	54.78 *** (5.4768)	78.6223 *** (7.6189)
MSP	-0.012158 (-1.4613)	-0.005996 (-0.70367)	-0.005922 (-0.7157)	0.0376 *** (5.2826)	0.034768 *** (4.8988)
MT	-0.022928 *** (-5.1163)	-0.0278 *** (-5.868)	-0.030895 *** (-6.6088)	-0.018810 *** (-5.2825)	-0.020545 *** (-5.408)
$D_{01} \times MSP$		-0.017234 *** (-3.03)		-0.02431 *** (-5.1476)	
$D_{01} \times MT$			-0.026143 *** (-5.119)		-0.033215 *** (-7.9755)
RM				207.167 *** (14.7752)	210.59 *** (15.025)
Urban				339.8281 *** (7.912)	338.8451 *** (7.7639)
R^2	0.696	0.699	0.706	0.600	0.809
F 值	49.86	50.47	51.44	34.091	35.359
Hausman	3.66	4.98	8.5577	0.00	3.8044

注：*** 、** 分别表示系数在 1% 和 5% 水平上统计显著，括号内为 t 值。

7.4　结论与政策含义

本章在理论分析和提出基本假设的前提下，运用 1980—2008 年的全国范围内的省级面板数据模型，实证检验了影响我国中小学规模变动的因素。研究发现，就总体而言，人口因素和教育政策制定者追求学校规模优势而进行学校合并（简称政策因素），主导了改革开放以来我国中小学平均学校规模变动，这一结论与雷万鹏（2010）、范先佐（2009）等研提出观点基本一致；但与已有研究不同的是，本章研究还发现，人口因素和政策因素在不同时间段对我国中小学规模变动所起的作用存在较大差异。具体说来，1980—2000 年我国中小学规模扩大主要是人口因素引起的，相比较 2001 年之后，适龄人口每增加 1000 万，2001 年之前的小学平均规模多增加 115 人，初中平均规模多增加 243 人。而 2001 年之后中小学规模变动更多的是由政策因素所主导的，即 2001 年开始农村中小学布局调整，也就是撤点并校所引起的，相比较 2001 年之前，学校数每减少 1 万所，2001 年之后的小学学校规模将比 2001 年之前的平均在校生人数多增加 77 人，初中学校平均规模多增加 332 人。另外，交通条件的改善和城市化水平的提高也在一定程度上促进了学校规模的扩大。

上述研究结论表明，2001 年以来我国中小学规模的急剧扩大，主要是政策制定者为追求学校的规模优势，大规模的合并学校——撤点并校所致。同发达国家一样，由于过分追求学校规模优势，在撤点并校过程中出现了诸多问题，并引起了社会普遍关注。因此，对仍在进行的中小学学校合并政策必须要有所调整。根据国外有关这方面研究结论和政策实践，结合中国实际，对我国中小学合并政策调整，有如下几个问题值得关注和进一步研究：

第一，单纯就学校规模经济而言，根据 Smet（2001）、Hung - Lin Tao and Ming - Ching Yuan（2005）的最新研究，若不考虑私人教育成本，学校存在规模经济，而且学校规模越大生均公共成本越低；但是如果把私人教育成本（如往返学校交通成本）纳入教育总成本进行考虑，就会发现，学校规模越大，私人的教育成本就会越高，学校达到一定规模后就会产生规模不经济现象，即并不是学校越大越好。这意味着我国进行中小学学校合并政策调整时，要改变过去只考虑节约公共成本的做法。合理学校规模应该是在公共教育成本、私人教育成本等多种因素间权衡的结果。

第二，由于政策制定大多与所处的体制环境密切相关。在中国特有的财政分权、行政集权和以 GDP 为主要指标的政绩考核下，县作为中小学责任主体本身对义务教育的财政投入就没有足够的激励（李祥云、陈建伟，2010）。因而不排除一些县会以中小学布局调整政策为借口过分追求学校规模优势，从而达到节约学校的公共支出的目的。因此，中小学合并政策调整还需与地方政府的政绩考核、转移支付制度、地方政府民生支出激励的改革联动。

第三，也是最重要的一点，国外大量研究表明，学校规模扩大不利于社会经济背景较低和少数族裔学生的学习成绩提高。另外，从学生在校的表现、纪律管理、辍学率、出勤率以及学生和父母对学校活动参与的角度，为数众多经验研究也倾向于支持小规模学校。自 2001 年始，在我国各方面对比较落后的农村地区进行“撤点并校”，其政策实施初衷是扩大优质教育资源和提高教育质量。10 年过去了，学校规模扩大是否真正提高了农村这一弱势群体的教育质量，目前并无这方面的经验证据。开展这方面的实证研究显得极为重要，因为其研究的结论将左右我国农村“撤点并校”政策的取向。

第 8 章　中小学布局调整中地方政府行为扭曲：基于财政分权视角

8.1　引　言

学校布局是一个国家或地区的学校在地理空间上的分布结构，它与社会经济发展水平和人口分布状况密切相关，并随着社会经济的发展以及人口空间分布和年龄结构的变化而不断调整。20 世纪 90 年代中后期，因计划生育政策实施后的人口出生率下降，以及城镇化快速推进过程中的人口迁移，使得我国一些农村中小学出现学生生源不足、学校规模变小、资源利用效率降低等现象，客观上需要对既有的农村中小学布局进行调整。针对这一现象，2001 年 5 月国务院颁布《关于基础教育改革与发展的决定》（以下简称《决定》），要求按照小学就近入学、初中相对集中、优化教育资源配置的原则，合理规划和调整学校布局。自此，全国各地掀起了农村中小学"撤点并校"的热潮。根据教育部发布的 2001 年和 2010 年教育统计数据显示，学校布局调整政策实施 10 年来，我国中小学校（含教学点）数量从 2001 年的 66. 55 万所减少到 2010 年的 37. 92 万所，降幅高达 43. 02%，其中，小学减少 28. 14 万所，占全国中小学校减少总量的 98. 29%。① 中小学特别是小学学校数量的急剧减少（见图 8 - 1），使学生上学路途变远，不仅造成了家庭教育成本增加和学生辍学率上升，还导致了学生上学和住校的不安全因素增多等问题，如在我国一些偏远农村地区发生的多次交通事

---

① 根据教育部网站发布的《2001 年教育统计数据》和《2010 年教育统计数据》显示，2001 年，我国小学数量为 49. 13 万所，教学点数量为 11. 44 万个，普通初中和职业初中学校数分别为 5. 87 万所和 1100 所；2010 年，我国小学数量减少到 25. 74 万所，教学点减少到 6. 69 万个，普通初中和职业初中学校数分别减少到 5. 48 万所和 100 所。

故和校车事件就是惨痛的教训。这些问题的出现，不仅招致了很多地方家长对布局调整政策的反对（有些地方家长甚至还采取群体上访、抗议等极端方式来加以抵制）（贾勇宏，2008），且也得到了最高教育行政主管部门的高度重视，如2006年教育部先后下发了《教育部办公厅关于切实解决农村边远地区交通不便地区中小学生上学远问题有关事项的通知》和《教育部关于实事求是地做好农村中小学布局调整工作的通知》。值得注意的是，无论是来自家长的反对，还是教育部门的"三令五申"，似乎都没有降低地方政府对农村中小学合并的热情。

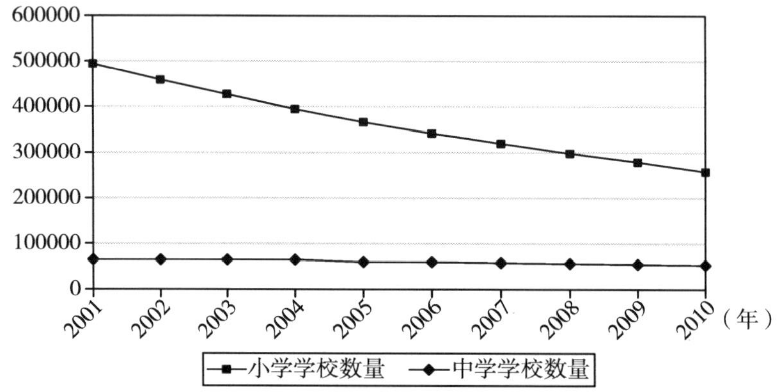

图 8－1　2001—2010 年我国中小学学校数量变动趋势

从《决定》和相关文件中可以看出，中央对农村中小学布局调整并没有采取一刀切的政策，而是强调要因地制宜和方便学生就近入学为前提。但是，在我国"以县为主"的教育财政管理体制下，究竟是什么原因驱使地方政府不顾当地实际和群众反对，而片面执行国务院关于中小学布局调整政策？国内学者从不同角度对其原因进行了分析。概括起来大致可以归结为两种观点：一种认为，地方政府对中央政策的理解能力和执行能力存在问题，将布局调整视为政绩工程，违背中央政策中的"因地制宜""就近入学"等原则，将关注的重点集中在"撤并学校""扩大规模"等字眼上，不顾客观实际的大规模撤点并校，一味追求调整速度和数量（庞丽娟，2006；夏雪，2009）；另一种则认为，在县级义务教育投入激励不足的情况下（李祥云、陈建伟，2010），农村中小学的布局调整具有节约教育经费和财政资金的作用，因此受到地方政府的追捧（范先佐，2006；吴宏超，2007）。我们认为，现有研究对中小学布局调整问题的成因分析还不够深入，且比较零碎，还缺乏整合各种观点的理论分析框架，同时也没有得到实证结果的支撑。因此，本章试图从中国式财政分权的体制背景出发，建立一个分析中国式财政分权、地方政府行为扭曲与农村中小学布局调整三者之间的内在关系和相互作用机理的综合分析框架，深入探讨地方政府不顾当地实际而片面执行中央关于农村中小学布局调整政策的原因，并运用 2001—2010 年全国 31 个省份的省级面板数据对所提出的理论假设进行实证检验。在此基础上，就如何约束地方政府中小学布局调整行为提出具体建议。

8.2　我国财政分权体制下的农村中小学布局调整：理论分析

8.2.1　中国式财政分权与地方政府行为扭曲

财政分权是指在国家各级政府之间明确划分事权及支出范围的基础上，按照事权和财权相统一的原则，结合税种的特性，划分中央与地方的税收管理权限和税收收入，并辅之以补助制度的一种预算管理体制。西方主流的财政分权理论认为，财政分权会提高社会的总体福利水平，其原因主要有以下两点：第一，“用手投票”的机制（Tiebout，1956），即选举约束机制，通过投票选举的方式产生的地方政府在了解和满足辖区居民对公共服务需求方面具有信息优势，为了不断得到选民的支持以追求政治上的连任，地方政府能够更有效地供给和配置教育、医疗等公共资源；第二，“用脚投票”的机制，即在满足一系列条件下，不同的地方政府根据居民的偏好提供不同公共产品组合，并由财政分权赋予的税收征收权来确定地方税种的税收水平，居民可以根据自己的偏好通过改变居住地点即人口迁移，来选择适合自己需要的教育等公共服务和愿意承担的税负水平。在上述两种机制的作用下，地方政府间的竞争将刺激他们主动采取措施来提高教育、医疗卫生等公共品供给的效率，从而有利于社会整体福利水平的上升（乔宝云等，2005）。财政分权的这种优势也在部分国家得到了实践的检验，如美国等部分 OECD 国家和发展中国家的财政分权实践就很好地支持了这一理论。

我国自 1978 年始也实行了财政分权化改革。但就我国财政分权改革的实践来看，传统西方财政分权的优势在我国并没有得到验证。其主要原因是，我国的财政分权并不具有西方财政分权的两种约束机制。具体说，一方面，在行政上我国官员的选拔和连任主要采取委任制，地方政府官员由中央和上级政府直接选拔任命，以政治利益最大化为目标的地方政府更偏好实施有利于自身政绩提升的政策，导致地方选民通过“用手投票”机制对政府决策产生的影响极为微弱。另一方面，受户籍制度的限制，人口迁移成本高，且我国地方政府对教育的公共支出也不是靠比例财产税来筹集的，从而限制了“用脚投票”机制作用的发挥。在我国缺乏地方居民采用“用手投票”和“用脚投票”机制来约束地方政府行为的情况下，地方政府的行为就只能依靠上级政府的监督和考核来制约。但由于下级政府的政绩本身就是上级政府成就的组成部分，双方利益具有一致性，使得上级缺乏监督下级的动力。加之，上下级政府之间存在信息不对称，监督成本过高等问题，基于效率的考虑，上级政府往往会疏于监督甚至不予监督，从而造成监督制度的软化。因此，最终对地方政府行为起决定性作用的就是上级政府的考核制度。

同样基于信息获取上的困难，上级政府常常通过设定经济增长、规模、速度等易于观察和测量的指标来衡量地方政府的执政能力和地方居民的福利水平，并间接传达其政治意图。在向上负责和以经济绩效为考核指标的官员晋升体制下，地方政府为了发展地方经济而充分利用财政分权赋予的财政自主权，竞相开展“标尺竞争”，将有限的财政资金更多地用于吸引投资、经济建设等能直接促进 GDP 增长的领域，而忽视在短期内对经济增长效果不显著而又是当地居民偏好和需求的教育、医疗等民生支出。当中央政府要求地方政府增加对自身任期内政绩作用不大的民生支出时，就出现了地方政府与中央政府的目标不一致甚至相背离的情况。此时，地方政府对中央推行的政策虽然也会执行，但在执行过程中，必定会首先考虑自身的经济和政治利益，然后再寻找和追求一个无须过多投入就能达到政策考核要求的量化指标。尤其在缺乏当地居民约束和上级政府有效监督的情况下，更容易诱导地方政府不顾客观实际和当地居民的需求，扭曲政府行为，断章取义地执行中央政策，使政策执行的结果最终偏离了中央的意图。农村中小学布局调整就是一个很好的例证。

8.2.2 地方政府行为扭曲下的农村中小学布局调整

如前所述，在中国式的财政分权下，地方政府的行为不受居民“用手投票”

和“用脚投票”机制的约束，只能靠上级政府的监督和考核来制约。因此地方政府在执行农村中小学布局调整政策时，几乎就不会考虑当地居民的意愿和需求。地方政府能否严格按照中央政策的意图进行当地中小学布局调整，主要取决于两个方面：一是上级政府的监管力度；二是严格执行中央政策是否有利于自己的政绩。由于利益上的一致性和信息获取上的困难，上级政府对地方政府行为进行有效监督，既缺乏动力又存在天然难度。因此，要保证地方政府的行为完全遵循中央的政策意图，就只能靠上级政府对下级政府的政绩考核。这促使我国地方政府的行为目标是追求任期内政绩的最大化，而我国目前能反映政绩的考核指标又多为增长率、规模和速度等易观测的指标。在这样的目标驱动下，地方政府的支出行为主要体现在扩大基础设施等有利于自己政绩的支出，而压缩居民需求的教育等公共服务类支出（乔宝云等，2005；傅勇和张晏，2007）。因为中小学教育对人力资本推动见效很缓慢，对拉动短期内 GDP 的增长没有贡献（华萍，2005）。在农村税费改革以前，地方政府尽量将教育支出的财政责任转嫁给农民，造成农民教育负担过重。农村税费改革以后，中央明确规定，地方政府要将义务教育支出纳入财政预算，这给本来就比较困难的地方财政带来了巨大的支出压力。尤其使地方政府不愿意看到的是，他们需要缩减其他支出来大量增加义务教育的财政投入，而这些巨额教育财政投入并不能增加任期内的政绩。在这种情况下，地方政府与中央政府的目标出现了不一致，地方政府就有寻求一种既不公开违背中央要求又能节省教育开支办法的强烈动机，而农村中小学布局调整政策恰好能契合地方政府的这种动机。因为为数众多的国外经验研究结果已表明，若不考虑私人成本和教育质量，则学校存在着规模经济，学校规模与生均公共成本的曲线呈“L”形，即学校规模越大，公共教育成本将越低（Smet，2001）。大量缩减学校数量，扩大学校规模，不仅不需要增加财政投入，反而能够节约公共资金。另外，学校数目的减少量也是上级政府考核地方政府执行布局调整政策情况的主要指标。尤其在缺乏有效监督的情况下，地方政府更不顾客观实际和群众需要，断章取义地执行中央政策、盲目地缩减学校数量，使当前的农村中小学布局调整结果已在很大程度上背离了中央最初的政策意图。

因此，我们认为正是由于我国特有的财政分权体制，使地方政府在农村中小学布局调整政策的执行过程中发生了行为扭曲，并造成了现在一系列的问题。根据上述分析，本章提出了以下假设：

假设一：财政分权程度越高，地方政府通过节约教育等公共服务财政资金用于有利于自身政绩支出的行为越明显，那么其扭曲农村中小学布局调整政策、片面追求规模经济的愿望越强烈，则中小学机构数量越少。

假设二：中小学机构数越少，学校规模越大，因规模经济作用会导致生均预算内教育支出降低。当然，这样的假设是否成立，还有待进一步实证检验。

8.3 实证分析

8.3.1 模型设定与变量说明

为了验证上述假设，结合影响农村中小学布局调整因素的实际情况，重点考察2001年后地方政府行为对农村中小学布局调整的影响，我们基于获得的数据，构建了全国31个省份2001—2010年省级面板数据模型，基本模型设定为：

$$PSQ_{it} = c + \alpha_1 FD_{it} + \alpha_2 PPSE_{it} + \alpha_3 X_{it} + \lambda_i + \mu_t + \omega_{it} \quad (8-1)$$

$$MSQ_{it} = c + \alpha_1 FD_{it} + \alpha_2 MPSE_{it} + \alpha_3 X_{it} + \lambda_i + \mu_t + \omega_{it} \quad (8-2)$$

其中，α 代表系数矩阵，下标 i 和 t 分别代表省份和年份，*SQ* 为被解释变量，即学校数量，*PSQ* 和 *MSQ* 分别表示小学和初中学校的数量；*FD*、*PSE* 为主要解释变量，即财政分权度和生均预算内教育经费；*X* 表示影响学校数量的其他控制变量，具体包括学龄人口数 *SAP*、人均国内生产总值 *PGDP*、城市化率 *UR*、交通条件变量 *HD* 以及 *D*1、*D*2 地区虚拟变量；λ_i代表区域干扰项，μ_t代表时间序列干扰项，ω_{it}代表随机干扰项，c 为常数项。[①]

我们关注的是中国式财政分权、地方政府行为扭曲与片面执行农村中小学布局调整政策三者之间的内在关系，故涉及的核心变量有中小学学校数量、财政分权程度和生均预算内教育经费。由于人口变动、经济发展水平、城市化程度和交

① 为了考察东中西部地区因经济发展水平不同导致地方政府对农村布局调整力度的差异，我们在模型中还设置了 D1 × PGDP 和 D2 × PGDP 两个交叉项，其中，D1 = 1 表示东部地区、D1 = 0 表示非东部地区，D2 = 1 表示西部地区、D2 = 0 表示非西部地区。根据我国现行经济统计的分类方法，东部地区包括北京、天津、河北、辽宁、上海、江苏、浙江、福建、山东、广东、海南共 11 个省（直辖市）；中部地区包括山西、吉林、黑龙江、安徽、江西、河南、湖北、湖南 8 个省；西部地区包括重庆、四川、贵州、云南、西藏、陕西、甘肃、青海、宁夏、新疆、内蒙古、广西 12 个省（直辖市、自治区）。

通发展状况都是影响学校布局调整的重要因素，我们也选择相应指标来代表这些因素，并将其引入模型中作为控制变量。具体的指标选取和处理如下：

SQ_{it}为 i 省份在第 t 年的中小学学校数量。出于学校规模优势考虑，地方政府布局调整力度越大，则中小学机构数减少就越多，即 t 年中小学数量就越少，因此我们选择该变量作为被解释变量来衡量布局调整的力度。其中 PSQ_{it}、MSQ_{it} 分别表示小学和初中的学校数量。

FD_{it}表示财政分权度，用来考察中国式财政分权对农村中小学布局调整力度的影响。已有文献采取了不同指标对财政分权进行度量，有从财政收入和支出方面来测度财政分权的，也有从边际分成率来衡量的。由于本章主要从财政支出的角度考察财政分权对农村中小学布局调整的影响，故我们采用地方人均财政支出占全国人均财政支出的比例来衡量财政分权程度。具体计算公式为：FD =（地方人均财政支出/（地方人均财政支出 + 中央人均财政支出）。采用这种分权指标，不仅剔除了人口规模的影响，且还避免了多重共线性的问题。

$PPSE_{it}$、$MPSE_{it}$分别表示小学和初中生均预算内教育经费，是本章关注的另一重要解释变量。用省级预算内教育经费除以该省在校的小学或初中学生人数，即可得到 i 省的生均预算内教育经费。如果学校数量减少，在校学生数会相对增加，分摊于每个学生的教育经费支出就会越少。

$PSAP_{it}$、$MSAP_{it}$是小学和中学的学龄人口数。学龄人口数减少，是导致布局调整的起因。由于很难从现有统计数据中直接获取小学和初中的学龄人口数，若直接用在校学生人数作为人口变动指标，又会使模型存在较为严重的内生性问题。因此，这里的学龄人口数是以相应年度的人口出生率乘以对应的人口基础计算得出。以 2001 年为例，分别以 1990—1995 年和 1987—1989 年这两个时期的平均人口出生率乘以平均人口基数得出 2001 年小学和初中的学龄人口数，之后历年数据依次类推。

$PGDP_{it}$表示地区经济发展水平，它对学校数量影响的作用机理可以从两方面解释：一方面，人均 GDP 水平越高，家长越重视教育投资和教育质量的提高，而规模较大的学校在教育资源配置和教育质量水平上更有利（Friedkin and Necochea，1988；Jackson，1966），那么，撤点并校受到家长的阻力会更小，这会对学校数量产生负向的影响；另一方面，经济发展水平越高的东部发达地区，往往又是人口流进地，教育需求比较大，这又会对学校数量产生正向影响。因此，该指标对学校数量的最终作用在理论上是不确定的。

在其他控制变量中，UR_{it}为城市化率，用城镇人口占总人口的比重表示，反映城市化对农村中小学布局调整的影响。一般来说，城市化程度越高，人口密度大，公共服务配套设施健全，则有利于布局调整。HD_{it}为公路密度，用每万平方米的公路里程表示，反映交通状况改善对农村中小学布局调整的影响。交通条件越便利，学生上学比较方便，布局调整政策越容易实施。

通过对各指标变量的解释说明，我们可以预期相应的系数符号。其中，地方财政支出占全国财政支出比重越高，财政分权程度越高，地方政府将财政资金用于经济建设以彰显政绩和谋求政治晋升的行为动机就越强烈，用于教育的财政支出比重越小，从而需要扩大学校规模来进一步降低生均教育经费支出，因此，预期FD_{it}的系数符号为负，即财政分权程度与学校数量呈反向变动关系；生均预算内教育经费PSE_{it}与在校学生人数成反比，如果学校数量减少，在校学生数会相对增加，分摊于每个学生的经费支出就会越少，即生均预算内教育经费与学校数量同向变动，预期其回归系数为正数；SP_{it}代表学龄人口数，学龄人口数减少，是导致布局调整的起因，预期这一变量与布局调整有正相关的关系；城市化率UR_{it}的提高和交通状况HD_{it}的改善有利于学校规模扩大，相应地促进了学校数量的减少，预期二者的回归系数均为负数。

8.3.2 数据来源及统计描述

我们主要使用全国31个省份2001—2010年省级面板数据进行分析。数据主要来源于《中国统计年鉴》《新中国60年统计资料汇编》《中国教育经费统计年鉴》《中国财政年鉴》《中国人口和就业统计年鉴》。在处理数据时，我们对相应的数据进行了描述性分析，见表8－1。

表8－1　变量的描述性统计分析

变量		平均值	中位数	最大值	最小值	标准差	变异系数	单位
因变量	PSQ	11725	11502	39825	615	8569.4	0.73	所
	MSQ	1959	1890	5565	73	1260	0.64	所
解释变量	FD	0.67	0.69	0.94	0.26	0.15	0.22	%
	PPSE	2509	1777.3	16144	353.82	2389	0.95	元
	MPSE	2975.7	2059	20023	511.29	2955	0.99	元

续表

变量		平均值	中位数	最大值	最小值	标准差	变异系数	单位
控制变量	PSAP	545.6	493	1607	51.98	363	0.67	万人
	MSAP	625.3	574.52	2188.7	50.26	427	0.68	万人
	PGDP	18878	14516.8	74549	2984	14074	0.75	元
	D1	0.35	0	1	0	0.48	0.35	
	D2	0.39	0	1	0	0.49	0.39	
	UR	44.35	43.01	89.30	19.23	14.73	0.33	%
	HD	5940.9	4869.3	20645	253.84	4296	0.72	公里/万平方米

从表 8－1 可以看出，我们选取的各变量在不同省份间差异较大，充分说明了财政分权体制下的地方政府行为发生了变异，因此，各变量的省际差异性能够对中小学学校数量差异做出有效解释。

8.3.3　面板数据的稳定性检验

为避免伪回归现象，确保估计结果的有效性，首先对面板数据进行单位根检验，以确定数据的平稳性。本章主要运用了 LLC 检验、IPS 检验、Fisher－ADF 检验、Fisher－PP 检验 4 种方法。具体的结果如表 8－2。

表 8－2　　面板数据单位根检验

方法	LLC	IPS	Fisher－ADF	Fisher－PP
PSQ	－4.73 (0.00)	0.91 (0.82)	91.12 (0.01)	211.96 (0.00)
ΔPSQ	－27.55 (0.00)	－4.63 (0.00)	104.28 (0.00)	156.78 (0.00)
MSQ	－2.28 (0.01)	2.03 (0.98)	55.59 (0.70)	90.80 (0.01)
ΔMSQ	－11.48 (0.00)	－2.43 (0.01)	94.08 (0.01)	151.83 (0.00)
FD	－6.16 (0.00)	2.84 (1.00)	43.91 (0.96)	82.52 (0.04)

续表

方法	LLC	IPS	Fisher - ADF	Fisher - PP
ΔFD	-19.50 (0.00)	-5.91 (0.00)	154.14 (0.00)	219.91 (0.00)
PPSE	16.48 (1.00)	13.06 (1.00)	6.60 (1.00)	0.06 (0.99)
ΔPPSE	-13.31 (0.00)	-6.78 (0.00)	176.96 (0.00)	267.21 (0.00)
MPSE	13.99 (1.00)	9.52 (1.00)	13.45 (1.00)	0.15 (1.00)
ΔMPSE	-12.80 (0.00)	-4.99 (0.00)	143.59 (0.00)	190.37 (0.00)
PSAP	-1.10 (0.14)	3.50 (1.00)	39.14 (0.99)	103.61 (0.00)
ΔPSAP	-6.36 (0.00)	-1.64 (0.05)	98.64 (0.00)	99.92 (0.00)
MSAP	-10.35 (0.00)	-2.86 (0.01)	122.12 (0.00)	117.77 (0.00)
ΔMSAP	-11.53 (0.00)	-3.42 (0.00)	112.22 (0.00)	99.17 (0.00)
PGDP	16.48 (1.00)	16.33 (1.00)	0.98 (1.00)	0.63 (1.00)
ΔPGDP	-12.36 (0.00)	-8.91 (0.00)	204.45 (0.00)	355.90 (0.00)
UR	-2.96 (0.00)	2.90 (1.00)	50.58 (0.85)	61.78 (0.48)
ΔUR	-83.25 (0.00)	-8.43 (0.00)	83.59 (0.03)	97.46 (0.00)
HD	0.48 (0.68)	4.30 (1.00)	14.11 (1.00)	14.40 (1.00)
ΔHD	-5.47 (0.00)	-0.92 (0.18)	65.13 (0.37)	159.63 (0.00)

注：括号中的数据是统计量的伴随概率。

结果显示：变量的面板数据水平值是不平稳的，而一阶差分是平稳的，即为一阶单整存在单位根，符合面板协整的检验前提。因此需要进一步判断初中学校规模和小学学校规模分别与其他解释变量之间是否存在协整关系。我们借鉴 Pedroni（1999）构造的 7 个检验面板变量协整关系的统计量，即 4 个用联合组内维度（With - dimension）描述的 Panel ν、Panel rho、Panel PP 和 Panel ADF 统计量和 3 个用组间维度（Between - dimension）描述的 Group rho、Group PP 和 Group ADF 统计量，分别对回归 1、回归 2 判断其包含的变量是否存在协整关系，相关结果如表 8 - 3。

表 8 - 3　　　　面板数据协整分析

方法	回归 1	回归 2
Panel ν - Statistic	-3.30 (0.9995)	-3.80 (0.9999)
Panel rho - Statistic	7.58 (1.0000)	7.71 (1.0000)
Panel PP - Statistic	-19.03*** (0.0001)	-37.92*** (0.0000)
Panel ADF - Statistic	-11.66*** (0.0000)	-12.97*** (0.0000)
Group rho - Statistic	10.20 (1.0000)	9.66 (1.0000)
Group PP - Statistic	-44.32*** (0.0000)	-54.45*** (0.0000)
Group ADF - Statistic	-11.86*** (0.0000)	-16.15*** (0.0005)

注：原假设为不存在协整关系，***、**、* 分别表示在 1%、5% 和 10% 的显著水平上拒绝原假设。

表 8 - 3 的结果显示，利用 Pedroni 构造的 7 个统计量检验数据的协整关系，各统计量的检验结果不一致，但正如 Pedroni 指出的，当每个标准化统计量都趋于正态分布，在样本不大的情况下，Panel ADF 和 Group ADF 统计量的检验效果较好，而我们所使用的面板数据在这两个统计量下的 p 值均为 0，即小学和初中学校数分别与其他解释变量之间存在显著的协整关系。

8.3.4 实证结果

我们采用 EVIEWS6.0 进行回归分析，根据 F 检验和 Hausman 检验，模型（1）至模型（4）均应选择固定效应模型。对于全国范围内的估计来说，由于横截面个数大于时序个数，为了克服异方差和自相关问题，我们采用了广义最小二乘法（GLS）对固定效应模型的方程变量参数进行了估计，实证结果见表8－4。

表 8－4　　中小学学校数量变动影响因素的回归结果

因变量 / 自变量	小学学校数量（PSQ）		初中学校数量（MSQ）	
	模型（1）	模型（2）	模型（3）	模型（4）
C	8729.95*** (7.09)	6839.32*** (5.05)	1825.70*** (38.54)	1849.93*** (33.48)
FD	－7065.86*** (－8.78)	－6323.15*** (－7.04)	－370.67*** (－8.07)	－191.11*** (－2.97)
PSE	0.37*** (5.86)	0.26*** (4.33)	0.01*** (4.06)	0.01*** (2.79)
SAP	19.36*** (14.05)	21.14*** (12.70)	0.64*** (13.95)	0.55*** (12.76)
PGDP	－0.05*** (－3.29)	0.00 (0.10)	－0.00*** (－4.60)	－0.01*** (－7.81)
D1×PGDP		－0.03 (－1.13)		0.01*** (7.75)
D2×PGDP		－0.04** (－1.75)		0.01*** (4.97)
UR	－49.41*** (－3.69)	－44.46*** (－3.44)	2.45*** (2.91)	0.89 (0.97)
HD	－0.09*** (－3.39)	－0.11*** (－3.42)	－0.00*** (－6.38)	－0.01*** (－5.40)
$adjR^2$	0.989797	0.989311	0.997906	0.998447
F	731.73	660.07	3594.66	4584.56
P	0	0	0	0

注：***、** 分别表示系数在 1%、5% 水平上显著。

从表 8-4 的回归结果来看，除个别参数外，绝大多数参数的估计值都非常显著，而且无论是否考虑地区经济发展水平差异，模型的调整可决系数都达到了 0.98 以上，可见模型的拟合优度很高，很好地反映了财政分权、生均预算内教育经费和学校数量之间的关系。首先，财政分权与中小学学校数量呈显著的负相关，验证了我们的假设一，即财政分权强化了地方政府节约教育财政资金用于经济建设以彰显政绩和谋求政治晋升的行为动机。在缺乏有效约束机制的情况下，地方政府很有可能牺牲本地居民的福利，不考虑本地实际、片面追求撤点并校的速度和数量，断章取义地执行中央政策，使其尽可能地与自身的目标函数相一致。其次，生均预算内教育经费支出与中小学学校数量之间存在正相关关系，虽然回归系数较小，但在 1% 的水平上都是显著的，在一定程度上验证了假设二。也就是说，学校数量越少，学校规模越大，生均预算内教育经费拨款也就越少，即通过合并学校来扩大学校规模，可以降低学校的公共成本；再次，学龄人口数变动显著地影响着中小学学校数量，特别是小学学校数量。学龄人口数每变动 1%，小学学校数量变动幅度远远超过中学，说明人口因素也是影响布局调整和中小学学校数量的一个重要影响因素。最后，其他控制变量对中小学学校数量的影响：从全国范围看，人均 GDP 对小学学校数量的影响为负，对初中学校的影响几乎为 0，说明随着人民生活水平的提高，人们更加注重义务教育的起点公平，相应的人均 GDP 对小学学校数量变化的影响更大；分地区来看，经济较发达的东部地区和欠发达的西部地区，人均 GDP 对小学数量的影响均为负，表明东部地区家长对教育质量的重视程度较高，政府大规模撤点并校后，有效地提高了教育质量恰好契合了当地家长的意愿，而对于外出务工人口较多的西部落后地区，由于地方居民对教育的需求量减少及其对教育质量的要求较低，使财力薄弱的地方政府容易推行中小学布局调整来缓解义务教育支出压力。城市化水平对小学学校数量有显著的负向影响，即城市化水平越高，人口居住相对集中，有利于减少小学的学校的数量来扩大学校规模；但其对中学学校数量的影响为正向，这可能与城镇化引起的人口流动有关。与预期结果一致，交通条件的改善可以在一定程度促进布局调整、减少学校数量。所有的参数系数中，运用小学数据的估计值均比初中模型的系数估计值大，也切合小学适龄人口总数较多、学校数量多的实际，说明在财政分权体制下，地方政府对小学布局调整的力度和空间超过了初中。

8.4 结论及其政策含义

本章从中国式财政分权、地方政府行为扭曲与农村中小学布局调整三者之间内在关系的角度，深入探讨地方政府不顾当地实际而片面执行中央关于农村中小学布局调整政策的原因。其结论是，我国财政分权在缺乏“用手投票”和“用脚投票”机制的约束下，地方政府为追求自身政绩的最大化，而不愿意将有限的财政资金过多用于任期内对政绩作用不大的教育，试图通过学校合并产生规模经济来降低生均教育财政支出，是导致地方政府断章取义执行中央农村中小学布局调整政策的主要原因。实证结果也显示：在控制人口、交通和城市化等变量的情况下，财政分权度越高中，中小学学校数量越少，生均预算内教育支出越低。

基于以上结论，我们认为，要解决财政分权下地方政府行为扭曲问题，需要改善现有的激励与约束机制。由于在我国建立起“用手投票”和“用脚投票”对地方政府行为的激励与约束机制在短期内难以实现。就现有制度框架而言，可以从以下两个方面加以改进：一是要改进现有的评价地方政府绩效的考核指标体系，即降低 GDP、规模、速度等指标在考核中的权重，将涉及民生的基本公共服务的供给状况纳入政府官员政绩考核体系中，以减少政府决策的短视行为；二是对地方政府行为实施硬约束，包括明文约束和程序约束。所谓明文约束，是指以明晰完善的法规制度来规范地方政府在农村中小学布局调整中的行为。具体说，就是要明确规定地方政府在农村中小学布局调整中可以做什么、不可以做什么，以及对执行中央政策不到位或违反规定行为要实行行政问责。由于明文约束往往只能防止坏结果的发生，却不能保证出现最好的结果。因此，除了明文约束外，还应该加强程序约束，即从地方政府实施农村中小学布局调整所应遵循的方法、步骤等方面来约束其行为，强化布局调整决策程序的公平正义，进而限制政策执行的结果。就农村中小学布局调整而言，地方政府在程序上至少要做到：第一，通过民意调查、听证会、村民代表大会等形式建立起公众参与布局调整的决策机制；第二，聘请专家进行充分论证，形成科学、合理的布局调整方案；第三，组成包含各方利益代表的专门委员会，定期对农村中小学布局调整过程进行监管，以保证政策的执行能按照预定的方案达到最好的结果。

第 9 章　教育质量、教育成本与最优的初等学校规模

——以 XS 县为案例的研究

9.1 引　言

学校规模是指一所学校的大小，通常用在校学生人数来度量。学校规模的大小不仅与教育资源配置效率、教育质量的高低密切相关，而且还在一定程度上关系到社会的和谐与稳定。如前所述，在我国 20 世纪 90 年代的中后期，因计划生育实施后的人口自然出生率下降，以及城镇化过程中人口迁移引起的城乡人口分布变化，使得农村地区的中小学出现学生源不足，学校规模变小、资源利用效率降低，客观上需要对既有的农村中小学布局进行调整。针对这一情况，2001 年，《国务院关于基础教育改革与发展的决定》要求按照小学就近入学、初中相对集中、优化教育资源配置的原则，合理规划和调整学校布局。然而，在农村中小学布局调整的过程中，一些地方政府和教育行政主管部门仅为节约财政资金和方便学校管理，而不顾当地实际，片面追求学校数量的减少和规模扩大。农村初等学校数量的急剧减少，使学生上学路途变远，不仅造成家庭教育成本增加和学生辍学率上升，还导致学生上学和住校的不安全因素增多，这些问题的出现已背离了决策部门关于农村中小学布局调整的初衷。无疑，在中小学布局调整中约束地方政府的行为和配套增加财政投入是有必要的，但更重要的是布局调整前的“科学规划”。在既定学龄人口分布区域内科学规划学校的布局，首先需要确立合理的学校规模，而合理学校规模至少要考虑三个基本因素：一是教育产出质量；二是公共教育成本；三是私人教育成本。

如前所述，Smet（2001）曾构造了一个包含学生私人交通成本的简单生均

教育成本函数，当同时考虑生均公共和私人教育成本时，总的生均教育成本曲线呈“U”形，即在总成本曲线的最低点存在学校最优规模，且最优规模随着人口密度和固定成本增加而增加，随着学生上学的私人交通成本增加而减小。但Smet（2001）的研究并没有将教育质量纳入成本函数，他直接用固定成本和常系数边际成本求和构成相对简单的成本函数来计算公共教育成本，成本函数中的教育产出变量仅为学生数量，学生的教育质量不受学校投入和学校规模的系统性影响。但正如Barton（2008）所指出的那样，忽视教育质量来讨论学校规模大小没有实际意义。基于此，本章主要作了如下改进：一是采用了灵活多变的超越对数成本函数作为公共教育成本函数，并在其中引入了影响教育质量的投入指标；二是在私人教育成本函数的设定上，除了考虑到学生上学的交通成本、家长陪送的交通成本和机会成本外，根据中国实际情况，我们还按学生居住距离，区分了学生走读和住校的两种情况，并分别核算其交通成本和生活成本。

基于上述分析，余下部分的结构安排如下：第二部分以规模经济理论为基础，综合考虑影响初等学校最优规模的基本因素，构建以学生数量来衡量学校规模的生均教育成本函数，并推导成本最小化的学校最优规模条件；第三部分为实证分析，使用XS县的面板数据估计模型参数，进而估算该县初等学校最优规模和最优学校数，再根据县域内不同区域的人口密度和交通费用的差异修正实证结果；第四部分是结论性评述与政策含义。

9.2 初等学校最优规模的基本要求及其估算方法

运用成本函数法来估算初等学校的最优规模，首先必须弄清最优学校规模的基本要求，包括学校产出的规定和教育成本的构成；其次就是成本函数形式的选择和估算方法。

9.2.1 初等学校最优规模的基本要求

9.2.1.1 教育产出的质量

如前所述，教育产出不能简单以学生数来表示，必须要考虑教育产出的质量。通常用学生考试成绩来代表学校教育质量，国外有关学生成绩与学校投入间关系的实证研究的文献相当丰富，汉纳谢克（Hanushek）总结了20世纪90年代以前有关这方面的187项研究成果，发现这些关于发达国家尤其是美国的研究均得出了较为一致的结果，即学校投入与学生成绩间没有形成很强的或系统的关系，这是Smet（2001）在估算学校规模时没有考虑教育质量因素的重要依据。然而，不少学者认为，发达国家生均资源的巨额投入导致研究者很难分辨出学校资源投入对学生成绩的边际影响，发展中国家与发达国家在学校投入上的巨大差异，很有可能使学校资源配置对学生成绩产生不同的影响结果。胡咏梅、杜玉红（2009）和薛海平、王蓉（2010）等所做的研究均证明我国初等学校的投入尤其是师资配置对校际间学生平均成绩有显著的影响。为了弄清案例XS县所辖初等学校学生成绩与学校投入间的关系，我们根据对XS县初等学校问卷调查所获取的相关数据，运用多层线性模型实证分析了学生成绩的影响因素。在学校层面上，若不考虑学生的个体差异，学校的物质投入对学生平均成绩有正面影响，但不显著；而人力投入（主要指教师）对学生平均成绩有显著的影响。具体说，我们用师生比（ts）和高级教师占比（th）分别代表一所学校教师的数量和质量指标，实证结果发现，这两个比值越大，学生平均成绩越高，且在5%水平上是显著的。表明要在保证教育质量的前提下，扩大学校规模，必须要配套增加教师的数量和提高教师素质，相应地也需要增加人力投入方面的公共成本。

9.2.1.2　教育成本构成

确立初等学校最优规模的第二个关键问题是生均教育总成本的界定。遵循Smet（2001）的逻辑，我们将生均教育总成本也区分为两个部分：第一部分为公共教育成本，主要由政府承担，具体又分为固定成本和运转成本（含人员支出与公用支出）；第二部分为私人教育成本，主要由家庭负担。无疑，公共教育成本具有明显的规模效益，即生均公共教育成本会随着学校规模（用在校生人数表示）扩大而降低。相比较而言，私人教育成本构成不仅复杂，且其数据也不易获取。根据课题组在2009年2月对19省80多个乡镇农村中小学布局调整效果的实地调查（李祥云，2009），撤点并校后因学生上学路程变远，主要给家庭带来了三种成本：一是学生上学增加的交通成本；二是学生尤其是寄宿生增加的住宿和饮食等生活成本；三是家长的陪送成本，包括家长陪送的交通成本和因陪送而产生的机会成本。目前我国农村初等学校（小学）大多只为居住偏远的五、六年级学生提供寄宿，使走读生和寄宿生的私人教育成本出现了较大差异，故本章的私人教育成本按两类学生分别估算。很明显，单纯就私人教育成本而言，学校规模越大，学生上学的私人教育成本越高，即学校规模扩大存在规模不经济。

综合考虑公共教育成本和私人教育成本，学校规模扩大后的生均公共教育成本下降和生均私人教育成本上升，其结果将导致生均教育总成本曲线呈“U”形，最优的学校规模将由总成本曲线最低点的学生数来决定。至此，本章将最优的初等学校规模界定为，生均教育总成本最小化的有一定教育质量的在校学生数。

9.2.2 初等学校教育成本函数的设定与学校规模最优化条件

由于公共教育成本和私人教育成本各自构成有很大不同，故需要先分别设定其成本函数的形式，然后再将二者合并成总成本函数。

9.2.2.1 引入教育质量的生均公共教育成本函数

假设学校教育产出的学生是同质的，以学生数量表示的学校规模可以量化为学校教育总产出，相对应的公共教育成本由生均教育经费支出表示。本章选择灵活多变的超越对数成本函数作为公共教育成本函数形式，在规模报酬不变条件下，生均公共教育成本函数为：

$$\ln AEC_{it} = \alpha_i + \sum_{k=1}^{n} \beta_k \ln p_{kit} + \frac{1}{2}\sum_{k=1}^{n}\sum_{h=1}^{n} \gamma_{kh} \ln p_{kit} \ln p_{hit} \quad (9-1)$$

式（9-1）满足齐次性要求：$\sum \beta_k = 1$；$\sum \gamma_{kh} = 0$；$\sum \gamma_{hk} = 0$；对称性要求：$\gamma_{kh} = \gamma_{hk}$。其中，$AEC$ 是生均公共教育成本；p_k、p_h是第 k 种或第 h 种教育投入品的价格，k、$h=1, 2, \cdots, n$；下标 i 和 t 分别代表第 i 所学校和第 t 年度；α、β、γ 是系数。

要使学校规模报酬可变，须对式（9-1）进行修正，即在式（9-1）右边引入学生数量的对数 $\ln S_{it}$作为产出变量，其系数为 θ_1，修正后的函数形式为：

$$\ln AEC_{it} = \alpha_i + \sum_{k=1}^{n} \beta_k \ln p_{kit} + \frac{1}{2}\sum_{k=1}^{n}\sum_{h=1}^{n} \gamma_{kh} \ln p_{kit} \ln p_{hit} + \theta_1 \ln S_{it} \quad (9-2)$$

学校产出不能简单用在校学生数来表示，还必须考虑教育产出的质量。根据前面的分析，本章采用与教育质量显著相关的教育投入变量来度量教育产出质量，同时，为使学校规模报酬形式更加丰富，假设有质量的学生数量的对数为 $\ln q_{it}$，它是由学生数量的对数 $\ln S_{it}$的二次型和每个学生享受的教育投入资源的对数 $\ln IR_{it}$组成的线性函数，即 $\ln q_{it} = f(\ln S_{it}, \ln IR_{it})$。因此，考虑了教育产出质量后，公共教育成本函数为：

$$\ln AEC_{it} = \alpha_i + \sum_{k=1}^{n}\beta_k \ln p_{kit} + \frac{1}{2}\sum_{k=1}^{n}\sum_{h=1}^{n}\gamma_{kh}\ln p_{kit}\ln p_{hit} + \theta_1 \ln S_{it} + \theta_2 (\ln S_{it})^2 + \delta \ln IR_{it} \quad (9-3)$$

为方便下文计算，令：$\tau_i = \sum_{k=1}^{n}\beta_k \ln p_{kit} + \frac{1}{2}\sum_{k=1}^{n}\sum_{h=1}^{n}\gamma_{kh}\ln p_{kit}\ln p_{hit} + \delta \ln IR_{it}$

则式（9－3）化为：$AEC_{it} = S_{it}^{\theta_1 + \theta_2 \ln S_{it} + (\alpha_i + \tau_i)/\ln S_{it}}$　（9－4）

9.2.2.2　考虑学生类别的生均私人教育成本函数

在一所学校覆盖区域内，每个家庭学生从居住地到学校的距离并不完全相等，交通状况也可能会有很大不同，加之居住地离学校的远近又与学生选择走读或住校有关，所有这些使发生在每个学生家庭上的交通和生活等私人成本存在较大差异。因此，直接计算生均私人教育成本变得非常困难。尽管如此，通过某些简单化假设，仍然能得到私人教育成本函数。以下我们用学生交通距离这个中间变量来简化私人的教育成本估算。

（1）平均交通距离的估算。由于相同正六边形构成的蜂窝结构在几何中具有无缝联接、最大面积覆盖的特性，且正六边形内切圆的面积 A_{1it}与正六边形面积 A_{0it}之比，同走读生人数与在校生总数之比 9∶1 大致相等。因此，我们将一个面积为 A 的教育行政区域划分为 N 个正六边形，正六边形的中心 b 为学校位置，该行政区域内共有 N 所学校和 TS 名学生，学生分布密度 $D_{it} = TS/A$。第 i 所学校在第 t 学年的教育覆盖面积 $A_{0it} = A/N$，其学生人数为 $S_{it} = A_{0it} \times D_{it} = TS/N$。假设居住在内切圆内区域的学生选择走读，居住在内切圆外的正六边形内学生选择住校。如图 9－1 所示。设正六边形边长为 r_{0i}，可计算出：$r_{0i} = \sqrt{\frac{2}{3\sqrt{3}} \cdot \frac{S_{it}}{D_{it}}}$。然后利用二重积分，可分别计算出每所学校的走读生和寄宿生上学的平均交通距离。其中，居住在正六边形区域的学生到中心学校的平均交通距离：$d_{0i} = \left(\frac{1}{3} + \frac{1}{4}\ln 3\right) r_{0i} \approx 0.377\sqrt{\frac{S_{it}}{D_{it}}}$；居住在内切圆区域的走读生上学的平均交通距离：$d_{1i} = \frac{\sqrt{3}}{3} r_{0i} \approx 0.358\sqrt{\frac{S_{it}}{D_{it}}}$；居住在内切圆外六边形内区域的寄宿生上学的平均交通距离：$d_{2i} = \dfrac{2\sqrt{3}\left(\dfrac{1}{3} + \dfrac{1}{4}\ln 3 - \dfrac{\pi}{6}\right)}{2\sqrt{3} - \pi} r_{0i} \approx 0.562\sqrt{\dfrac{S_{it}}{D_{it}}}$。

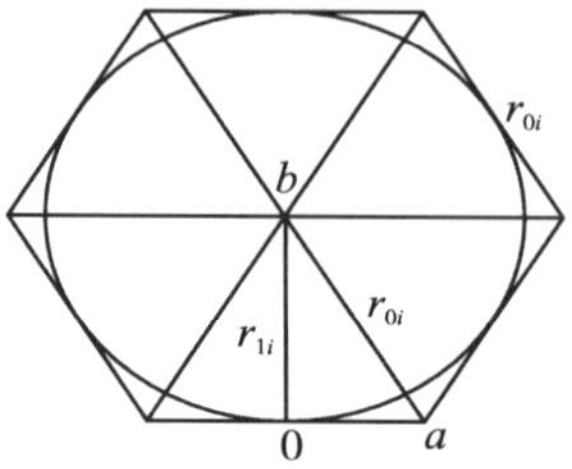

图 9－1　平均交通距离估算

从平均交通距离的计算公式不难看出，学生上学的平均交通距离与学校规模和学生人口分布密度相关，学校规模越大，学生分布越分散，学生上学的平均交通距离越远。寄宿生平均上学距离约为走读生的 1.57 倍，所有学生的平均上学距离位于两者之间，符合实际情况。

（2）分类别的生均私人教育成本函数

走读生和寄宿生在家和在校就餐、住宿所花费的生活成本不同，需分类别估算其私人教育成本。假设一，每学年 c 天内，走读生每天往返 1 次，寄宿生每周往返 1 次，家长每次陪送往返两次。交通工具速度为 v 千米/小时，单位时间交通费用为 k 元/小时；该区域的劳动力平均工资为 w 元/小时。学生上学的交通成本、家长陪送的交通成本和误工的机会成本共同构成实际私人教育成本。假设二，寄宿生的就餐费和住宿费按学校每学年收取费用的总额 f_{it} 元计算，可算出生均费用为 f_{it}/S_{it}；走读生在家生活分摊成本较低，可忽略不计。代入 d_{1i} 和 d_{2i}，再将 S_{it} 用 $A_{0it}^{*}D_{it}$ 替换，则每学年一所学校学生的私人教育总成本（TCC）的表达式可化为：

$$
\begin{aligned}
TCC_{it} &= TCC_{1it} + (TCC_{2it} + TCC_{3it}) \\
&= c(6k + 4w) \times \frac{d_{1i}}{v} \times A_{1it} \times D_{it} \\
&\quad + \left[\frac{c}{5}(6k + 4w) \times \frac{d_{2i}}{v} \times (A_{0it} - A_{1it}) \times D_{it} + f_{it}\right] \\
&= \frac{c}{v}(2.0108k + 1.3405w)\sqrt{\frac{S_{it}}{D_{it}}} \cdot S_{it} + f_{it} \qquad (9-5)
\end{aligned}
$$

令 $\varphi = \dfrac{c}{v}(2.0108k + 1.3405w)$，生均私人教育成本函数表达式如下：

$$ACC_{it} = TCC_{it}/S_{it} = \varphi\sqrt{\frac{S_{it}}{D_{it}}} + \frac{f_{it}}{S_{it}} \tag{9-6}$$

由（9-5）、（9-6）式可知，生均私人教育成本随单位时间的人均工资和交通费用的增加而增加，随学龄人口密度和交通工具速度的提高而降低。

9.2.2.3　生均教育总成本函数与学校规模的最优化条件

合并公共教育成本函数和私人教育成本函数得到总成本函数，也就是将式（9-4）和式（9-6）直接相加可得 TAC：

$$TAC_{it} = AEC_{it} + ACC_{it} = S_{it}^{\theta_1+\theta_2\ln S_{it}+(\alpha_i+\tau_i)/\ln S_{it}} + \varphi\sqrt{\frac{S_{it}}{D_{it}}} + \frac{f_{it}}{S_{it}} \tag{9-7}$$

生产成本理论表明，平均成本最小化条件决定学校最优规模，即对生均教育总成本函数（9-7）求一阶导数，满足：

$$\frac{\partial TAC_{it}}{\partial S_{it}} = S_{it}^{\theta_1-1}\cdot(\theta_1+2\theta_2\ln S_{it})\cdot e^{\alpha+\tau+\theta_2(\ln S_{it})^2} + \frac{\varphi}{2}\sqrt{\frac{D_{it}}{S_{it}}} - \frac{f_{it}}{S_{it}^2} = 0 \tag{9-8}$$

9.3　XS 县域内初等学校最优规模的估算

9.3.1　数据来源与处理

本章选取 XS 县①作为测算初等学校最优规模的案例。近 10 年来，该县按照国务院要求对农村中小学进行了布局调整，小学学校数已由调整前 200 多所减少至目前的 136 所。最大规模的小学有 4521 人，最小的仅有 21 人。剔除不完整数据，共有 131 所小学数据可用。

课题组于 2012 年 4 月对当地学校、学生和家庭进行问卷调查，并从教育行政、交通运输、统计、财政等部门收集到 2010 年和 2011 年的统计资料，涵盖了研究所需的三类数据。第一类为用来构建教学投入质量变量 IR 的学校特征数据，包括学校占地、校舍占地和建筑面积、教师与学生数、教师职称与学历结

① XS 县是地处平原地带的中部地区农村县，县辖 15 个乡镇（场），1 个省级经济开发区。面积 1949.3 平方千米，总人口 102.76 万。

构等统计数据。选择师生比（*ts*）代表人力投入数量、大专以上学历教师占比（*th*）代表人力投入质量、生均建筑面积（*tarea*）代表物质投入，添加 *ts* 与 *th* 交叉项（$ts \cdot th$）共四项指标构成教学投入质量变量 *IR*，其中，交叉项用来检验师生比例和大专以上学历教师占比之间是否存在相互影响。第二类是公共教育成本，包括人力投入、公用经费和固定投入。生均公共教育成本（*AEC*）由生均人员经费、生均公用经费和生均固定资产价值加总构成。为确保公共投入价格的外生性和可比性，我们还构建了三类投入价格指数，分别用人员支出除以教职工人数得到人力投入价格指数（p_1），用公用经费除以班级个数得到公用经费价格指数（p_2），用固定资产价值除以学校建筑面积得到固定投入价格指数（p_3）。第三类是估算私人交通成本的相关数据，包括区域面积、交通里程、交通费用、当地居民月或年平均收入、学校寄宿费等。

9.3.2 实证结果

基于数据的可获得性，我们分段估计生均教育总成本函数（*TAC*），对表达式（9－7）中的生均公共教育成本（*AEC*）采取计量方法估计模型参数，生均私人教育成本（*ACC*）运用实际统计数据进行估算，最后合并生均公共和私人教育成本求解初等学校最优规模。

9.3.2.1 生均公共教育成本模型检验及估计

根据式（9－3）和数据处理说明，生均公共教育成本（*AEC*）计量模型为：

$$\ln AEC_{it} = \alpha_i + \sum_{k=1}^{3}\beta_k \ln p_{kit} + \frac{1}{2}\sum_{k=1}^{3}\sum_{h=1}^{3}\gamma_{kh}\ln p_{kit}\ln p_{hit} + \theta_1 \ln S_{it} + \theta_2 (\ln S_{it})^2 + \delta_1 \ln ts_{it} + \delta_2 \ln th_{it} + \delta_3 \ln ts_{it}\ln th_{it} + \delta_4 \ln tarea_{it} + \varepsilon_{it} \quad (9-9)$$

其中，$i=1, 2, \cdots, 131$；$t=2010, 2011$。

在模型（9－9）中，虽然解释变量中的公共投入价格指数是外生的，但控制教育质量的变量师生比（*ts*）、大专以上学历占比（*th*）和生均建筑面积（*tarea*）可能是内生的，[①] 因此，我们使用面板数据模型有助于消除非严格的内生性影响，并选择教育质量变量的滞后形式作为辅助回归变量，对模型进行了 Wu－Hausman 外生性检验，发现系数的 *t* 检验值不显著，表明内生性问题不影响模型

① 被解释变量生均公共教育成本（AEC）是由生均人员经费、生均公用经费和生均固定资产价值加总构成，而被解释变量的构成因素中教师及高级教师人数、学校建筑面积都与公共教育成本存在相互关系。

估计结果的可靠性。

在面板数据模型的选择上，使用 F 统计量和 Hausman 检验，验证混合回归模型、个体随机或个体固定效应模型的适用性，检验结果表明应建立个体固定效应模型。为了进一步避免模型存在异方差和自相关问题，还采用了可行的广义最小二乘法（FGLS）对面板模型进行回归，回归结果如表 9－1 所示。

表 9－1　　　生均公共教育成本回归结果

Variable	OLS 估计结果		FGLS 估计结果	
	Coefficient	t－Statistic	Coefficient	t－Statistic
β_1	0.210	1.312	0.125***	3.419
β_2	0.033	0.239	0.024	1.249
β_3	0.757	—	0.851	—
γ_{11}	0.084	1.571	0.098***	12.288
γ_{22}	0.064*	1.969	0.060***	9.888
γ_{33}	0.945	—	0.109	—
γ_{12}	－0.029	－0.986	－0.025***	－4.044
γ_{13}	－0.055	—	－0.036	—
γ_{23}	－0.035	—	－0.074	—
θ_1	－0.910	－1.077	－0.892***	－8.009
θ_2	－0.009	－0.125	－0.011	－1.190
δ_1	0.720	0.797	0.632	1.362
δ_2	－0.418	－0.732	－0.455***	－3.793
δ_3	－0.113	－0.612	－0.131***	－3.407
δ_4	－0.015	－0.813	－0.010***	－4.485
α	8.543***	2.622	8.444***	5.916
	$R^2=0.995$ $Adj-R^2=0.997$	P＝0.0000	$R^2=0.999$ $Adj-R^2=0.999$	P＝0.0000

注：β_3、γ_{13}、γ_{23}和γ_{33}通过式（1）的约束条件求得；***、**、*分别表示在 1%、5% 和 10% 的置信水平上显著。

选择 FGLS 回归结果得到以学校规模为自变量的生均公共教育成本函数[①]:

$$AEC_{it} = S_{it}^{-0.89-0.01\ln S_{it}+14.14/\ln S_{it}} \qquad (9-10)$$

由表 9 - 1 回归结果显示，运用普通最小二乘法（OLS）得到的回归结果存在异方差和自相关，各系数几乎都不显著，这可能是由于样本数据差异较大而造成的结构性异方差。FGLS 方法回归的模型拟合优度非常高，绝大多数系数在 1% 统计水平上显著。个别系数在统计上不太显著，说明可能仍然存在一定的多重共线性，这主要与模型中存在平方项和交叉项有关。值得注意的是，除师生比外，其他代表教育投入质量变量的系数均在 1% 水平上显著，表明教育投入质量高低对教育成本大小有显著影响。其中，师生比（$\ln ts$）的回归系数为 0.632，高级教师比例（$\ln th$）的回归系数为 -0.455，学校生均建筑面积（$\ln area$）的回归系数为 -0.010，师生比和高级教师占比的交叉项（$\ln ts \times \ln th$）的回归系数为 -0.131。从边际效应来看，$\ln ts$ 的边际效应是 $0.632-0.131\ln th$。由于 th 表示高级教师在全体教师中所占的比重，其值小于 1，则 $\ln th$ 为负值，故 $\ln ts$ 的边际效应恒为正值。与预期一致，这表明师生比越高，公共教育成本也越高。但是高级教师占比（th）越高，每提高 1% 的师生比，节约的成本减少量越小。同样的，$\ln th$ 的边际效应是 $-0.455-0.131\ln ts$，$\ln ts$ 的平均值为 -3.52，可得 $\ln th$ 的总体边际效应值为正，意味着高学历教师占比越高，公共教育成本也越高。这些结论表明，高质量的教育总是和高成本投入联系在一起的。

$\ln sn$ 和 $(\ln sn)^2$ 的回归系数均为负，且前者在 1% 的水平上显著，后者虽不显著，但仍意味着不考虑私人教育成本的学校存在规模报酬递增，即不存在最优规模。由式（9 - 10）绘制出的生均公共教育成本曲线见图 9 - 2。图 9 - 2 显示：不考虑私人教育成本的生均公共教育成本曲线呈“L”形，生均公共教育成本随着学校规模扩大而降低，即在控制教育质量的情况下，不考虑私人教育成本，通过学校合并来扩大学校规模，的确能节约公共教育资金。这个结论也验证了国内一些学者对近 10 年来我国地方政府热衷于“学校合并”原因的推断。但正如 Smet（2001）所指出的那样，在既定的区域内，扩大学校规模意味着学校数量减少，学生上学距离越远，这不仅增加了私人交通成本，还增加了交通事故的风险。因此，有必要将上学的私人成本如交通成本考虑进来，再确定学校最优规模。

---

① 从回归结果可以直接得到系数 θ_1、θ_2 和 α 的值，而系数 τ_i 的值无法从回归结果中直接获得，因此，我们用各项回归系数乘以其平均值估算出式（9 - 5）中的 τ_i。

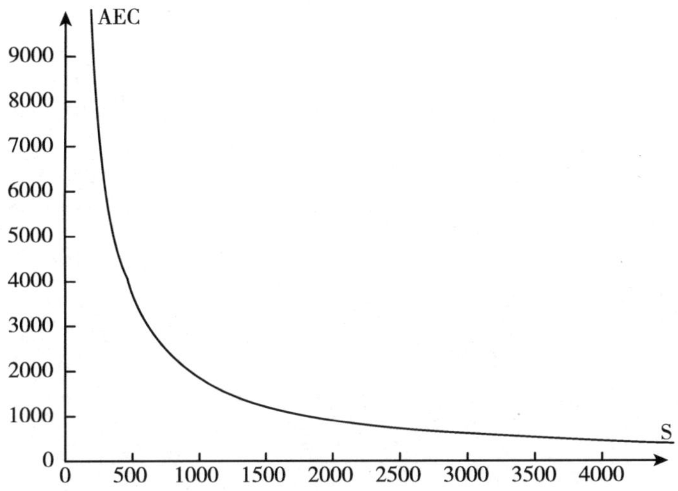

图9-2 生均公共教育成本曲线

9.3.2.2 考虑生均私人教育成本的学校最优规模

按照教育部门规定的义务教育阶段学生在校学习时间，除去寒暑假、周末和节假日，每学年以46周共230天计，走读生每天往返1次，寄宿生每周往返1次。XS县辖面积1949.3平方千米，截至2012年春季，共有小学136所，在校生68565人，由此估算出当地小学学龄人口密度D为35.17人/平方千米。XS县经济比较发达，普通劳动者月平均工资收入2700元（毛收入），每个月工作22天，每天工作8小时，平均工资w为15.34元/小时；该县地处平原，交通较便利，每公里交通费用为2元（当地出租车价格），交通车时速v为30千米/小时，单位时间交通费用k为60元/小时。根据该县136所学校财务数据计算可得，2011学年平均每所学校向寄宿生收缴住宿和伙食费18.54万元。那么，ACC成本函数表示为：

$$ACC_{it} = \frac{c}{v}(2.0108k + 1.3405w)\sqrt{\frac{S_{it}}{D_{it}}} + \frac{f_{it}}{S_{it}} \approx 182.54\sqrt{S_{it}} + \frac{185400}{S_{it}} \tag{9-11}$$

合并式（9-10）和式（9-11）得到以学校规模为自变量的生均教育总成本函数TAC：

$$TAC_{it} = S_{it}^{-0.89-0.01\ln S_{it}+14.14/\ln S_{it}} + 182.54\sqrt{S_{it}} + \frac{185400}{S_{it}} \tag{9-12}$$

根据式（9-12），绘出生均教育总成本曲线见图9-3。图9-3表明，考虑私人教育成本ACC后，生均教育总成本曲线呈“U”形。该曲线最低点所决定的初等学校最优规模 S^* 大约为 803 人。若每所小学都达到该规模，则 XS 县仅需 85 所小学，远少于该县目前的小学数量。从 XS 县初等学校实际规模及数量来看，有 38 所小学的规模接近 803 人的规模，10 所小学规模远远超过 803 人的规模，88 所学校没有达到这一最优规模。显然，要求所有初等学校均达到相同规模并不符合当地的实际。之所以出现这种情况，原因在于前文假设 XS 县域内学龄人口分布均匀，且无论学生居住在何地所乘坐交通工具的速度和单位时间交通费用都一样。事实上，XS 县域内城区与乡镇、乡镇之间人口分布和交通设施相差甚远。为此，还须根据县域内不同学龄人口分布、交通条件等实际状况对假设条件进行修正，分类别对模型进行估算。

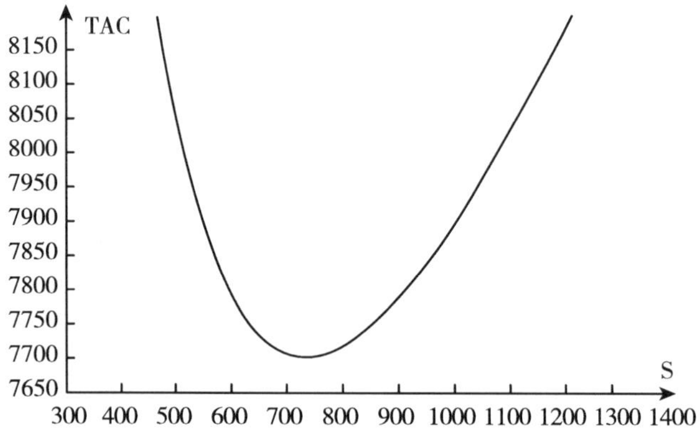

图 9－3　生均教育总成本曲线

9.3.2.3　修正后的 XS 县域内学校最优规模

根据 XS 县城市化程度或人口密度将所辖街道或乡镇大致分为三类，依次为城区、乡镇和偏远乡。其中，县城所在的城镇和开发区属于城区，城镇周边的十个农村镇（乡）划为乡镇，距离中心城区较远、人口稀疏的三个乡属于偏远地区。这三类地区城乡居民收入存在一定差距，人口密度差异很大，其交通情况也有较大差别。城区交通条件优越，乡镇次之，而偏远乡村的道路以村村通公路为主，不仅道路弯曲，且狭窄难行，这直接导致各地区学生上学交通时间和交通费用的差异。根据向教育部门、交通部门了解和对学生的问卷调查，我们粗略设定三类地区的交通速度和单位里程交通费用，计算出了学龄人口密度和居民人均工资毛收入水平，相关数据见表 9－2。

根据表 9－2 给出的三类地区人口密度和估算的交通速度以及单位里程的交通费用等统计数据，利用公式（9－12），我们可以粗略估算出的三类地区初等学校最优规模及其最优学校数见表 9－3。

表 9－2　　　　XS 县三类地区初等教育成本变量估计值

地区	TS	A	D	V	K	W
全县	68565	1949.3	35.17	30	2	15.34
城区	18529	259.5	71.40	40	2	17.05
乡镇	47194	1248.2	37.81	30	3	15.91
偏远乡	2842	441.6	6.44	15	4	14.20

表 9－3　　　　XS 县三类地区初等学校最优规模与数量

地区	最优学校规模	最优学校数	实际平均规模	实际学校数
城区	1045	18	618	30
乡镇	647	73	477	99
偏远乡	280	11	406	7

从表 9－3 不难看出，与预期相同，人口集中、交通设施优越的城区小学的最优规模最大，其次是人口较集中和交通较便利的乡镇，偏远地区的小学最优规模最小。城区和乡镇地区的初等学校平均规模都没有达到最优规模，个别中心学校规模在最优规模的 3 倍以上，有的学校规模却不到最优规模的 1/3，导致学校数量众多，但实际平均规模较小。在人口相对集中的城区，多所小学实际规模呈现的较大差异，不利于教育资源的优化配置和办学成本的有效节约，通过合并学校来扩大学校规模，仍有降低教育成本的空间。与此相反，偏远乡村学校的实际平均规模却大于最优规模，实际学校数也少于最优学校数，由于学生分布密度不均，其布局不利于居住特别偏远的学生上学。实地调查也发现，XS 县近 10 年来初等学校布局调整力度最大的就是偏远乡村，甚至个别乡目前仅保留一所小学，最远的学生距离学校超过 5 千米，居民对此也是怨声载道。

值得注意的是，教育质量是确立最优初等学校规模优先要考虑的因素。如前所述，若要进一步提高初等教育的质量，就需要增加更多的公共投入，最优的学校规模也会随之变化。按教育部公布的 2010 年教育统计数据计算，全国普通小学师生比为 5.65%，专科以上教师占比 78.28%；而 XS 县的初等学校平均师生比为 4.52%，专科以上教师占比为 51.63%，均低于全国水平。若 XS 县初等学校的这两项代表教育质量的重要指标要达到全国平均水平，生均教育总成本将上升 529 元，其中，生均公共教育成本增加 1519 元，生均私人教育成本减少 990 元；县域内的初等学校最优规模还须调整到 488 人。随着初等学校最优规模的缩小，公共教育成本的规模效益降低，使生均公共教育成本上升；而在学龄人口既定的县域内最优学校数量增加，学生上学更加便利，相应的生均私人教育成本反而下降。

9.4 结论与政策含义

本章在遵循 Smet（2001）的逻辑推理的基础上，提供了如何同时将教育质量、公共教育成本和私人教育成本纳入成本函数，进而来估算初等学校最优规模的方法，并运用该方法测算了 XS 县三类不同地区的初等学校最优规模及其最优学校数。通过理论推导和实证分析，本章主要得出以下结论：一是由于投入与产出存在直接相关关系，为考虑教育产出质量，将师生比、高级教师占比、资本支出比重、教育投入品价格指数等教育投入指标引入成本函数，发现在控制教育质量的条件下，XS 县初等学校公共投入的规模报酬是递增的，且生均公共教育成本曲线呈 L 形，即不考虑私人教育成本时，无限度扩大学校规模，有利于节约教育财政支出，但极端情况下的一所巨型的学校不仅会造成偏远地区的学生私人教育成本激增，提高学生的辍学率，还会增加交通事故的风险，近年在我国一些偏远地区发生的多次交通事故就是惨痛的教训。二是现实情况要求我们必须将私人教育成本加入到总成本函数中，这使生均教育总成本曲线由 L 形被拉高为 U 形，在 U 形曲线的最低点即为初等学校的最优规模，但受限于理论模型中的学龄人口均匀分布的严格假设，求得的 XS 县小学最优规模是一个中值，大约为 803 人，最优的学校数为 85 所，这对具体的学校布局调整的政策指导意义不大。三是为使研究结论更具有现实意义，根据 XS 县内部城市化程度、人口密度和交通设施状况，将其分为城区、乡镇和偏远乡三类，同时考虑到走读生和寄宿生私人教育成本的差异，并分别估算了三类地区的初等学校最优规模和学校数。研究发现，人口集中或比较集中、交通条件优越或较好的城区和乡镇的绝大多数初等学校均没有达到最优规模，而偏远乡村的初等学校规模却超出了最优规模。四是教育质量是确立学校规模首先要考虑的因素，若要提高教育质量，就需要更多的公共投入，相应地，最优的学校规模也会随之变化。

基于上述研究结论，针对我国当前农村中小学布局调整或撤点并校过程中出现的种种问题，我们的建议是，县级教育决策者不能仅为节约财政资金和方便管理而片面地追求学校规模的扩大。合理的“撤点并校”需要同时考虑教育质量、私人教育成本和公共教育成本等多种因素。在权衡这些因素后，就应该在偏远乡村中保留更多的小学，以方便学生入学，避免恶性交通事故发生。同时对已经合并的学校，也需要配套的增加公共投入尤其是人力投入，以提高教育质量。

最后需要指出的是，我国各地县级教育情况的存在显著差异，对全国范围内的初等学校最优规模进行笼统测算没有实际意义，采取个案研究方式更为合理。在今后的研究中，理论模型还可以进一步优化，如引入人口出生率等指标建立动态模型，同时利用更丰富、全面的样本数据和有效的估计方法，使模型估计更精确，从而为我国农村中小学合理布局提供科学的依据。

第五部分
结 果 公 平

第10章　满足政策设定教育质量标准所需最低支出水平测算方法及其评述

美国的基础教育财政研究以20世纪80年代为分水岭，被划分为“旧教育财政”和“新教育财政”两个阶段（James W. Guthrie，2006）。前者寻求“过程公平”，其核心理念为财政中立（该原则下每个学生获得的公共教育支出与该学生所在社区的富裕程度和财政能力无关），旨在通过设计均等化拨款公式来为不同学区的学生提供大致相同水平的生均教育资源；后者寻求“结果公平”，其核心目标为实现“充足的教育”，即通过合理配置拨付的财政资金，使得包括特殊学生在内的所有学生都能达到设定的质量或成绩标准。

从注重“过程公平”的“旧教育财政”转向注重“充足性教育”的“新教育财政”，美国基础教育财政支持政策的演进有其特定的原因（Robert Berne、Leanna Stiefel，1999）。一是随着“财政中立”原则的贯彻实施，很多研究者发现，生均教育支出的公平并不能导致教育结果均等，而缩小学生间的成绩差距才是实现基础教育公平的关键所在。二是越来越多的学生家长向州议会提出对实现“教育结果公平”的司法诉讼，由此促使州政府产生了对“充足性教育”体系的初步构想。三是《处在危险中的国家》（A Nation at Risk，1983）报告的公布，引起了公众和政策制定者对美国基础教育质量的持续关注。随后，由该报告引发的“标准化教育改革”，为准确估算“充足性教育”成本和顺利施行“充足性教育”政策提供了必要条件（James W. Guthrie，2006）。

随着美国“充足性教育”政策的不断推进，探求有效估算“充足性教育”成本（即使所有学生都能达到给定教育质量标准所需的最低支出水平）的方法成为该领域研究的重点。现阶段测算“充足性教育”成本的方法主要有六种，分别是成本函数法、成功学区法、专家判断法、经验证据法、数据包络分析法和预算模拟法。本章详细介绍了这六种方法的基本原理、实施步骤及其实际应用情况，并指出其各方法的利弊。最后，本章指出了今后“充足性教育”成本测算方法需要进一步关注的问题，旨在为发展我国“公平而有质量”的义务教育成本估算提供可以借鉴的方法。

10.1 “充足教育”成本的估算方法

“充足教育”的成本估算方法意在解决施行“充足教育”政策过程中所涉及的三个关键问题：一是教育质量标准的确立，二是达到设定教育质量标准所需的投入要素的确认，三是对这些投入要素成本的准确估算。以下六种估算“充足性教育”成本的方法分别就上述三个基本问题做出了不同的回应。

10.1.1 成本函数法

成本函数法的基本原理是先验地设定一个关于学区的投入与影响投入变量间关系的教育成本函数，通过多元回归获得该成本函数的各项参数，据此得到所需的教育成本函数和成本指标，最后在此基础上估算出当地学区实行“充足教育”的成本。利用成本函数法估算“充足性教育”成本的具体步骤为：首先，设定一个基本的教育成本函数。以学区实际生均支出为因变量，以学区可控因素（如学生成绩、效率等）和不可控因素（如教师工资、特殊学生需求和地区招生规模等）为自变量，通过多元线性回归，得出该学区基本的教育成本函数。第二，估算基准学区达到指定学生成绩标准所需的生均教育成本。基准学区指的是除学生成绩变量外，影响投入的各变量均处于平均水平的假设学区。通过将设定的学生成绩目标值和其余变量的平均值代入第一步的教育成本函数中，即可求得其生均成本。第三，估算教育成本指数，并在基准学区生均成本基础上估算各学区“充足教育”的成本。教育成本指数的获得依赖于第一步中获取的教育成本函数，分别以学区不可控变量的实际值和学区可控变量的平均值代入该成本函数，可估算出该学区的预计的生均教育成本，再将其除以所有学区预计生均教育成本的平均值，并乘以100，即得到该学区的教育成本指数。因为教育成本指数的含义为学区达到设定的学生成绩标准所需的生均教育成本与基准学校达到设定学生成绩标准所需的生均教育成本的比值，所以学区只需将各自求得的教育成本指标与基准学区的生均支出相乘，即可得出本学区“充足性教育”的成本。

需要说明的是，由于各学区间可能存在较大地理上的生活成本差异，为了保障“充足性教育”估算结果的准确性，需要构建反映投入价格的教师工资模型进行调整。该模型以教师实际工资作为因变量，以影响教师薪酬的各个因素（主要分为教师质量指标、教师工作环境指标和学区不可控的劳动力市场指标等）作为自变量，通过估算各学区的预测教师工资（估算过程类似于教育成本函数对学区预测生均成本的估算），并将其替代教育成本函数中的教师工资指标，即可实现调整学区间生活成本差异的目标。很多研究之所以选择教师工资指标反映不同地理环境生活成本差异，主要是因为基础教育教师工资占学校运转成本的比例高达80%。

10.1.2　成功学区法

成功学区法的基本原理是筛选出那些达到指定学生成绩标准的成功学区，并根据其基本支出确定“充足教育”的成本。该方法的关键在于确立合理的学生成绩标准以及对成功学区的筛选。

运用成功学区法估算“充足教育”成本的基本步骤为：第一步，选择一组达到教育目标的学区，将其作为成功学区。在当前的研究里，教育目标主要指的是州政府规定的学生成绩水平。另外需要注意的是，在选择学区时，应将非典型性的学区剔除，如教育支出水平最高和最低的学区、最富裕和最贫困的学区、位于生源密集的大城市或稀疏的农村地区的学区等，选取规模平均、处于非中心区域、人口统计上相对同质、支出通常在州的平均水平以下的典型学区。第二步，确定成功学区的基本要素及其成本。成功学区的基本要素一般指的是直接涉及学校一般教学、教学辅助或教学管理的人员以及一些教学计划涵盖的资源，而不包括如地区管理、学生交通以及有关的维护和运营在内的特殊教育资源，也不涉及对特殊学生如残疾学生提供相关服务的资源。在确定基本要素后，根据该学校资源的价格指标计算出总要素的成本。第三步，估算“充足教育”所需的成本。根据州赋予的权重对这些成功学区的基本支出进行加权平均，具体加权的过程是指先按照同级教育对成功学校的基本支出进行算术平均，再根据各级教育的权重进行加权平均。最后各学区再依照其所在地区的生活成本对其进行地理性的价格差异调整，以估算出合适的“充足教育”成本。

10.1.3 专家判断法

专家判断法对“充足性教育”的成本估算依赖于专家小组对教育资源和策略的独立讨论。具体而言，决策者组建当地教育专家形成专家判断小组，使其经过充分讨论后，提出具有普适性的学校策略和资源类型，并确定相应的资源要素价格，以测算“充足教育”的成本。

运用专家判断法估算“充足性教育”成本的基本步骤为：首先，自下而上选取教育专家，组成专家判断小组。为充分考虑相关教育工作者的意见，需逐级聚集教育领域内的资深教师、校长、学校管理者、教育研究者等专业人士和行政人员，组成专家判断小组。第二，确定所需的教育资源和教育策略，设计“原型学区”。专家们根据自己的实际经验，在充分讨论基础上，确定实行“充足教育”应包含的资源种类，如教师人数、基础设施配置、行政人员人数等。并为学区内各教育级次的学生以及有特殊需求的学生设计有效的教育策略，如确定学校和班级规模、教师的职业发展计划、对贫困学生的特殊补助等。由此将这些教育资源和教育策略汇集于一个假定的“原型学校”，该学校被定义为专家判断小组认为可以教授学生达到某种成绩标准的模范学校。而在实践中，专家判断小组出于简便，通常直接选取位于平均水平的基准学区来代替设计的“原型学区”。第三，讨论“原型学校”的合理性，并对教学要素进行定价。专家判断小组对“原型学校”能否提供规定的教育服务及该学校应涵盖的资源要素和教学策略进行再讨论，以确定最终的“原型学校”模型。然后，基于各层面的价格指标系统，专家判断小组将选择适当的价格指标进行要素定价，并对那些难以明确定价的资源和教学策略进行合理的估算。最后，汇总所有教学要素的价格计算“原型学校”的总成本，即为估算的“充足性教育”的成本。在应用时，各学区再根据当地的资源成本指数对其进行调整，以取得各自学区的“充足性教育”成本。

10.1.4 经验证据法

经验证据法参考了众多文献中高效的学校模型和教育策略，并根据建立和分析这些模型和策略的专家意见，将其整合为能够实现“充足教育”的综合性学校模型。然后，基于该学校模型的资源构成，通过“组成成分成本核算法”（the ingredients method）估算实行“充足教育”的成本。

运用经验证据法估算“充足教育”成本的具体步骤包括：第一步，以已被证实有效的学校模型和教育策略作为参考，由专家判断小组设计一个可达到规定学生成绩标准的综合性学校模型。专家判断小组在讨论整合各学校模型和教育策略，使其形成一个综合性学校模型时，需要考虑的内容主要包括：是否提供学前教育和全日制幼儿园；学校和班级规模的规定；校长、辅导员和学业教练的设置；教师职业计划培训和工作时间的安排；针对特殊学生的课程设置、教师薪酬标准等。第二步，结合专家判断确定各个投入要素的配置水平。这一步主要是为了确定综合学校模型中最终所需的资源种类和数量。将第一步中初步考虑的学校模型资源与来自全国多个州的关于资源要素的专家判断相对比，经专家评议后，获得修改后通用的学校模型框架。第三步，基于“组成成分成本核算法”，计算模型学校的“充足教育”成本。根据各层面的价格指标体系，分别估算出组成学校模型的各资源要素的成本，将其汇总后再加上学校模型之外的额外成本即为学校实行“充足教育”的成本。第四步，计算州实行“充足教育”的成本。在所有学区和学校的经常性净支出基础上，当期结转未被学校模型重新设计的如会计服务、行政管理和其他非教学管理等在内的功能性支出，再加上模型学校中新增的如学生支援等方面支出，以及不包括在模型学校函数中的其他资源和计划成本，最后计算得出州当年实行“充足教育”的成本。

10.1.5　数据包络分析法

不同于以往的估算方法，数据包络分析法（Data Envelopment Analysis，DEA）充分考虑了社会经济成本和可能出现的生产低效率对“充足教育”成本的影响。它利用线性规划作为分析工具，对控制社会经济环境后的教育投入—产出进行相对效率的评估，据此比较有效率的“充足教育”成本与学校实际支出间的差异，作为决策者制定教育资源分配政策的参考。

采用数据包络分析法估计“充足教育”成本的具体步骤为：第一，选取恰当的投入指标、产出指标和社会经济环境指标。在已有的研究中，一般选取生均教育支出作为投入指标，以标准化考试的通过率、学生出勤率和毕业率等考核学生成绩和教学质量的指标作为产出标准。值得注意的是，由于多个产出指标之间可能存在较强的相关性，故应对产出指标进行适当的处理，以减少其变量间的多重共线问题。另外，因为学区的社会经济环境显著影响其“充足教育”的水平，所以应参照一定标准，将学区按照社会经济环境的优劣程度划分为不同类别，以控制因社会经济环境差异造成的效率偏差。第二，估算学区成本效率指数和最低成本。将第一步确定的投入指标、产出指标和社会经济环境指标代入 DEA 的线性规划方程（参照鲁杰罗 1996 年的模型）中进行效率评估。在这一步骤中，代入的投入指标为该学区实际的生均教育支出，产出指标中的学生成绩指标以学区学生的实际成绩代入，社会经济环境指标为在第一步中确定的学区类型。第三，调整投入和产出指标，估算学区“充足教育”的效率指数和成本。不同于上一步中直接将学生的实际成绩作为产出指标，考虑到“充足教育”的成绩标准是由政策制定者直接设定的，所以产出指标中的学生成绩指标应调整为规定的目标成绩。另外，实践中存在因部分学区的实际成绩未能达标，而造成估算的实际最低成本小于达标成绩所需的最低成本的现象，因此需要用成绩达标的学区样本中的最高实际支出，来替代上一步中学区达到现有成绩所需的实际支出。第四，将调整后的指标再次代入第二步的线性规划方程中，估算出“充足教育”的效率指数，将其乘以成绩达标学区样本中的最高实际支出，即估算出“充足教育”的成本。

10.1.6 预算模拟法

预算模拟法的基本思想是选取学校校长、教师、管理者等教育工作者作为模拟的参与者，并要求他们在预算约束下合理配置各资源。然后根据这些参与者的反馈，归纳出预算约束下经费与资源选择间的线性关系，以及学生成绩与生均教育支出等变量关系间的回归方程，以此作为估算学校“充足性教育”成本的主要依据。

运用预算模拟法估算“充足教育”成本的基本步骤为：第一，选取模拟的参与者。基于年级层次、学校规模和学生的社会经济状况对学校进行分组。随机邀请每组学校中的老师、校长、管理者作为学校代表参与模拟。第二，设计电子表格，并要求参与者在预算约束下配置表格中的资源。该电子表格在每行都指定了一种资源及其单位成本，其中涉及的资源涵盖了学校教学、辅助或管理的相关人员以及一些教学计划（不包括其他资源和特殊教育资源）。每个参与者根据自身经验，配置能够最大限度提高学生成绩的资源。第三，对参与者的反馈结果进行统计分析，取得受预算约束下生均经费支出与一般资源选择的回归方程。该方程反映了一般参与者平均的资源选择，其系数体现了不同资源类型对生均经费支出的影响程度，有助于确定“充足性教育”所需的学校资源。第四，获取 AP（I 学业成绩指数）预测方程。该方程通过对学业成绩与各调整变量（生均经费支出、招生数、学生特征变量、参与者自身特征等）进行回归分析，在剔除掉一些影响微弱的变量后，得到关于 API 与其主要影响变量间的预测方程。第五，根据 API 预测方程估算“充足教育”成本。将决策者规定的 API 固定值代入第四步获取的 API 预测方程中，获取关于生均经费支出与其他主要调整变量关系（如招生数、学生特征等）的方程。然后将各学区实际的变量值代入该方程，得出该学校“充足”的生均经费支出。第六，再加上不包括在模拟中的其他资源和特殊资源的成本，即可得到“充足教育”的总成本。

10.2　“充足教育”成本估算方法的评价

上述六种成本估算方法还可以从定性与定量的研究角度，进一步被分为三类：一是“定量研究”，即选取恰当的指标，采用数理统计的方法估算各项参数，以确立教育投入和学生成绩之间的关系。在准确估算和调整基准学区成本的基础上，测算当地学区实行“充足教育”的成本。如上述的成本函数法和数据包络分析法，便可看作是“定量”研究方法的一种。二是“定性研究”，主要以成功经验或专家意见为参照标准，人为确定教育投入要素及其配置水平，再根据各地资源价格确定“充足教育”的成本。其中，以成功学区法、专家判断法和经验证据法为典型代表。三是将“定量研究”与“定性研究”相结合，如将专家意见与统计分析相结合的预算模拟法。这三种研究方式各有特点，且需满足一定的实施条件。决策者在制定“充足教育”政策时，需要全面衡量各方法的利弊，以作为当地学区选择成本测算方法的重要依据。

10.2.1 “定量研究”方法评价

“定量研究”方法的共同优点在于能够科学地运用统计方法，使得估算的结果更为准确。具体来说，成本函数法充分考虑了影响教育支出的诸多变量数据，利用教育成本函数和教育成本指标，较为准确地对各学区间的学生需求和资源价格差异进行了调整。数据包络分析法充分考虑了可能会忽视的生产低效率和社会经济特征对成本的影响，通过线性规划方程对教育多投入和多产出间的相对效率进行了有效估算，进而分析实际成本和有效率的“充足教育”成本间的差距，为财政补助政策提供了重要的依据。虽然“定量方法”估算的教育成本较为精确，但其模型的构建具有严格的条件限制。如成本函数法作为一种参数估计方法，在进行“充足教育”成本估算时，该方法需在大量的研究假设与严格条件限制下，先验地设定一个成本函数。由于成本函数各变量间存在较为复杂的关系，且函数中涉及庞大支出项目的计算，使政策制定者难以根据地区实际对函数条件进行更改。另外，成本函数法的因变量为单一变量，并不适合于学校教育这类多投入与多产出复杂关系的分析。相对于成本函数法，数据包络分析法作为一种非参数估计法，不需要先验地设定成本函数，可以同时考虑多投入多产出变量间的关系。但该方法也存在其固有的缺陷，一是该方法缺乏统计特性，二是其在估算过程中忽略了随机误差的存在，将所有偏离生产前沿面的情况都视作无效率，易导致对效率程度的错估。

10.2.2 “定性研究”方法的评价

就“定性研究”而言，其共同的优势在于各方法借鉴了权威有效的学校策略或成功经验，能够设计出具有普适性的“模型学校”，使其易于被政策制定者理解和推行。而略有区别的是，成功学区法对“充足教育”成本的估算主要依托选取成功学区中的平均资源选择；专家判断法主要依靠专家判断小组独立的讨论结果；经验证据法则依托对大量已被证实有效的教育策略和综合性学校设计的整合。同定量研究方法一样，“定性研究”方法也存在着诸多缺陷，主要体现在两个方面：一是这类方法在实施过程中过于依赖专家的主观判断和意见，容易导致成本估算结果缺乏精确性。以专家判断法和经验证据法为例，前者在确定教育策略的过程中，主要依靠专家的经验判断，缺乏对各个教育策略和学生成绩间数量关系的调查研究，估算结果容易出现较大偏差。后者参考了众多有效的教育策略和学校模型，但其教育策略的选取和“原型学校”的构建均来源于各个专家判断小组的意见，容易产生专家意见太多难以统一，或专家因所在学区利益做出具有偏向性的资源配置的局限，从而导致估算结果的不准确。二是“定性研究”方法难以全面适用于存在环境差异的现实学校。就成功学区法而言，该方法对成功学区的选取被限制在那些满足人口均匀分布、支出水平低于州平均水平、位于规模适中的非大型城市等条件的典型学区，而难以适用于那些与非典型学区环境类似的现实学区。而由专家判断法确定的资源配置方案同样无法满足部分现实学校的特殊需求，如该方法在针对普通学校和特殊学生集中的学校的策略上就不存在显著差异。

10.2.3　“定量”与“定性”研究相结合的方法评价

与上述方法相比，预算模拟法综合了“定量研究”和“定性研究”的优点，既注重估算结果的准确性，又考虑到了其估算方法在实践操作中的难易程度。具体而言，其优点主要体现在：该方法要求专业的教育工作者直接参与对学校资源的配置和管理工作，有利于制定出符合实际且易施行的“充足性教育”政策。与此同时，该方法通过设计一个预算模拟系统，可使众多教育工作者的意见能够被有效整合进入预算约束下学生成绩与资源投入的模型，其估算结果不仅更加准确，还充分考虑到了学校预算有限性的现实条件。事实上，预算模拟法可以被视作对专家判断法的一种改进，但两者在两方面存在显著不同：一是预算模拟法存在预算约束，模拟中一种资源成本的增加必定要以另一种资源成本的减少来实现，而专家判断法并没有关于资源成本上限的限制。二是在价值取向上，预算模拟法在模拟过程中需要获取多个参与者的不同意见，追求资源配置和成本价值上的多样化选择；而专家判断法却是一个达成共识的过程。但预算模拟法也存在一定的弊端，如选取的教育参与者可能对学校的预算分配明显缺乏经验，让其决定对资源的预算分配可能会带来较大偏差。另外，要想达到假定学校的学生成绩，对资源配置的要求要远高于教育工作者实际所在学校的配置要求，所以配置“充足教育”的资源对他们而言是一个较大的挑战。

10.3 需要进一步研究的问题

以上较为详细地介绍了六种估算“充足教育”成本方法的基本原理和操作步骤，并对各方法的优缺点进行了较为深入的分析。通过对国外已有研究文献的系统梳理不难发现，推进“充足性教育”政策的实施，无论是对研究者还是政策制定者均提出了新的要求。对研究者而言，“充足性教育”政策要求其完善相关的知识结构和建模技术。因为“充足教育”政策涉及对复杂教育策略的整合，具体包括学生需求与资源投入的关系、班级规模各因素与学生成绩的关系、课程安排、教学计划等，并期望建立一个涵盖诸多教育策略的高度个性化的教育生产模型（在任意条件下，该教育生产模型都能根据学区特点、学生特征等变量差异，合理估算出特定学生成绩下学校和学区所需的资源成本）。这不仅需要研究者能够掌握并优化组合已知的教育策略，还要求其在建模时严格设定各教育投入产出变量、教育生产模型的条件等，以不断完善“充足性教育”研究。其次，“充足性教育”政策还要求研究者能够全面有效地搜集数据。该研究将分析单位从过去的州和学区层面，进一步扩大到了学生、教师等微观层面，数据的收集面临着较高的成本和可能出现的“扭曲失真”问题，为此研究者可能需要建立一个更加完善的标准化数据库。对政策制定者而言，“充足教育”政策对其技术和决策能力提出了要求。在技术上，政策制定者不但需要对来自不同社会环境和不同需求的学生确定其资源配置份额，而且在实施和评估“充足教育”过程中，需要一定的技术条件来确定赋予学校自主配置资源的空间范围和设计持续评估教育支出的绩效机制。在决策能力上，一方面，政策制定者要广泛吸收来自于学校层面相关教育工作者的意见，并充分衡量其意见是否出于私利，这要求他们将许多教育策略的研究成果与之进行比较；另一方面，政策决策者还要考虑这些意见在关于教育投入和学生成绩关系的教育工作者调查中是否占多数，而这种衡量过程对他们的决策能力提出了挑战。

尽管关于“充足教育”成本估算方法的研究文献较为丰富，为推行“充足教育”政策提供了有力的经验支持，但现实中仍存在以下问题，需要今后更深入的探究。

一是多维度的“充足性教育”的标准问题。已有研究均采用标准化学生考试成绩作为“充足性”的评价标准，但这样的处理方式对教育结果的衡量是狭隘的。事实上，学校教育的结果包括以学生掌握的知识和技能为主要考察对象的认知因素，也包括学生的非认知因素。非认知因素的概念最早由美国心理学家亚历山大（W. P. Alexander）提出，指的是在认知因素之外的，能对认知因素及其个体成就产生深刻影响的心理和情感因素，主要包含动机、兴趣、情感、意志、性格等内容。现有研究表明，非认知因素不仅对学生的认知能力有较大作用，还显著影响着学生的未来成就和社会行为表现，如其未来的经济收入、劳动力市场表现等，是学校教育结果必须考察的重要标准。然而，非认知因素的定义及其度量具有一定的复杂性，如何选择并量化其评价指标是当前研究的难点。虽然一些研究者已经尝试对非认知因素进行简单的测量，如整合学生个性特质构建具有可测统计因子的要素模型，或通过人为报告的方法进行评价等，但进一步构建一个科学完善的评价体系，需要研究者结合教育学、经济学、心理学等多学科知识，并对学生进行长期的跟踪调查，以获取更全面准确的研究数据。

二是投入与教育结果关系问题。六种估算“充足性教育”成本的方法均先验假定学生成绩与投入存在着很强的系统关系。然而，这二者间的关系是十分复杂的，已有研究尚未给出一个简单明确的答案。早在20世纪60年代，《科尔曼报告》（Equality of Educational Opportunity）就提出，相对于教育投入要素，家庭，其次是同龄人因素，才是影响学生成绩的主要因素。这一发现引发了学界对教育投入和学生成绩关系的激烈讨论，自此研究者对该问题的探究从未间断。1989年，哈努谢克（Hanushek）对美国1988年之前的187项教育生产函数研究结果进行了分析，发现这些涉及与学生学业成绩相关的投入变量研究，与学生成绩间并未存在显著关联。而后，1994年赫奇斯（Hedges）等人使用两种形式的元分析方法，对哈努谢克所做的统计过程进行了重新分析，并得出了学校投入和学生成绩之间存在明显的相关关系的结论。后来的研究者也尝试通过不同的方法进行研究，但至今，学术界对于教育投入与学生成绩二者间的真正关系还未有定论。未来的研究需广泛地寻求多种方法，进一步探讨两者间的关系，以期能够得到一致的结论。

三是整合各“充足性教育”成本估算方法的问题。实践中，不同方法的估算结果并不相同，且每一种方法各有其优缺点。为尽量克服单一方法估算成本的缺陷，当前研究主要通过运用多种方法来估算“充足性教育”的成本，以供政策制定者权衡。如美国马里兰州在数年前就尝试结合专家判断法和成功学区法来决定“充足性教育”的成本水平，这两种方法产生了两种不同的拨款水平。虽然马里兰州的政策制定者出于地方财力考虑，优先选取了估算成本水平中较低的一种作为该州基础的拨款水平，但其并未真正克服因方法不同造成的估算结果差异。也有研究者试图将“定性研究”方法和“定量研究”方法相结合，以期得到一种估算“充足教育”成本的新方法，但在这样的思路下产生的方法如预算模拟法，也存在一定的缺陷。未来的研究需要对各“充足教育”成本估算方法的整合进行更深入的探讨：能否尝试将当前的多种方法有效整合为一种全新的方法，以尽量克服各个方法的缺陷；或者尝试找到一种调整模型，能够合理调整不同方法间的估算差异，或能够使其成本差异稳定在较小的范围内。

四是建立以“充足性教育”为基础的财政保障政策问题。现有的以资源配置或过程均衡为目标来规划的义务教育财政政策，实际上是一种“投入控制导向”的财政保障政策，这种政策并不能反映实际的教育资源需求。具体说，现行“投入控制导向”的义务教育均衡财政保障政策，主要依据政府财力和决策者的重视程度或偏好，事先确定一个基本的生均教育支出标准，通过对资金总量与分配的有力控制实现生均支出的公平。然而，这种做法并没有立足于义务教育的需求本身，使教育投入与教育结果脱节。而推行“充足教育”政策，要求将教育结果或实际需求与投入紧密联系，进而尝试建立一种“需求导向”的基础教育财政保障政策。在实践中，纽约州曾有过类似的尝试，研究者曾提出一种以“成绩标准”为基础的财政保障公式，通过确定一个“充足性”标准（该研究中采用的是学生成绩的最低水平），并将该“充足性”标准转换为满足该标准所需的支出，来进行补助公式的设计。然而，该保障方案也存在难以避免的问题，如州政府和地方政府筹资份额的确定、高份额补助可能产生的经费使用低效率等。但无论如何，纽约州的实践给建立“需求导向”的基础教育财政保障政策提供了思路，未来的研究可在这一思路下寻求更加完善的政策设计。

五是“充足性教育”政策在我国的适用性问题。当前国内主流观点认为，我国义务教育领域仍处于注重“过程公平”的阶段，这是导致我国现阶段尚未实施“充足性教育”政策的主要原因。另一方面，“充足性教育”成本估算的研究需要获取标准化的投入和产出数据，如美国就建立了全国或各州统一的数据库，以获取易于比较的标准化数据（如统一的学生标准化考试成绩、处于竞争性市场的教师工资数据等）。而我国尚未建立全国或各省间统一的教育指标数据库，所以难以大范围测算“充足性教育”的成本。但需要说明的是，从“过程公平”到“结果公平”是人类对教育公平认识上的升华，而并不是指实现教育公平必须要经过这两个阶段。事实上，“充足教育”政策具有相当的灵活性，这主要体现在政策制定者可以根据地区财政实力和教育水平，灵活设定学生成绩标准的高低。虽然当前出于数据限制，“充足性教育”成本测算无法在较大范围的全国或省级推广，但目前区县级义务教育阶段学期的期末统一考试可以初步满足数据的标准化要求，所以未来不妨尝试对我国部分区县进行“充足性教育”成本估算试验，既有助于决策者确定区域教育投入水平，又用以考察“充足性教育”政策在我国的适用性。

第 11 章　发展公平而有质量的义务教育所需最低支出水平的测算

——成本函数法在 B 县小学中的运用

如前所述，改革开放 40 年，我国政府采取诸多措施致力于义务教育公平的实现，从确保每个适龄儿童都有学上，到每个学生均享有平等的教育资源，我国在义务教育公平方面取得了巨大的成就。伴随着县域内义务教育资源配置公平的逐步实现，民众对义务教育公平又有了更高层次的追求，即要求提升义务教育质量，追求教育结果公平。为回应民众对更高层次教育公平的诉求，党的十九大明确提出“努力让每个孩子都享有公平而有质量的教育”。所谓“公平而有质量”的义务教育，是指每所学校均应让学生达到一定的质量标准，并且该标准要与每个学生平等地接触高等教育和就业机会所需要的知识和技能相匹配。与教育资源配置公平相比，公平而有质量的教育强调的是教育结果公平，属于纵向公平，教育资源投入更有利于弱势群体。因为要使弱势群体的学生达到同样的教育结果，需要为他们提供比普通学生更多的教育资源。然而，要将党的十九大提出的“努力让每个孩子均享有公平而有质量的教育”理念变成一项可以执行的政策，必须要解决两个关键问题：一是确立学校应达到的教育质量标准；二是估算学校达到设定的教育质量标准所需的最低成本。学校的教育质量体现在学生对科学知识的掌握程度和学校对学生德育、体育、美育和生产劳动教育等素质品质的培养程度两方面。其中，学生对科学知识的掌握程度可以通过标准化课程考试成绩来测量，而素质品质的培养程度不易测量。在此，我们采用了国外已有研究的处理方法，假设学生对科学知识的掌握程度与学生素质品质的培养程度存在高度正相关的关系，学校教育质量标准或学生成绩标准由当地教研室给定。在此基础上，本章以 H 省 B 县小学为例，运用成本函数法对 B 县所辖每一所小学达到给定教育质量标准所需最低教育成本进行测算，以此来考察县域内实现公平而有质量的小学义务教育究竟还需要增加多少财政投入。

本章的目的旨在为测算义务教育学校达到“公平而有质量的教育”要求所需的最低成本，在方法上提供一个可借鉴的案例。

11.1　测算达到一定质量标准的教育成本的方法

从已有的国外有关这方面的研究文献来看，目前测算学校达到一定质量标准所需教育成本的方法大致可以分为两类：一是定性的估算方法，如成功学区法、专家判断法。二是定量的估算方法，其中最典型的方法是成本函数法。成本函数法虽然被一些人批评将教育过程视为一个黑箱，没有公开所投入的教育成本如何使用的细节，以及成本函数法在技术上的复杂性难以理解，但与定性的估算方法相比，成本函数法使用影响教育成本的因素的实际数据去测算学校达到教育质量标准所需的教育成本，其结果更准确，准确的测算结果有助于决策者制定更加精准的政策。因此，本章将采取成本函数法来测算学校为达到一定教育质量标准所需投入的最低教育成本。

11.2　模型设定、指标构造与数据来源

本部分将设定测算义务教育学校达到教育质量标准所需最低成本的成本函数模型。影响教育成本的因素主要包括学生成绩、资源价格、学生需求以及学校规模等。由于处于不同环境的学校购买相同的资源存在价格差异，如果不对其进行调整，将会导致最后测算出的教育成本不准确。由于学校投入的主要资源是教师，学校间的资源价格差异主要通过教师的招聘成本来反映，弄清学校间招聘一名同质教师所需成本差异尤为重要。因此，我们的成本函数模型构建分为两步，第一步，建立教师工资模型，通过该模型得到反映不同环境下学校聘请一位同质教师所需支付的基本工资差异的教师成本指标，并用该指标作为总成本函数中的资源价格的代理指标，以对总成本进行调整；第二步，建立总成本函数模型，进一步对因学生的需求和学校规模不同造成的学校达到给定质量标准所需成本的差异进行调整。

11.2.1 模型设定

11.2.1.1 教师工资模型

我们将决定教师工资的因素以学校是否可以自主控制和调节为标准分为两大类，一类为可控因素，包括学生成绩、教师学历、教师职称、教师的教学经验等；另一类为不可控因素，包括学校规模、特殊学生需求、地理环境等，基于此，本章构建了以下教师工资模型：

$$avgwage_i = \alpha_0 + \alpha_1 outcomes_i + \alpha_2 degree_i + \alpha_3 protitle_i + \alpha_4 expri_i + \alpha_5 schenr_i + \alpha_6 Pavgpoor_i + district_i + \varepsilon_i \quad (11-1)$$

式（11-1）中，i 代表学校，$avgwage_i$ 为 i 学校实际平均教师工资，$outcomes_i$ 为 i 学校的生均成绩，$degree_i$ 为 i 学校教师的平均学历，$protitle_i$ 为 i 学校教师平均职称，$expri_i$ 为 i 学校教师平均教学经验，$schenr_i$ 为 i 学校规模，$pavgpoor_i$ 为 i 学校困难学生占比，$district_i$ 为反映 i 学校是位于农村地区还是城镇地区的虚拟变量，ε_i 为随机扰动项。

教师工资的组成部分之一为绩效工资，而学校分配绩效工资是否与学生成绩挂钩、绩效工资是否会反过来影响教师的教学积极性进而影响学生成绩还尚不明确，若绩效工资与学生成绩之间存在这种双向因果关系，则通过最小二乘回归得到的系数是有偏的。因此，为检验二者之间是否存在双向因果关系，我们在此选取学生成绩的工具变量，通过两阶段最小二乘法来估计教师工资模型，并将回归结果与最小二乘法回归结果进行对比。由于不同县镇之间学校的教学环境与质量可能会存在较大的差异，并且不同县镇的考试内容与评分标准无法做到统一，因此，想要用临近县镇学校学生的期末成绩作为工具变量就不具有说服性；而除去每个镇内的中心小学，位于一个镇农村地区的学校大致处于相同的地理位置和外部环境，其学校特征更加相关。因此，我们将每个镇上中心小学的成绩保持不变，将镇上农村地区各小学的成绩按其离中心小学的距离进行等距互换，将此作为工具变量进行两阶段最小二乘回归，即：

第一阶段：

$$outcomes_i = \alpha_0 + \alpha_1 outcomes_i' + \alpha_2 degree_i + \alpha_3 protitle_i + \alpha_4 expri_i + \alpha_5 schenr_i + \alpha_6 Pavgpoor_i + district_i + \varepsilon_i \quad (11-2)$$

第二阶段：

$$avgwage_i = \alpha_0 + \alpha_1 outcomes_i + \alpha_2 degree_i + \alpha_3 protitle_i + \alpha_4 expri_i + \alpha_5 schenr_i + \alpha_6 Pavgpoor_i + district_i + \varepsilon_i \quad (11-3)$$

11.2.1.2　总成本模型

通过教师工资模型测算出不同学校聘请一名同质教师所需支付的预测教师工资后，我们用预测工资作为资源价格的代理变量测算为达到一定教育质量标准所需的最低生均成本。在总成本模型中，因变量是生均成本，自变量包括资源价格、学生特征和学校的教育环境。在学生特征方面，首先，对于学生成绩，县教研室要求学生成绩达到及格（60 分）和要求学生成绩达到优秀（80 分以上），对于学校应当投入的教育资源水平是不一样的，即设定学生成绩标准越高，所需教育资源水平和教育成本也越高。此外，由于不同学生在家庭背景、天赋等方面都存在差异，具有特殊需求的学生一般需要额外的资源援助才能达到设定的成绩标准，用困难学生占比反映不同学校学生特殊需求。另外，学校的教育环境也可能会影响总成本，包括学校的招生规模、学校所处的地理位置等。确定了影响总成本函数的因素之后，借鉴 Duncombe 和 Yinger（2011）的建模思路，构建学校教育总成本模型为：

$$Avgstuexp_i = \beta_0 + \beta_1 wage_i + \beta_2 outcomes_i + \beta_3 Pavgpoor_i + \beta_4 d_{is} + \varepsilon_i \quad (11-4)$$

式（11－4）中，i 为学校，因变量 $Avgstuexp_i$ 为 i 学校生均支出；自变量 $wage_i$ 为教师工资模型中测算出的 i 学校平均教师工资，$outcomes_i$ 为 i 学校生均成绩，$pavgpoor_i$ 为 i 学校的困难学生占比，d_{is} 为反映 i 学校规模的虚拟变量，ε_i 为随机扰动项。在该模型中，我们重点关注教师工资和学生成绩回归系数的方向。由于教师工资占学校教育投入的绝大部分，因此，如果要达到一定的教育质量标准而增加教育投入，我们预计要增加在职教师工资支出，即 $\beta_1 > 0$；在一般情况下，提高学生的成绩标准意味着需要投入更多的教育资源，因此随着学生成绩标准的提高，教育成本投入要增加，即 $\beta_2 > 0$。

11.2.2　指标构造与数据来源

本章用于实证研究的数据是基于对 H 省 B 县小学的调研数据整理得来，以下将详细解释模型中各指标构建和主要数据来源。

11.2.2.1　学生人数

学生人数在成本函数模型中是一个十分关键的变量，涉及学生成绩、困难学生占比、生均成本等计算，直接影响着哪些学生的数据可以被用进成本函数模型中去。考虑到每个学期中都会存在学生转出和转入的问题，因此用每学期期初报名的人数作为学生数与真实情况之间可能会存在较大的差异。因此，我们采用的是每学期参加期末考试的人数作为每个学校的学生数，即：$N_i = \sum_{j=1}^{6} n_{ij}$，其中，$N_i$为 i 学校总学生数，n_{ij}为 i 学校 j 年级参加期末考试的学生数。

11.2.2.2　学生特征

一是学生成绩。我国义务教育小学分为六个年级，且语文与数学为核心课程。在低年级（一、二年级），学生成绩受初始资源禀赋的影响比较大，学校教育对学生个人层面上的影响不够突出，而三年级作为一个承上启下的中间年级，三年级学生的成绩能够在一定程度上较好的反映学校教育对学生成绩的影响；此外，由于六年级是毕业年级，六年级的成绩除了能够最大限度反映学校教育投入对学生成绩的影响之外，还直接关系到升学，具有重要性。因此，我们选取了每个学校三年级和六年级学生期末考试的语文平均成绩和数学平均成绩作为学生综合成绩的衡量标准，通过对年级和课程赋予相应的权重计算得出每个学校在一定教育支出水平下的综合成绩。在小学，由于不受分科等因素的影响，核心课程具有相同的重要性，于是我们将每个年级的语文和数学平均成绩分别赋予0.5的权重，计算得出每个年级的综合成绩；由于年级越高，在校受教育的时间就越长，就越能体现学校教育对个人实际能力的影响，并且六年级的成绩直接关系到小学毕业和中学入学所要求达到的成绩，因此，我们将三年级和六年级的综合成绩分别赋予0.2和0.8的权重，通过计算得出全校的综合成绩，即：

$$outcomes_i = 0.2 \times (0.5C_{i3} + 0.5M_{i3}) + 0.8 \times (0.5C_{i6} + 0.5M_{i6})$$

其中，$outcomes_i$为 i 学校的综合成绩指标，C_{i3}为 i 学校三年级语平均文成绩，C_{i6}为 i 学校六年级语文平均成绩，M_{i3}为 i 学校三年级数学平均成绩，M_{i6}为 i 学校六年级数学平均成绩。

二是特殊学生需求。为了达到一定的教育质量标准，所必须要考虑的因素之一就是学生个体层面上存在的差异，即每个学生在初始资源禀赋上存在的差异，包括天赋、家庭条件等等。天赋是一种客观事实，天赋差的学生需要教师利用课堂外的时间去弥补；而不同经济条件下的家庭负担能力存在差异，来自贫困家庭的学生一般都需要额外的援助才能顺利毕业。在本研究中，用领取困难补助的学生占比（贫困率）作为衡量特殊学生需求的指标，其反映的是贫困率对于学校教育成本的影响。此外，我们认为贫困率还可以反映一个地区的教育水平，贫困率越高的地区，教育水平越低，学生成绩就越差。其计算公式为：

$$p_i = \frac{n_{pi}}{N_i}$$

其中，P_i 为 i 学校的困难学生占比，n_{pi} 为 i 学校领取困难补助的学生人数，N_i 为 i 学校学生总数。

11.2.2.3　教师人数

我们主要根据各学校提供的教师信息作为参考。提高学生成绩是一个长期的过程，因此，为提高学生成绩而进行的投资也应该是一种长期投资。由于各学校投入的教育资源主要是教师，因此，在本研究中，使用的教师人数是各学校的专任教师数，即具有教师资格证书、专门从事教育工作的教师人数。

11.2.2.4　教师特征

一是实际平均教师工资。教师工资由多个部分组成，其中，基础工资反映了教师的学历和职称，津贴反映的是教学年限和地理环境不同给予教师特有的补贴，绩效工资反映教师的工作量或者与学生成绩挂钩。此外，学校还要为教师缴纳社保和公积金。因此，我们用基础工资、津贴、绩效工资、社保和公积金五项作为教师工资的组成部分，通过加权平均得到每个学校实际平均教师工资。

二是预测平均教师工资。由于要求学校达到一定的教育质量标准需要为其提供最低水平的教育资源，因此必须考虑学校之间投入资源的价格差异。学校投入的教育资源包括师资、办公用品、教学设备等，其中，办公用品、教学设备等资源的价格都是由市场确定，县域内学校之间的价格差异不大，而除受学历、职称、教学经验等可控变量的影响之外，由于不同地区交通、地理位置等生活成本和学校规模等不可控变量，不同地区学校聘请一名同质教师的成本存在较大的差异，因此需要构建一个教师工资模型将可控变量对于教师工资产生的影响从不可控变量对学生成绩产生的影响中分离出来。将每个可控变量的县平均值和每个不可控变量的校实际值代入教师工资模型中，即得到了预测平均教师工资，即：

$$wage_i = \beta_{1i}X_{1i} + \beta_{2i}X_{2i}$$

其中，$wage_i$为 i 学校的预测教师工资，X_{1i}为影响 i 学校教师工资的可控因素，包括学生成绩、教师学历、职称和教学经验等，β_{1i}为影响 i 学校教师工资的可控因素的回归系数，X_{2i}为影响 i 学校教师工资的不可控因素，包括学校规模、困难学生占比、地理位置（城镇或农村）等，β_{2i}为影响 i 学校教师工资的不可控因素的回归系数。

三是教师学历。由于我们统计的是学校层面的数据，为了使最后统计出的数据能够很好的反映整个学校层面教师的普遍学历，我们把教师学历分为本科、专科、高中及以下三类，统计每一类下专任教师的人数。根据获得各学历所需要的时间，我们分别将本科学历、专科学历、高中及以下学历赋予 16、14、12 的权重，通过对每一类学历进行加权平均加总，得到学校平均教师学历指标。即：

$$degree_i = 16 \times \frac{n_{1di}}{n_{fi}} + 14 \times \frac{n_{2di}}{n_{fi}} + 12 \times \frac{n_{3di}}{n_{fi}}$$

其中，$degree_i$表示 i 学校的平均学历，n_{fi}为 i 学校具有的总的专任教师数，n_{1di}为 i 学校具有大学本科学历的专任教师数，n_{2di}为 i 学校具有大专学历的专任教师数，n_{3di}为 i 学校具有中专及以下学历的专任教师数。

四是教师职称。我们统计的教师职称也是学校层面上的平均教师职称，把教师职称分为高级、1 级、2 级、3 级四类，统计每一类别下专任教师的人数，对每一类分别赋予 4、3、2、1 的权重，通过加权平均加总，得到每个学校的教师职称指标。即：

$$protitle_i = 4 \times \frac{n_{1proi}}{n_{fi}} + 3 \times \frac{n_{2proi}}{n_{fi}} + 2 \times \frac{n_{3proi}}{n_{fi}} + 1 \times \frac{n_{3proi}}{n_{fi}}$$

其中，$protitle_i$表示 i 学校专任教师的平均职称，n_{1proi}为 i 学校具有高级职称的专任教师数，n_{2proi}为 i 学校具有 1 级职称的专任教师数，n_{3proi}为 i 学校具有 2 级职称的专任教师数，n_{4proi}为 i 学校具有 3 级职称的专任教师数。

五是教师教学经验。教学经验是质的概念，但一般来说，教师工作时间越长，教学经验就越丰富。因此，我们采用教师的工作年限作为教师的教学经验的代理变量。我们统计了每个学校在 34 岁以下、35—45 岁以及 45 岁以上 3 个年龄段所具有的专任教师数，假定每位专任教师在 25 岁开始任教，对 3 个年龄段人数分别赋予 10 年、15 年、20 年的权重，通过加权平均加总，得到每个学校专任教师的平均工作年限。即：

$$expri_i = 10 \times \frac{n_{1expi}}{n_{fi}} + 15 \times \frac{n_{2expi}}{n_{fi}} + 20 \times \frac{n_{3expi}}{n_{fi}}$$

其中，$expr_i$表示 i 学校专任教师的平均工作年限，n_{1expi}为每个学校 34 岁以下的专任教师数，n_{2expi}为每个学校 34—45 岁年龄段的专任教师数，n_{3expi}为每个学校 45 岁以上的专任教师数。

11.2.2.5　学校特征

（1）地理位置。我们调研的是 H 省 B 县小学，通过每所学校所处的地理位置，对每个镇内的学校进行分类，分别为位于农村地区的学校和位于城镇地区的学校，并将此作为一个虚拟变量，当学校位于农村地区时，赋值为 1。即：$district_i = 1$，学校位于农村地区；$district_i = 0$，学校位于城镇地区。

（2）学校规模。在计算教师工资模型时，我们将每个学校参加期末考试的学生数作为学校规模。在计算总成本模型时，我们以 0—100 人、100—200 人以及 200 人以上将学校规模分为三部分，并引入虚拟变量：若学校规模为 100—200 人，令 d_{s1}为 1，其他规模为 0；若学校规模为 200 人以上，令 d_{s2}为 1，其他规模为 0。

11.2.2.6　生均成本

学校教育成本包括三类：一是教师工资，如前所述包括基本工资、津贴、绩效工资、社保和公积金五大类，我们在总成本模型中采用的教师工资是经过教师工资模型调整后的预测教师工资；二是公用经费，即为改善师生教学工作和学习环境所支出的各类费用，包括商品服务支出、维修费、培训费、房屋建筑物构建、办公设备购置等等，三是用于学生的各种补助经费。将这三类经费加总，并除以学生数，即为每个学校的生均支出。

以上各变量的描述性统计见表 11－1。由表 11－1 可以看出，在我们调研所有学校中，从总体上看，各校的学生人数、教师人数、实际平均教师工资和生均成本的标准差很大，说明不同地区学校在规模、教育资源投入和教育成本投入上存在很大的差异；从平均值可以看出，学生成绩总体位于及格水平，每个学校的困难学生占比为 50% 左右，教师的平均综合特征为拥有大专学历、一级职称以及 15 年左右教龄。具体来看农村学校和城镇学校各指标之间的差异，主要体现在以下两点：一是地区间生均成本差异较大。农村学校的平均生均成本为 17703 元，是城镇学校生均支出的 2.05 倍，这可能是由于城乡学校规模差异太大所导致的（城镇学校的平均规模为1354.867人，为农村学校规模的7.86倍），由于农村学校规模较小，而每门课程又必须要配备一定数量的老师，导致学校的师生比比城镇学校的师生比要高，较高的师生比意味着学校要承担更高的生均成本；此外，随着规模的扩大，学校也可能会出现规模经济。二是地区间学生成绩差异较大。农村学校的学生平均成绩为63.3，远低于城镇学校的学生成绩71.6。出现这种现象可能的原因是农村学校的困难学生占比比城镇学校的困难学生占比要高，困难学生从家庭中获得的教育资源较少，在学习能力等方面与普通学生相比可能存在差距。此外，困难学生占比也可以反映一个地区的贫困程度，一般来说，困难学生占比越高，该地区的贫困率就越高，而贫困率又与较低的教育水平相关。

表11-1　描述性统计

	平均值			标准差		
	总体	农村	城镇	总体	农村	城镇
学生人数	520	172	1354	660	153	666
学生成绩	65.8	63.3	71.6	7.87	7.84	3.86
困难学生占比	0.541	0.574	0.462	0.172	0.135	0.228
教师人数	27	14	59	25	6	24
教师工资（元）	100747	98672	105726	23480	18000	33486
教师职称	3.220	3.197	3.273	0.786	0.882	0.509
教师学历	15.2	15.4	14.8	3.4	3.4	3.4
教师经验	15.346	15.731	14.422	4.328	4.919	2.258
生均成本（元）	15034	17703	8629	9780	10072	5072

11.3　实证结果与分析

11.3.1　教师工资模型与教师工资指数的估计

为了筛选出拟合程度最高且最能显示各数据之间相关程度的模型，我们最终将教师工资模型中除虚拟变量以外的其他变量的数值取对数代入模型中回归，

表 11－2 给出了三个教师工资模型的回归结果，前两个模型运用最小二乘法进行回归，差异在于是否将影响教师工资的不可控因素（学校规模、困难学生占比和学校的地理位置）放入模型中，第三个模型选取学生成绩的工具变量进行两阶段最小二乘法回归。从整体上看，第一、第三个模型回归得出的回归系数的方向是一致的，并且各回归系数均在 1% 水平上显著。在每个模型中，学生成绩、教师职称和教师学历三个变量的回归系数都相对较大，且对教师工资有显著正影响，这与预期和国内外已有研究的结果一致，即学生成绩越高，对教师质量要求越高，相应聘用教师的成本也越高，而反映教师质量的核心指标是教师的学历和职称。同时也与我国的实际的工资结构相符合，占我国教师工资较大比重的基础工资主要是由职称和学历决定的，部分津补贴和福利也与学历和职称挂钩。第二，表 11－2 中第（2）列为式（11－1）最小二乘法的回归结果，第（3）、第（4）列为式（11－2）、式（11－3）两阶段最小二乘法的回归结果，对比两种方法回归得出的最终结果可看出，两种方法的回归结果在回归系数的数值、方向以及显著性上具有高度的一致性，并且在拟合程度上也完全相同，因此我们认为，没有明显的证据证明教师工资与学生成绩之间存在双向因果关系。第三，对比表 11－2 第（1）、第（2）列的回归结果可知，不可控因素的加入提高了模型的拟合程度。在不可控因素中，学校规模对数值的回归系数符号为负，学校规模每扩大 1%，师均工资将减少 0.022%，出现这个结果可能的原因是学校存在规模效应，学校的规模越大，其教育效率越高，因此不需要投入与较小规模时等比的教育资源来提升相同的成绩标准。回归结果还显示，困难学生占比越高，教师工资越高。一般来说，困难学生占比可以在一定程度上反映一个地区的贫困率，贫困率越高的地区工作环境会更加艰苦，因此这些地区的学校必须支付更高水平的工资来吸引和聘请优秀的教师。另外，相比于城镇学校，农村学校的教师工资水平较高。造成该现象可能的原因：一是农村相比于城镇吸引年轻师资的能力比较弱，因此农村学校教师的年龄普遍偏大，这也可以从表 11－1 中我们统计的教师工作年限中得以证实（农村学校教师的平均工作年限为 15.31 年，而城镇学校教师的平均工作年限为 14.40 年）。一般来说，工作年限越长，教师职称越高，教师的基础工资和教龄津贴也越高；二是在我国，农村学校教师获得的补助，如高寒补助等，会比城镇地区教师获得的补助要多，因此农村学校教师的平均工资水平会比城镇学校教师的工资水平相对较高一些。

表 11－2　　　　教师工资模型回归估计结果

解释变量	被解释变量			
	ln（$avgwage_i$）		ln($outcomes_i$)	ln($avgwage_i$)
	（1）	（2）	（3）	
			1st	2nd
ln($outcomes_i$)	0.554** (17.389)	0.769*** (15.926)		0.775*** (21.644)
ln($outcomes_i'$)			0.987*** (258.606)	
ln($protitle_i$)	0.283*** (13.001)	0.352*** (15.926)	0.011*** (4.688)	0.353*** (15.944)
ln($degree_i$)	0.407*** (5.143)	0.896*** (10.206)	0.016* (1.728)	0.896*** (10.211)
ln($expri_i$)	0.260*** (8.323)	0.246*** (7.947)	－0.010*** (－2.985)	0.247*** (7.964)
ln($schenr_i$)		－0.022*** (－3.205)	0.010*** (12.900)	－0.022*** (－3.194)
$Pavgpoor_i$		0.151*** (5.262)	0.019*** (6.105)	0.153*** (5.299)
$district_i$		0.064*** (3.589)	0.021*** (10.735)	0.065*** (3.630)
cons	70.071*** (27.248)	4.812*** (14.214)	－0.054*** (－1.459)	4.782*** (14.050)
R^2	0.204	0.257	0.974	0.257

注：（1）*、*** 分别表示10%、1%显著水平。（2）括号内数值为 t 值。

估计教师工资模型的目的是将影响教师工资的可控因素从不可控因素中分离出来，制定学校吸引具有既定特征教师所必须支付的基本工资指标，该基本工资指标只衡量不可控因素的变化。因此，根据表 11－2 第（2）列教师工资的回归结果，我们将学生成绩、教师职称、学历和教学经验等可控变量的回归系数与该变量的平均值相乘，并把得到的结果添加到回归的截距项中，得到的结果是所有学校都一样的单一数值；将学校规模、特殊学生需求和地理位置等不可控变量的回归系数与该变量的实际值相乘，得到的结果在不同的学校之间有所不同。将二者加总，便得到每个学校预测教师工资的对数值，将该值取反对数，即为调整后的每个学校的预测教师工资。为制定教师工资指标，我们引入普通学校的概念，即该学校所有影响教师工资的变量都处于县平均水平，将这些变量的县平均值分别与回归系数相乘，加总得到的结果并取反对数，便得到普通学校聘请一名优秀教师所需要的成本。用测算出的预测教师工资除以普通学校的教师工资，再乘以 100，即得到教师工资指标，该指标反映了不同学校聘请一名同质教师的成本差异。根据我们测算的教师工资指标的结果显示，将近有 70% 的学校的教师工资指标大于 100，反映出大多数学校都需要花比普通学校更多的经费来聘请一名同质的教师。我们按学校所处的地理位置将学校分为城镇学校与农村学校两类，分别计算了城镇学校与农村学校的教师工资指数，结果如图 11－1 所示。由图 11－1 可知，城镇学校的教师工资指标为 91.8，农村学校的教师工资指标为 104.5，农村学校比城镇学校要多花将近 13% 的县师均工资才能聘请到一位同质的教师。

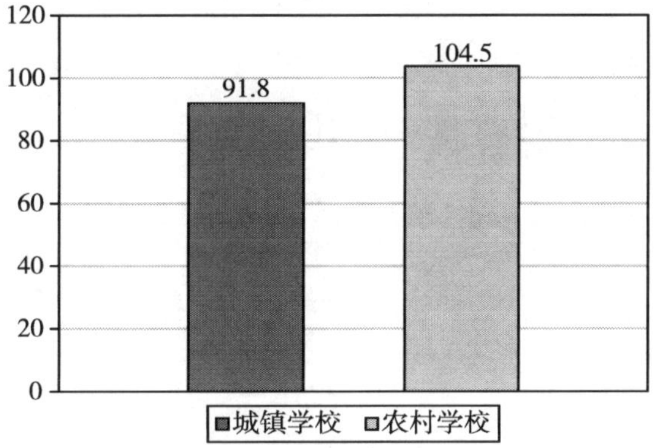

图 11－1　城镇学校与农村学校聘请一名同质教师的工资指标

11.3.2　总成本模型

得到预测教师工资后，我们就可以用它作为资源价格的代理变量，估计总成本模型。我们回归了两个总成本模型，这两个模型的差别在于是否将可能影响生均支出的不可控因素加入到模型中，回归结果分别为表 11－3 第（1）、第（2）列所示。由回归结果可看出，对于不加入不可控因素的模型（11－1），教师工资和学生成绩的回归系数均在 1% 水平上对生均支出有显著正影响，并且教师工资的回归系数要远大于学生成绩的回归系数，说明教师工资对于生均成本的影响要更大；随着不可控因素加入总成本模型中，可决系数 R^2 的值由 0.482

增大至0.525，解释变量对被解释变量的解释力度增强。式（11-4）的回归结果如表11-3第（2）列所示，其回归模型的系数与预期基本上是相符的。其中，学生成绩在1%水平上对生均成本具有显著正影响，说明学生成绩越高，所需的教育成本越高。预测教师工资对生均成本也具有显著的正向影响，且预测教师工资的回归系数是所有影响生均成本因素的回归系数中最大的——预测教师工资每增加1%，生均支出将增加3.554%，这表明学校教育成本有很大一部分用于教师工资。在学生特殊需求方面，较高的困难学生占比与生均成本呈正相关，且在1%水平上显著，困难学生占比每提高1%，生均支出将提高0.816%。另外，学校规模虚拟变量 d_{is1} 和 d_{is2} 的回归系数分别为-0.173和-0.310，且均在1%水平上显著，由于对于虚拟变量 d_{is1} 我们将学校规模为100—200人时取值为1，对于虚拟变量 d_{is2} 我们将学校规模为200人以上时取值为1，因此，相比于规模为100人以下的学校的生均支出水平，随着学校规模扩大，生均支出将会逐渐下降，并且由于 d_{is2} 回归系数的绝对值大于 d_{is1} 回归系数的绝对值，当学校规模扩大至200人以上后，生均成本下降的幅度将会变大，这个结果与Smet（2001）研究的结果是一致的，即不考虑私人教育成本，学校公共教育支出与学校规模呈“L”形。

表11-3　　总成本模型OLS回归估计结果

解释变量	被解释变量	
	$\ln(Avgstuexp_i)$	
	(1)	(2)
$\ln(outcomes_i)$	0.438*** (5.578)	0.441*** (5.369)
$\ln(wage_i)$	6.707*** (44.889)	3.554*** (12.884)
$Pavgpoor_i$		0.816*** (11.609)
d_{is1}		-0.173*** (-8.378)
d_{is2}		-0.310*** (-10.396)
cons	-69.532*** (-36.477)	-33.414*** (-10.291)
R^2	0.482	0.525

注：（1）*** 表示1%显著水平。（2）括号内数值为t值。

11.3.3　达到一定教育质量标准所需的最低教育成本测算

在得到总成本函数之后，我们将利用总成本函数来制定成本指标，测算各学校达到一定教育质量标准所需投入的最低教育成本。需要注意的是，对达到一定教育质量标准所需投入的教育成本测算仅限于实际成绩低于设定成绩标准的学校的成本测算，对于没有达到教育质量标准的学校，若测算的教育成本与实际教育支出的差额为正，则代表该学校需要额外的教育财政拨款；若差额为负，则表示在资源更加有效配置和利用的条件下，该学校的教育支出已经足以支付达到一定教育质量标准所需要的教育支出，因此不需要再对该学校进行额外的教育拨款。在测算达到一定教育质量标准所需要的教育成本以及成本指标时，我们引入基准学校和普通学校的概念。基准学校是指除学生成绩外，其他影响教育成本的因素均处于平均水平的学校，基准学校教育成本的测算是将除学生成绩以外的总成本模型中变量的回归系数与该变量的平均值相乘，并将得到的结果添加到截距项中；将设定的成绩标准并与学生成绩的回归系数相乘，加总二者得到的结果，并将其取反对数，即为基准学校测算的教育成本；普通学校是指所有包含在总成本函数模型中的变量均处于县平均水平的学校，普通学校的教育成本测算是将所有变量的回归系数与该变量的县平均值相乘，加总并添加到截距项中，将得到的结果取反对数，即为普通学校的教育成本。

成本指标旨在衡量不可控变量对达到设定的教育质量标准所需最低教育成本的影响，其制订方法与教师工资指标的制订方法类似，第一步，将模型中所有可控变量（即预测教师工资和学生成绩）的回归系数乘以该变量的平均值，加总得到的结果，并将其添加到回归的截距项中，得到的是所有学校都不变的单一数值；第二步，将模型中所有不可控变量（即困难学生占比和学校规模）的回归系数乘以该变量的实际值，并将所有的结果加总，不同的学校得到不同的结果；第三步，加总第一步和第二步中得到的结果，即得到预测生均支出的对数，对该对数取反对数便可计算出每个学校的预测生均支出；第四步，将每个学校的预测生均支出除以普通学校的测算支出，再乘以 100，即可获得教育成本指标。将教育成本指标与基准学校测算的教育成本相乘，再与学生人数相乘，即得到每个学校达到教育质量标准所需的最低教育成本。

根据我们测算出的教育成本指标结果显示，在我们调研的学校中，有 95%

以上的学校的教育成本指标在100以上，说明绝大多数学校要达到设定的教育质量标准所需的最低生均成本都高于普通学校的生均成本，其中，成本指标最大为251，最小的为91，表明成本指标最大的学校要比成本指标最小的学校多花两倍多的生均成本才能达到相同的教育质量标准。我们以100人与200人为界线将学校规模划分为100人以下、100—200人以及200人以上三类，测算每一规模下学校的教育成本指数，结果如图11-2所示，可以看出规模越大的学校达到教育质量标准所需的生均支出越少。我们按学校所处的地理位置将学校分为城镇学校和农村学校两类，分别测算城镇学校和农村学校的成本指标，结果如图11-3所示，城镇学校的成本指标为118.7，农村学校的成本指标为170.4，说明农村学校对每个学生要多花40%左右的成本才能达到与城镇学校相同的教育质量标准。

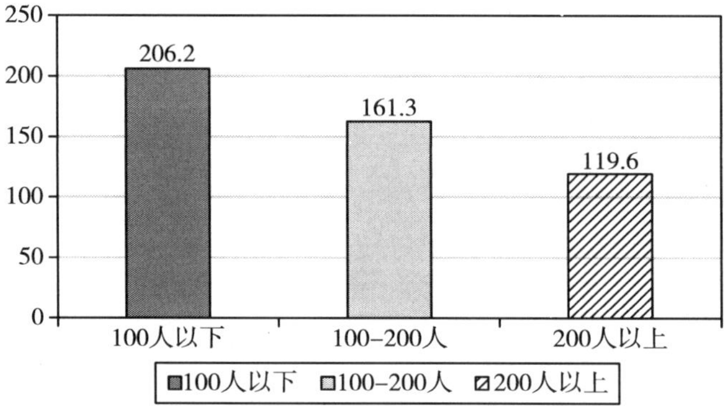

图11-2　不同学校规模下的教育成本指标

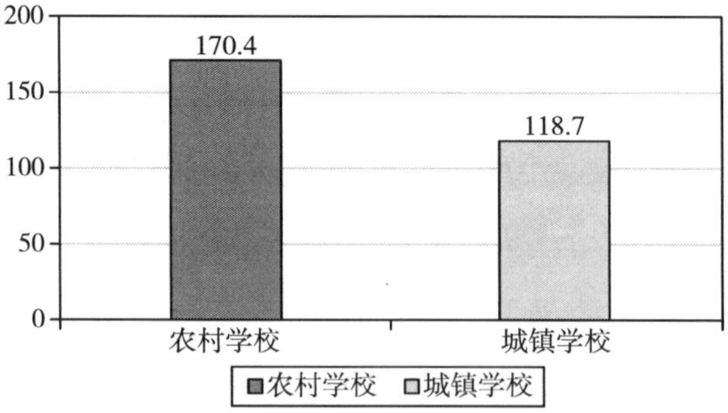

图11-3　不同地区学校的教育成本指标

由表11-1可知，我们调研的B县小学的平均成绩为65.8分。根据当地县教研室认可标准，测算了当成绩指标设定为80分、85分和90分时，基准学校的教育成本分别为 13322. 7 元/人、13658. 9 元/人和 13983. 5 元/人。根据回归结果，我们测算了 2018 年 B 县小学达到县设定的教育质量标准所需的教育成本，在计算过程中发现，有部分学校实际投入的教育成本要高于达到一定教育质量标准所需的最低教育成本，因此我们将保持这些学校的实际教育成本不变进行测算，结果如表 11 －4 所示：从整体上来说，当学生成绩标准设定为 80 分时，所需最低生均成本为 16767. 3 元，比实际生均成本高 91. 85%；所需最低教育成本为 4. 448 亿元，其中，有 86% 的学校实际教育成本低于达到成绩标准所需的最低教育成本，需要额外增加教育拨款 2. 054 亿元，占实际投入教育成本的 88. 6%。当成绩标准设定为 85 分时，所需最低生均成本为 17190. 4 元，比实际生均成本高出 96. 7%；所需最低教育成本为 4. 561 亿元，其中，有 88% 的学校实际教育成本低于达到成绩标准所需最低教育成本，需要额外增加教育拨款 2. 173 亿元，占实际投入教育成本的 93. 7%。当学生成绩标准设定为 90 分时，达到该成绩标准所需的生均成本为 17599 元，比实际生均支出高 101. 4%；所需最低教育成本为 4. 669 亿元，其中，有 88% 的学校实际教育成本低于达到成绩标准所需最低教育成本，需要额外增加教育拨款 2. 288 亿元，占实际投入教育成本的 98. 7%。从测算的城镇学校和农村学校达到一定教育质量标准所需最低教育成本来看，随着设定的成绩标准的提高，城镇学校的生均支出均低于农村学校，可能的原因是规模经济；城镇学校所需要的额外支出远高于农村学校，可能的原因是城镇学校规模较大。

表 11 －4　　2018 年 B 县小学达到一定教育质量标准所需教育成本测算结果

	总体	城镇学校	农村学校
实际教育成本（亿元）	2. 319	1. 432	0. 887
当成绩标准为 80 分时			
基准学校生均成本（元）	13322. 7		
达到成绩标准所需最低教育成本（亿元）	4. 448	3. 213	1. 235
所需生均成本（元）	16767. 3	15807. 7	19909. 4
达到成绩标准所需额外教育拨款（亿元）	2. 054	1. 774	0. 280
当成绩标准为 85 分时			
基准学校生成本（元）	13658. 9		
达到成绩标准所需最低教育成本（亿元）	4. 561	3. 294	1. 267

续表

	总体	城镇学校	农村学校
所需生均成本（元）	17190.4	16206.5	20411.8
达到成绩标准所需额外教育拨款（亿元）	2.173	1.858	0.315
当成绩标准为 90 分时			
基准学校生均成本（元）	13983.5		
达到成绩标准所需最低教育成本（亿元）	4.669	3.371	1.298
所需生均成本（元）	17599.0	16591.8	20897
达到成绩标准所需额外教育拨款（亿元）	2.288	1.939	0.349

11.4 结论与政策含义

本章运用成本函数法测算县域内每所小学达到县教研室给定教育质量标准所需的最低教育成本，结果发现，由于资源价格、特殊学生需求、学校规模等影响因素的差异，不同学校达到县教研室设定的教育质量标准所需最低的教育成本有很大的差异，根据回归与测算的结果，得出以下结论：一是学生成绩、教师工资和特殊学生需求均对教育成本具有正向的影响，学校规模对教育成本有负向的影响，不同学校达到设定的教育质量标准所需的最低教育成本不同。教师作为学校主要投入资源，教师工资对教育成本的影响最大，且不同地区学校聘请一名同质教师所需要的成本也相差较大，农村学校相比于城镇学校所需要的成本更高；二是设定的成绩标准越高，所需投入的教育成本越高。在设定的成绩标准下，绝大多数学校现有支出水平远低于达到设定成绩标准所需的最低教育成本或支出水平，这说明县域内小学的教育财政投入还不够充足；三是通过成本指标的测算可以发现，除县城学校的成本指标低于 100 以外，镇所在地学校和农村学校的成本指标均大于 100，且农村学校的成本指标要高于城镇学校，在达到相同的教育质量标准之下，农村学校需要花费的生均成本或支出更多；四是有 10% 左右的学校实际投入的教育成本要高于达到一定教育质量标准所需的最低教育成本，且其中绝大多数学校都位于农村地区，说明学校在使用教育经费的过程中存在低效率的问题。

基于以上的研究结果，本章提出如下几点政策建议：一是本研究表明，实现党的十九大提出的“努力让每个孩子享有公平而有质量教育”，需要额外增加财政支出。值得注意的是，若把成绩标准从及格提升到优秀时，所需增加的财政支出为原来的一倍左右，这会给地方财政带来较大的压力，故义务教育学校成绩标准政策设定，需要充分考虑我国财政承受能力。二是要确保县域内每一所学校的学生均达到政策设定的教育质量标准，需要对农村学校和城镇学校采取差异化的拨款标准，即对条件艰苦、特殊需求学生多、规模小的农村学校给予远高于城镇学校的生均拨款水平。三是鉴于县级财力有限，而实现公平而有质量的义务教育需要大幅度提高财政支出水平，故需要进一步强化中央和省级政府的义务教育支出责任，即适当提高中央和省的义务教育支出分担比例。四是建立和完善我国义务教育质量监测体系，引入问责制，促使学校更加有效率地使用教育财政资金。

第 12 章　发展公平而有质量的义务教育所需最低支出水平测算

——以 B 县小学为案例的数据包络分析

如前所述，要求学校发展公平而有质量的义务教育，财政必须为其提供经费保障，而这需要估算其成本。国外学者在这方面做了大量研究，目前主要有五种估算成本的方法，即成功学区法、专业判断法、经验证据法、成本函数法、非参数法。其中，前三种方法为定性分析方法，由于运用这些方法估算学校教育成本，在很大程度上依赖于专家和教育工作者的经验和主观判断，估算结果不是很准确。相比较而言，运用成本函数法估算学校教育成本较为准确，但它需要先验设定成本函数，且假定观察到的学校实际支出是有效率的支出。另外，运用观察到的数据估算出成本函数是一个典型学校的成本函数，它未考虑学校因所处社会经济环境不同而造成的成本差异。针对已有研究不足，本章构建了包含社会经济环境因素的中小学教育成本模型，运用控制社会经济环境因素拓展的线性包络分析（DEA）方法来排除学校低效率行为，以 B 县为案例，对其所辖小学达到现有和设定的教育结果水平所需最低成本进行估算，并根据估算结果来考察该县所辖小学年度财政拨款是否达到充足水平。

12.1　学校达到设定质量标准所需最低成本的模型构建

准确估算学校达到一定教育结果水平所需的成本，必须要正确理解教育的过程，Bradford、Malt 和 Oates（1969）为理解教育过程提供了一个分析的框架。他们将公共部门的生产分为两个阶段：公共部门在第一阶段提供的是中间产品，该产品主要由可支配的投入水平决定。公共部门在第二阶段提供的最终结果由中间产品和不可控的环境（外生）变量确定。该分析框架在 Hanushek（1979，1986）教育生产的实证文献中得到了很好的验证。学校使用教师、管理人员和办学物质条件这些可控投入来提供语文、数学、英语等课程教学，这些中间产出一般不是人们最感兴趣的内容，人们关注更多的是学生成绩、毕业率、升学率等最终的教育结果。学校最终教育结果除了与可控投入的资源有关以外，为数众多经验研究还表明，不可控的社会经济环境因素在教育过程中也发挥了重要的作用，如父母的收入和教育程度以及同伴的社会经济背景等均会影响学生的学习能力（Coleman，1966）。这意味着社会经济环境越差学校要达到给定的教育结果水平，需要花费更多的可控教育资源，尤其是人力资源（如教师要给家庭背景较差的学生更多辅导时间，或者需要更多教师实行小班教学等，这些都需要增加更多的资金投入）。

基于上述分析，可以采用一个成本模型来模拟学校的教育过程，即学校总成本（C）是学校教育最终结果（Y）和外生社会经济环境特征变量（Z）的函数：$C = c(Y, Z)$，Y 和 Z 分别为包括多个结果和多个外生因素的向量。其含义是：在社会经济环境既定情况下，教育结果水平越高，学校所需成本也越高；在给定的教育结果水平下，学校的社会经济环境越差，所需成本越高。值得注意的是，现实中很多学校存在资源使用低效率的行为，而准确估算学校教育成本还必须排除这种行为。考虑到学校运行中成本低效率行为出现的可能性，用以下关系来区分学校实现给定教育结果目标值所需最低成本与该结果目标值下的实际支出（Exp）：$\text{Exp} = \gamma c(Y, Z)$，$\gamma \geqslant 1$，其中 $\gamma \geqslant 1$ 是成本效率的倒数。根据上述给出的成本函数，很容易将估算的学校教育成本定义为达到一定教育结果水平所需最低成本。设 Y^A 代表政策设定的教育结果水平的目标值，那么一个社会经济环境为 Z_0 的有效率（$\gamma = 1$）的学校提供 Y^A 教育结果水平将需要花费 $C(Y^A, Z_0)$。为进一步厘清教育结果、环境、效率、实际支出与学校教育成本间的关系，图 12－1 给出了对这些关系的总结。

图 12－1 显示了 9 个学校的教育成本（C）、教育结果水平（Y）和实际支出（Exp）。假设有 3 个不同的环境，从而形成了 3 个成本前沿。C^H、C^M 和 C^F 分别代表差、中等和有利的环境下的成本前沿。在给定的教育结果水平下，环境越差的学校需要成本越高，如学校 H_1、H_2 和 H_3 在任何给定教育结果水平下所需成本最高，学校 M_1、M_2 和 M_3 所需的成本居中，而 F_1、F_2 和 F_3 所需的成本最低。

成本效率可以通过评价每个学校相对于适当的成本前沿的偏离程度来测量，即位于成本前沿上的学校是有效率的，能够以最低的成本提供目前的教育结果水平，而成本前沿之外的学校存在低效率，超出了提供它们各自目前结果水平所需的最低成本，如学校 H_2、M_2、M_3、F_2和 F_3的实际支出都超出了它们各自教育结果水平的最低成本。

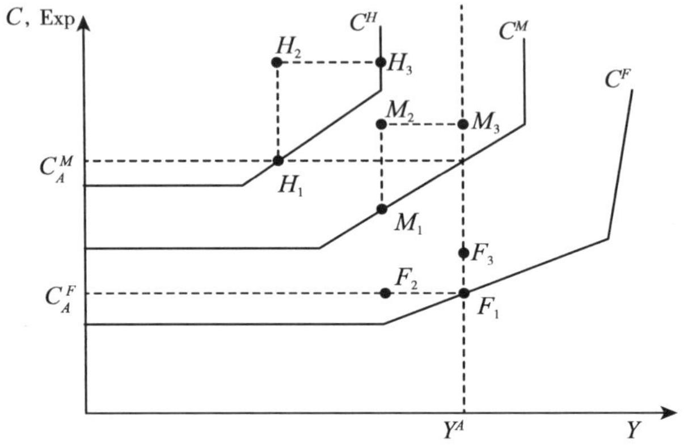

图 12－1 教育结果、实际支出与学校教育成本

图 12－1 揭示了学校达到设定教育结果目标值 Y^A时所需的最低成本。如面临中等（或有利）环境的学校必须花费至少 C_A^M（或 C_A^F）才能达到设定教育结果目标值 Y^A。通过观察图 12－1 不难发现面临最差环境的学校可能无法达到给定教育结果水平的目标值 Y^A。Ruggiero（2007）指出，出现这种情况的原因：一是学校面临的外部条件极其恶劣，其所需教育成本过高，即使拨款数额再大，也很难达到给定的教育结果水平；二是规划模型本身的性质也可能会导致学校无法达到给定的结果水平。不管什么原因，当实际分析中没有足够信息来确定某些学校达到给定结果水平的最低成本时，这种情况就会出现，这对义务教育财政政策的制定具有重要启示，即增加财政投入并不一定会使所有学校都能达到设定的教育结果水平。

另外，图 12－1 还揭示了学校是否有效率以及是否达到设定教育结果水平目标值 Y^A的几种情况。其中，学校 M_1和 M_2都没有达到给定的教育结果水平的目标值，但两者情况差别很大。学校 M_1位于成本前沿线上，是有效率的，因此需要追加财政拨款，使其提高到设定教育结果水平的目标值 Y^A所需成本，而学校 M_2原本有足够的资源可以达到给定的教育结果水平目标值 Y^A，却因存在低效率行为而浪费了教育资源，因此没有必要为这一学校追加预算拨款。学校 M_3达到了给定教育结果水平的目标值，但它是低效率的。处于有利环境的学校 F_2和 F_3与 M_1和 M_2分析结果类似，学校 F_1既有效率，又达到了给定的教育结果水平的目标值，可视为示范或优秀学校。

12.2　县域内义务教育学校教育成本估算方法

由于现实中我们所能观测和获取到的仅为实际支出数据，学校最低成本是一个潜在的指标。根据上述分析，要想得到县域内义务教育阶段每个学校的最低成本，就必须先估算出各自的效率值，然后将其与各自的实际支出相乘，结果即为观测结果水平下的学校最低成本。此外，对于每个学校来说，达到给定学校教育结果水平的目标值所需最低成本还取决其面临的社会经济环境。

系统梳理已有的有关这方面经验研究的文献不难发现，当考虑学校存在低效率的行为时，有两种方法可以用来估算学校教育的最低成本。一种是参数法，又称随机前沿模型（SFA）。另一种是非参数法，又称之为线性包络分析（DEA）。由于随机前沿模型需要规范的函数形式和两个误差项的分布假设。另外，Ondrich 和 Ruggiero（2001）还从数学上证明了横截面的随机前沿模型不能有效地从随机误差项中分离出低效率，从而质疑模型的随机性质。基于线性包络分析（DEA）方法的非参数性质，本章将用此方法来估算学校达到设定教育结果水平目标值所需的最低成本。

线性包络分析（DEA）将生产单位或决策主体的生产技术视为一个“黑箱”，不用事先设定其生产函数，直接利用生产单位或决策主体的投入产出数据以及数学规划方法，就可以估算某个特定的生产单元相对于生产同类商品或服务的生产单元的效率水平。这种效率评估思想最早可追溯到 Farrell（1957），他提出了“非参数边界分析”的观点。基于此观点，Charnes、Cooper 和 Rhodes（1978）开发了最早的数据包络分析 CCR 模型，该模型只能评估规模报酬不变情况下生产单位的效率。Banker、Charnes 和 Cooper（1984）进一步开发了 BCC 模型，将模型假定由规模报酬不变调整为规模报酬可变，通过该模型可估算出生产或决策单元的“技术效率”。之后，为适应各种领域和新条件的需要，不少学者发展了多种 DEA 模型，本章采用的是 BCC 模型。假设 $Y = (y_1, y_2, \cdots,$

y_s）是包含 s 个学校教育结果的向量，Exp 为学校的实际支出，其原始的 BCC 模型为：

$$CE_i = \min\theta$$

$$st. \sum_{j=1}^{n} \lambda_j Y_j \geqslant Y_i$$

$$\sum_{j=1}^{n} \lambda_j Exp_j \leqslant \theta Exp_i \qquad (12-1)$$

$$\sum_{j=1}^{n} \lambda_j = 1$$

$$\lambda_j \geqslant 0, j = 1,2,\cdots,n$$

其中，λ 为权重，即重新构造一个有效率学校组合中第 j 所学校所占比例。利用该模型可估算出学校 i 的效率指数值 θ。由于原始 BCC 模型（12－1）假定所有投入是可控的，如果学校教育过程中存在不可控的社会经济环境因素，那么得到的效率指数不仅包含了低效率，还包括社会经济环境对最终教育结果的影响，如图 12－2 所示。

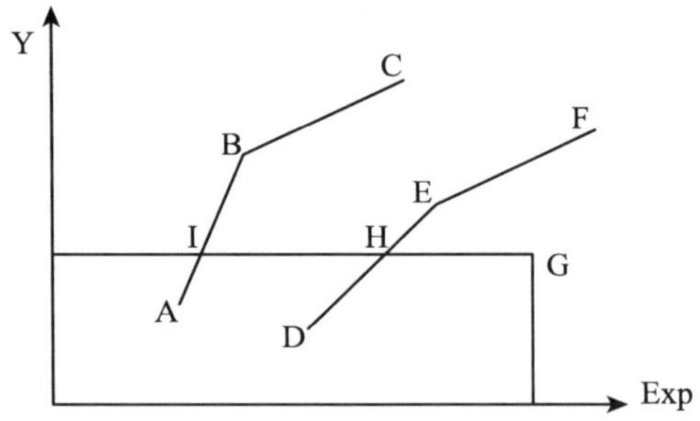

图 12－2　包含社会经济环境的生产前沿

图 12－2 中给出了 A、B、C、D、E、F 和 G 七所学校，假设它们全部都用一种可控投入 Exp 获得一种教育结果 Y，同时也假定社会经济环境因素是外生的，且 A－C 决策单元的社会经济环境相比 D－F 更加有利。那么，不可控的社会经济环境因素的存在直接影响效率评估。这主要是因为在评估学校教育资源使用效率时，给定的学校有效率使用资源必须投射到相应的前沿面上。在上述假定情况下，G 面临的社会经济环境条件与 D－F 相似，因此，G 学校正确的投影应该是 H 点。但在原始的 BCC 模型（12－1）下，G 被投射到最外层前沿上的 I 点，得到的效率指数值不仅包括学校低效率，还包括 H 与 I 之间的这一段距

离，即社会经济环境条件对学校教育过程的影响。若要获得学校资源使用真实的低效率情况，就必须想办法控制不可控的社会经济环境因素。

允许连续社会经济环境变量存在的第一个 BCC 模型是由 Banker and Morey（1986）开发的（以下简称 BM 模型）。他们意识到将固定的社会经济环境因素作为可控变量是不恰当的，于是修正了对固定的社会经济环境因素约束。假设规模报酬可变，不可控社会经济环境变量定义为向量 Z，其规划模型如下：

$$\begin{aligned} & BM(Y_i, Exp_i) = \mathrm{Min}\theta \\ & st \sum_{j=1}^{n} \lambda_j Y_j \geqslant Y_i \\ & \sum_{j=1}^{n} \lambda_j Exp_j \leqslant \theta Exp_i \\ & \sum_{j=1}^{n} \lambda_j Z_j \leqslant Exp_i \\ & \sum_{j=1}^{n} \lambda_j = 1 \\ & \lambda_j \geqslant 0, j = 1,2,\cdots,n \end{aligned} \tag{12-2}$$

BM 模型（12－2）与原始 BCC 模型（12－1）在外观上非常相似，最主要的区别就是对每个不可控的社会经济环境变量增加了一个额外的条件约束。这些增加的约束与对可控投入的约束类似，但不等式右侧未包含效率成分。BM 模型（12－2）中这些约束使不同生产前沿面对每个不可控的社会经济环境因素都有相应的水平。然而，Ruggiero（1996）认为在对学校进行效率评估时，由于不可控因素差异会导致不同的生产前沿面，参考集的选择尤为重要。他指出 BM 模型（12－2）对学校参考集的限制不够充分，从而导致了不可行的参照点，其结果可能会使一个处于恶劣环境中有效率的学校被确定是相对无效的。因为 BM 模型（12－2）的参考集中包括了那些处于有利环境中的学校，这意味着 BM 模型（12－2）仍然会高估学校低效率的程度。于是，他提供了一个一阶段模型，通过从评价每个学校效率的分析中排除掉所有面临较有利环境的学校来解决此问题。假设 z 是一个不可控的社会经济环境变量，对于每个单独的学校 j，可以将这三个对应的变量定义为 $Y_j = (y_{j1},\ y_{j2},\ \cdots,\ y_{js})$，$z_j$ 和 $\mathrm{E}xp_j$。可采用下面的线性规划模型（12－3）来评估学校 i 的效率：

$$
\begin{aligned}
& CE_i = \min\theta \\
& st.\ \sum_{j=1}^{n}\lambda_j Y_j \geq Y_i \\
& \sum_{j=1}^{n}\lambda_j Exp_j \leq \theta Exp_i \\
& \lambda_j = 0, if z_j \geq z_i, \lambda_j \geq 0, otherwise \\
& \sum_{j=1}^{n}\lambda_j = 1 \\
& \lambda_j \geq 0, j = 1,2,\cdots,n
\end{aligned}
\tag{12-3}
$$

在该线性模型中，第一行是所要估算的效率值；第二、三、四行分别为产出变量、可控投入变量以及不可控的社会经济环境因素需要遵守的约束条件。通过求解该模型，可以得到效率指数 CE_i，代表控制社会经济环境 z 后学校 i 的效率值，其衡量的是学校 i 要达到现有实际产出水平所需的最低成本是否低于实际支出，即是否存在资源浪费。这种方法有效地控制了不可控的社会经济环境因素，且该模型优于 BM 模型。采用该规划模型对每个学校进行估算，即可得到每所学校各自的成本效率值 CE，各学校的最低成本则为 $CE \times \text{Exp}$。

模型（12－3）通过对参考集进行限制提高了学校效率评估的准确性，但在具体运用中，需要注意的是必须弄清不可控的社会经济环境因素的影响方向，确保剔除掉的是处于更有利社会经济环境中的学校。在某些情况下，这可能难以实现，如当存在多个不可控的社会经济环境因素时，其影响方向就难以判断。在这种情况下，一阶段模型是不够的。随着不可控的社会经济环境变量的数量增加，其高估低效率的可能性也会增加，从而导致估算偏差。为了克服 Ruggiero（1996）开发 BCC 模型（12－3）的弱点，后来的研究者提供了一种替代的方法，即使用三阶段对 Ray（1991）两阶段模型进行拓展延伸。具体说，在第一阶段，使用产出和可控投入按照原始的 BCC 模型（12－1）估算效率指数，利用 Ray（1991）第二阶段模型将第一阶段的效率指数对不可控的社会经济环境因素进行回归，再运用回归参数对不可控社会经济环境因素构建指数 $\left(Z = \sum_{i=1}^{R} B_i Z_i\right)$，基于该指数回到模型（12－3），并在三阶段中估算学校效率指数。

由于模型（12－3）只能用来确定每个学校提供目前教育结果水平的效率和最低成本，而我们关心的是学校达到政策给定教育结果水平的目标值所需最低成本，并以此判断学校是否还需要进一步追加财政拨款。要实现这一研究目的，需要对 Ruggiero（1996）提供的模型（12－3）进一步拓展。假设政策设定每一所学校必须达到的教育结果水平的目标值为 $Y^A=(y_1^A, y_2^A, \cdots, y_s^A)$，估算达到 Y^A 所需的最低成本可用以下新的 BCC 模型（12－4）：

$$
\begin{aligned}
& Al_i = \min\theta \\
& st. \sum_{j=1}^{n} \lambda_j Y_j \geqslant Y_i^A \\
& \sum_{j=1}^{n} \lambda_j Exp_j \leqslant \theta Exp_{MAX} \\
& \lambda_j = 0, if z_j \geqslant z_i, \lambda_j \geqslant 0, otherwise \\
& \sum_{j=1}^{n} \lambda_j = 1 \\
& \lambda_j \geqslant 0, j = 1,2,\cdots,n
\end{aligned}
\qquad (12-4)
$$

新的 BCC 模型（12－4）在模型（12－3）的基础上进行了两个比较关键的改动：一是产出变量约束条件中方程右侧以政策给定教育结果水平的目标值替换了实际教育结果水平；二是在可控投入变量约束条件中以一个最大支出替代了实际支出，其含义是达到给定教育结果水平目标值的学校样本中最高的实际支出。由新的 BCC 模型（12－4）求解得到学校 i 的效率指数 Al_i，即为政策给定教育结果水平目标值的效率指数。由于目标函数的最小化，故只要这个线性规划模型的解存在，那么在控制社会经济环境因素后，该学校一定处于有效的前沿面上。此时，对于给定教育结果水平目标值的不可控社会经济环境来说，学校最低的教育成本估算为 $Al_i \times \mathrm{Exp}_{max}$。

12.3 学校达到设定质量标准所需成本估算：以 B 县小学为案例

为了说明问题，我们以 B 县所辖小学为案例，运用上述给出的方法对其每一所小学达到现有的教育结果水平，以及达到被 B 县教研室确认为合格和优秀的教育结果水平所需最低成本进行估算，并依据估算结果来判断该县每一所小学的财政拨款是否满足了充足性的要求。B 县为中部某省所辖的国家贫困县，2015 年该县义务教育财政支出为 4.66 亿元，其中上级转移支付为 1.69 亿元，本级财政公共预算收入安排支出为 2.97 亿元，占本级公共预算收入的 50%。近几年该县加大了义务教育财政投入，致力于县域内校际资源配置均衡，2016 年该县已向国家提出申请验收。面对财政收入增速放缓，以及“营改增”直接导致县自有财政收入的减少，今后该县是否还需要进一步加大义务教育财政投入的力度，在我们访谈中教育和财政部门给出两种截然不同的意见，但他们都认为需要寻找客观、科学的依据来判断学校财政拨款是否达到了充足性水平，这对于财政收入并不充裕的贫困县尤为重要。

12.3.1 学校教育结果、可控投入与社会经济环境度量指标选择

运用上述给出的模型（12－3）和模型（12－4）估算该县每一所小学达到现有和给定的教育结果水平所需最低成本，涉及学校教育结果、社会经济环境和可控资源投入度量指标的选择。

12.3.1.1 学校教育结果水平度量指标

学校教育具有多目标和多维度的特征，教育结果不仅是指学生认知方面的知识获取和能力提高，还包括非认知方面的态度养成和情感的培养等。由于情感和态度不易测量，故已有的经验研究主要关注的是学生知识获取和能力提高，常采用学生在标准化考试中成绩来测量学校教育的结果（Hanushek，1992），并将学生考试成绩的某种通过率设定为学校需达到的教育结果水平。已有研究之所以用学生成绩来衡量学校教育结果，其原因在于：国外学者一般认为，中小学学生成绩不仅是决定学生升学的重要因素，且也是解释学生在未来劳动力市场上成功与否的合理指标，这种观点得到了经验研究的强有力支持。经验研究表明，在发达国家，学生在校成绩与其成人后的收入有直接的显著关系；而在发展中国家，这一关系似乎更加明显（Harbison and Hanushek，1992）。

本章也采用学生各科统考成绩的通过率来度量学校教育结果水平。B 县被教育部义务教育质量检测中心确立为全国义务教育质量检测试点县，其监测主要内容为：县域内义务教育阶段各学校分年级学生各科期末统考的及格率、优秀

率（达到 80 分学生占比）和高分率（达到 90 分学生占比）。本章采用了 2016 年该县春季小学六年级学生语、数、外三门课程毕业统考成绩的及格率来反映一所学校的教育结果水平。之所以用六年级三科统考成绩及格率作为一所学校教育结果水平的度量指标，主要原因在于：一是跨年级之间以及各学科及格率、优秀率与高分率之间存在高相关性（学科之间不存在高度相关），而当变量间存在高度相关时会降低 BCC 模型的维度（Ruggiero，2004）。二是语数外为小学主干课程，毕业班学生主干课程的毕业统考成绩是社会评价学校好坏的主要依据。剔出该县没有六年级班的农村点校，余下还有 52 所小学。根据该县教研室提供的分类标准，我们将 52 所学校分为优秀、合格、改进和差四种类型。其中，三科及格率均在 80% 的学校为优秀学校，共有 10 所；三科及格率均在 60% 且至少有一门未达到 80% 的学校为合格学校，共有 18 所；有两科及格率在 60% 的学校为改进型学校，共有 10 所；至少有两科及格率未达到 60% 的学校为差校，共有 14 所。

12. 3. 1. 2　学校可控投入度量指标

学校可控投入可用生均教育支出这一指标来度量。根据目前预算编制分类，生均教育支出包括教育事业费和基本建设费。其中教育事业费又细分为人员经费（工资和福利支出）和公用经费（商品劳务支出），这两项经费纳入了年度基本预算，主要用于维持学校的正常运转；基本建设经费纳入专项预算，主要用于学校新改扩建、维修和大型仪器设备购买。由于基本建设经费主要依据一所学校的实际需要而非每年都安排预算，加之该县已于 2016 年申请义务教育校际资源配置均衡国家验收，近几年各校基建投入预算安排较少，占一所学校生均支出的比重不到 5%，故没有将该项支出纳入生均支出。另外，我们扣除了人员经费中退休人员的工资与福利，因为该项支出对当期学校教育结果水平并没有产生作用，扣除这一部分能更真实反映一所学校的教育成本。

12. 3. 1. 3　社会经济环境度量指标

已有研究用来控制学校社会经济环境的指标主要有两个：一是学校所在地理位置。一般来说，城镇学校的社会经济环境要优于农村学校。在 B 县的 52 所小学中，城镇中心小学有 14 所，农村小学有 37 所。二是用一所学校享受生活困难补助的学生占比。享受生活困难补助学生占比较高的学校，其社会经济环境也较差。根据 B 县 2016 年公示的数据，我们计算了每一所学校享受生活困难补助学生的占比。计算结果显示：城镇中心小学享受生活困难补助的学生占比最高没有超过23%，而农村学校享受生活困难补助学生的占比均在25%以上。鉴于学校所在地理位置与其享受生活困难补助学生占比的高相关性，同时为了能更好地量化学校所处的社会经济环境，我们用享受生活困难补助学生占比这一指标值来控制一所学校所处的社会经济环境，并依据其指标值大小将各学校面临的社会经济环境划分有利环境（F）、中等环境（M）和不利环境（H）三种水平。其中，享受生活困难补助学生占比在0—23%的学校，即城镇学校，其环境水平确定为有利环境（F），共有14所；享受生活困难补助学生占比在23%～34%的学校，其环境水平确定为中等环境（M），共有22所学校；享受生活困难补助学生占比在35%及以上的学校，其环境水平确定为不利环境（H），共有16所学校。这样，就为以后不同社会经济环境学校效率的评估确立了三个有效的参考集。

12.3.2 数据来源与统计描述

衡量学校教育结果、社会经济环境和可控投入指标的原始数据均来自课题组2016年7月对B县的实地调查。具体说，在实地调查中，课题组主要收集了研究所需要的三类数据：第一类是从县财政局收集了该县每所学校年度教育支出的预算数据；第二类是从县教育局获得了该县每一所学基本情况和学生生活困难补助数据；第三类是从县教研室获得了每一所学校六年级学生语文、数学、外语毕业统考成绩的及格率和优分率。表12－1给出了衡量学校教育结果、可控投入和社会经济环境指标值的统计性描述。

表12－1　不同类型学校的教育结果、教育投入、社会经济环境的描述性统计

学校类型（学校数）	教育结果与可控投入变量	均值	标准差	最大值	最小值
优秀（10）	语文（及格率%）	91	7.7	95	83.3
	数学（及格率%）	86	5.2	93.9	80
	英语（及格率%）	88	7.6	95.2	80
	生均教育支出（元）	9025	6213	20367	3855
	享受生活困难补助学生占比（%）	22	19	58	0

续表

学校类型（学校数）	教育结果与可控投入变量	均值	标准差	最大值	最小值
合格（18）	语文（及格率%）	78	8.9	94.4	61.7
	数学（及格率%）	73	8.44	92.7	60.7
	英语（及格率%）	77	10.2	96.9	60
	生均教育支出（元）	10999	5513	21349	4060
	享受生活困难补助学生占比（%）	25	13.9	54	1
改进（10）	语文（及格率%）	77.4	8.6	88.9	59.2
	数学（及格率%）	56.4	11.9	80.8	42.1
	英语（及格率%）	70.4	13.3	89.5	47.1
	生均教育支出（元）	11664	3517	16967	5304
	享受生活困难补助学生占比（%）	27.6	10.5	41	7
差（14）	语文（及格率%）	51	15.5	76	18.2
	数学（及格率%）	42	18	68.4	13.5
	英语（及格率%）	43	18.3	72.1	10.5
	生均教育支出（元）	16598	8273	25836	6091
	享受生活困难补助学生占比（%）	35	15.2	59	15

表 12－1 显示：被确认为优秀的学校，语数外三科及格率的均值均达到了 85%以上，而生均财政支出均值在所有的学校分组中是最低的。被确认为合格学校三科及格率的均值均在 70%以上，其生均财政支出高于优秀学校；被确认为需要改进的学校，其主要问题是数学及格率较低，其生均财政支出均值要高出合格学校 700 多元。被确定为差校的语数外三科及格率的均值均没有达到 60%，且其生均财政支出均值要远高于其他类型的学校。学校教育结果水平越低，其生均财政支出反而越高，导致这种情况的原因之一是这些学校位于全县最差的社会经济环境。表 12－1 中给出的控制学校社会经济环境指标——享受生活困难补助学生占比，差校这一指标的均值分别要高出优秀、合格和改进学校 13 个、10 个和 7.4 个百分点。

12.3.3 B县所辖小学生均财政支出效率估算与分析

效率评估是运用数据包络分析估算学校达到一定教育结果所需最低成本最为关键的一步，而学校效率评估又会受其所处社会经济环境的影响。为进一步验证社会经济环境对学校效率评估影响的重要性，我们运用不考虑社会经济环境因素的原始BCC模型（12－1）和控制了社会经济环境因素拓展的BCC模型（12－3）分别对该县52所学校生均财政支出效率进行估算，估算得结果见表12－2。

表12－2中列出了两种模型下B县52所小学生均财政支出效率评估的结果。其中，第（1）—（3）列对应的是未考虑社会经济环境因素原始BCC模型（12－1）估算的结果，第（4）—（6）列对应的是控制了社会经济环境因素改进的BCC模型（12－3）估算的结果。表12－2显示，采用可变规模报酬BCC模型估算的结果包含3个效率值，即综合技术效率（CE）、纯技术效率（VE）和规模效率（SE）。纯技术效率是指因管理、环境和技术等因素影响的效率；规模效率反映的是学校实际规模与最优规模的差距。在数值上，综合技术效率等于纯技术效率与规模效率的乘积。由于我国小学采取就近入学，学校的规模与其辐射范围的人口分布密切相关，在城镇化快速推进的过程中，农村人口流出多，农村学校普遍存在生源不足的问题，在未来较长的一段时间内，农村学校规模较小是常态，因此农村中小学财政支出考虑规模经济没有实际意义。在这里，我们主要关注的是管理和社会经济环境等因素影响的学校财政支出效率，即除去规模因素影响后的纯技术效率。对比表12－2中的第（2）和第（5）列可以看出，考虑与不考虑社会经济环境因素估算出的学校纯技术效率指数值有很大的不同，运用不考虑社会经济环境因素的原始BCC模型（12－1）估算出的52所学校纯技术效率均值为0.447，而运用控制社会经济环境因素改进的BCC模型（12－3）估算出的52所学校纯技术效率均值为0.728，二者相差0.281。从其内部来看，处于有利社会经济环境的14所学校的纯技术效率值在两种模型下均相等；处于中等社会经济环境下的22所学校的纯技术效率值，改进BCC模型（12－3）估算的结果要高于原始BCC模型（12－1）估算的结果，二者均值相差0.24；处于差的社会经济环境下16所学校的纯技术效率值，在改进BCC模型下的效率值更高，两种模型下估算出均值相差0.58。导致上述不同结果的原因在于：改进BCC模型（12－3）在社会经济环境变量的限制上，对处于有利社

表 12 – 2　　B 县 52 所小学生均财政支出效率估算结果

学校类型	学校	环境	模型（1）			模型（2）			实际支出（Exp_i）	最低成本 $VE_2 \times Exp_i$	无效成本 Exp_i $VE_2 \times Exp_i$
			（1）	（2）	（3）	（4）	（5）	（6）			
			CE_1	VE_1	SE_1	CE_2	VE_2	SE_2			
优秀	S_1	F	0.712	0.755	0.943	0.712	0.755	0.943	5526	4172	1354
	S_2	F	0.762	1	0.762	0.762	1	0.762	5898	5898	0
	S_3	H	0.197	0.208	0.947	0.796	0.827	0.962	19579	16192	3387
	S_4	M	0.337	0.428	0.787	0.52	1	0.52	12992	12992	0
	S_5	F	0.748	0.954	0.784	0.748	0.954	0.784	5599	5341	258
	S_6	F	1	1	1	1	1	1	3682	3682	0
	S_7	F	0.631	0.674	0.909	0.631	0.694	0.909	6275	4355	1920
	S_8	M	0.658	0.804	0.817	1	1	1	6475	6475	0
	S_9	H	0.209	0.276	0.759	0.848	1	0.848	20367	20367	0
	S_{10}	F	1	1	1	1	1	1	3855	3855	0
均值			0.625	0.710	0.871	0.802	0.923	0.873	9025	8333	692
合格	S_{11}	H	0.27	0.359	0.75	1	1	1	15925	15925	0
	S_{12}	F	0.804	0.907	0.887	0.804	0.907	0.887	4060	3682	378
	S_{13}	M	0.270	0.300	0.900	0.461	0.528	0.873	12257	6472	5785
	S_{14}	M	0.397	0.424	0.938	0.604	0.745	0.811	8694	6477	2217
	S_{15}	H	0.286	0.371	0.77	1	1	1	15592	15592	0
	S_{16}	F	0.809	0.812	0.997	0.809	0.812	0.997	4572	3712	860

续表

学校类型	学校	环境	模型（1）			模型（2）			实际支出（Exp_i）	最低成本 $VE_2 \times Exp_i$	无效成本 Exp_i $VE_2 \times Exp_i$
			（1）	（2）	（3）	（4）	（5）	（6）			
			CE_1	VE_1	SE_1	CE_2	VE_2	SE_2			
合格	S_{17}	F	0. 703	0. 712	0. 987	0. 703	0. 712	0. 987	5220	3717	1503
	S_{18}	M	0. 25	0. 262	0. 958	0. 381	0. 46	0. 828	14080	6477	7603
	S_{19}	M	0. 355	0. 374	0. 949	0. 58	0. 657	0. 882	9851	6472	3379
	S_{20}	M	0. 248	0. 263	0. 944	0. 399	0. 462	0. 864	14022	6478	7544
	S_{21}	M	0. 475	0. 544	0. 874	0. 723	0. 757	0. 955	8553	6475	2078
	S_{22}	M	0. 225	0. 245	0. 916	0. 342	0. 369	0. 926	17557	6479	11078
	S_{23}	M	0. 361	0. 373	0. 969	0. 61	0. 656	0. 931	9873	6477	3396
	S_{24}	H	0. 193	0. 196	0. 986	0. 712	0. 745	0. 957	19511	14536	4975
	S_{25}	M	0. 466	0. 493	0. 944	0. 742	0. 867	0. 856	7465	6472	993
	S_{26}	H	0. 178	0. 179	0. 993	0. 74	0. 841	0. 879	21349	17955	3394
	S_{27}	F	0. 825	0. 986	0. 837	0. 825	0. 986	0. 837	4821	4754	67
	S_{28}	F	0. 81	0. 824	0. 983	0. 81	0. 824	0. 983	4579	3773	806
均值			0. 440	0. 479	0. 921	0. 680	0. 740	0. 914	10999	7885	3114
改进	S_{29}	M	0. 261	0. 298	0. 876	0. 422	0. 523	0. 806	12369	6469	5900
	S_{30}	F	0. 694	0. 708	0. 98	0. 694	0. 708	0. 98	5304	3755	1549
	S_{31}	M	0. 346	0. 383	0. 904	0. 555	0. 564	0. 984	11488	6479	5009
	S_{32}	M	0. 323	0. 377	0. 856	0. 491	0. 507	0. 968	12770	6474	6296

续表

学校类型	学校	环境	模型（1）			模型（2）			实际支出（Exp_i）	最低成本 $VE_2 \times Exp_i$	无效成本 Exp_i $VE_2 \times Exp_i$
			（1）	（2）	（3）	（4）	（5）	（6）			
			CE_1	VE_1	SE_1	CE_2	VE_2	SE_2			
改进	S_{33}	M	0.254	0.261	0.973	0.394	0.459	0.858	14109	6476	7633
	S_{34}	H	0.243	0.265	0.915	0.88	0.931	0.945	13892	12933	959
	S_{35}	M	0.375	0.428	0.878	0.607	0.752	0.807	8607	6472	2135
	S_{36}	H	0.276	0.279	0.988	1	1	1	13589	13589	0
	S_{37}	F	0.427	0.488	0.875	0.427	0.488	0.875	7543	3681	3862
	S_{38}	H	0.203	0.217	0.937	0.738	0.792	0.931	16967	13438	3529
均值			0.340	0.370	0.918	0.621	0.672	0.915	11664	7977	3687
差	S_{39}	H	0.214	0.238	0.901	0.749	0.858	0.872	15490	13290	2200
	S_{40}	H	0.192	0.223	0.858	0.712	0.774	0.919	16476	12752	3724
	S_{41}	M	0.293	0.39	0.752	0.474	0.686	0.692	9445	6479	2966
	S_{42}	M	0.241	0.311	0.774	0.389	0.547	0.712	11833	6473	5360
	S_{43}	M	0.113	0.157	0.723	0.183	0.275	0.665	23520	6468	17052
	S_{44}	F	0.382	0.604	0.631	0.382	0.604	0.631	6091	3679	2412
	S_{45}	M	0.115	0.143	0.809	0.175	0.251	0.699	25836	6485	19351
	S_{46}	M	0.241	0.294	0.82	0.367	0.518	0.709	12511	6481	6030
	S_{47}	M	0.318	0.365	0.87	0.514	0.642	0.800	10078	6470	3608
	S_{48}	H	0.135	0.156	0.868	0.501	0.543	0.922	23667	12851	10816

续表

学校类型	学校	环境	模型（1）			模型（2）			实际支出（Exp_i）	最低成本 $VE_2 \times Exp_i$	无效成本 Exp_i $VE_2 \times Exp_i$
			（1）	（2）	（3）	（4）	（5）	（6）			
			CE_1	VE_1	SE_1	CE_2	VE_2	SE_2			
差	S_{49}	H	0. 157	0. 273	0. 573	0. 597	0. 886	0. 674	13476	8143	5333
	S_{50}	H	0. 057	0. 099	0. 572	0. 207	0. 306	0. 675	37007	7628	29379
	S_{51}	H	0. 253	0. 346	0. 732	1	1	1	10637	7116	3521
	S_{52}	H	0. 064	0. 226	0. 284	0. 227	0. 661	0. 343	16305	7179	9126
均值			0. 198	0. 273	0. 726	0. 463	0. 611	0. 737	16598	7964	8634
所有学校均值			0. 391	0. 447	0. 858	0. 634	0. 728	0. 858	12255	8010	4245

会经济环境的 14 所学校不会产生影响，而对处于中等和较差社会经济环境等级的学校，改进 BCC 模型（12－3）在评价时会去掉社会经济环境等级较高的学校，从而改变了这些学校的有效参考集，使效率值也随之发生变化。这说明忽视社会经济环境差异确实会低估那些处于相对较差环境中学校的效率值。

表 12－2 第（5）列还显示：S_2、S_4、S_6、S_8、S_9、S_{10}、S_{11}、S_{15}、S_{36}、S_{51}共 10 所学校达到现有教育结果水平是有效率的，剩余 42 所学校达到现有教育结果水平或多或少存在资源利用低效率的行为。总体来看，52 所学校财政支出纯技术效率指数的平均值为 0.728，生均实际支出为 12255 元，52 所学校达到现有的教育结果水平平均最低生均成本为 8010 元，平均低效率生均成本为 4245 元。也就是说，排除低效率后，52 所学校达到现有的教育结果水平生均可节约财政支出 4245 元，52 所学校共有学生 27838 人，共可节约财政支出 1.1817 亿元，这个数据非常可观。从学校类型来看，被确认为优秀的 10 所学校效率指数值最高，平均为 0.923，平均每生实际财政支出为 9025，达到现有教育结果水平最低成本平均为 8333 元，排除低效率，平均每生可节约财政支出 692 元；被确认良好的 18 所学校效率指数值要低于优秀学校，平均为 0.74，实际生均财政支出 10999 元，达到现有教育结果水平平均最低生均成本为 7885 元，排除低效率，平均每生可节约财政支出 3114 元；被确认为需要改进的 10 所学校，其效率指数值最低，平均为 0.672，平均实际每生财政支出 11664 元，达到现有教育结果水平最低生均成本为 7977 元，排除低效率，平均每生可节约财政支出 3687 元；被确认为差的 10 所学校，其效率指数要略低于良好的学校，其效率指数值平均为 0.737，平均实际每生财政支出 16598 元，达到现有教育结果水平最低生均成本为 7964 元，排除低效率，平均每生可节约财政支出 8634 元。另外，完全基于达到教育结果水平的情况来划分学校类型的做法需要更加注意。S_1、S_3、S_5、S_7被该县确认为优秀学校，但它们并没有实现效率指数值为 1.00 的评级。相反，S_{36}和 S_{51}分别被确认为需要改进和差的学校，而这两所学校却实现了效率指数值为 1.00 的评级。在这种情况下，至少是相对地，我们认为 S_{36}和 S_{51}以最低的成本提供了实际的教育结果水平。

12.3.4　B 县小学达到给定教育结果水平财政拨款充足性判断与分析

如前所述，判断县域内义务教育阶段学校财政投入是否充足，必须要以给定的学校教育结果水平所需最低成本为依据，否则就没有实际意义。教育结果水平的目标值是政策给定的，理想的中小学教育结果目标值是能确保所有学生的毕业统考成绩都能及格，即每一所学校的及格率均能达到 100%，但在现实中这一目标很难实现，主要原因在于：一是目标设置过高，社会环境很差的学校，若不改善环境，即使增加再多的投入，这些学校也达不到政策给定教育结果水平的目标值。二是学校毕业考试的及格率往往与考试范围和命题难度密切相关。通过率高低设置，需要对考试的范围和命题难度进行控制。有关学校教育结果水平目标值设置的合理性更深入讨论，已超出了本书研究的范围。在这里，我们主要采用县教研室的分类标准，即将学校按三门核心课程学生毕业考试通过率的高低，依次将学校分为优秀、合格、改进和差四类。由于 S_1—S_{10}学校的教育结果水平已经达到甚至超过了优秀标准，对这10 所学校本章不作进一步探讨。本章关注的是：若改进学校和差校的三门核心课程及格率均达到 60%，即县教研室所确定的合格要求，排除低效率后这些学校中哪些学校还需要增加财政拨款；进一步地，若要求合格学校、改进学校和差校三门核心课程毕业考试的及格率均达到 80%，即优秀标准，排除低效率后这三类学校是否都需要增加财政投入。

估算不同环境下各学校达到给定教育结果水平的最低成本，需要运用前面拓展的 BCC 模型（12 –4）来估算。表 12 –3 给出了差校、改进学校和合格学校达到给定三门核心课程毕业考试及格率为 60% 和 80% 所需最低成本、以及是否需要追加财政拨款的情况。

表 12 –3　　B 县差校、改进学校和合格学校达到给定教育结果水平所需最低成本

学校类型	学校	环境	实际支出（Exp_i）	三门课程及格率均为 60%			三门课程及格率均为 80%		
				VE	充足性成本	追加拨款	VE	充足性成本	追加拨款
差校	S_{39}	H	15490	1	15592	0	1	15592	3987
	S_{40}	H	16476	0.91	14189	–2287	0.813	14189	–558
	S_{41}	M	9445	0.609	7465	–1980	1	7465	3547
	S_{42}	M	11833	0.609	7465	–4368	1	7465	1159
	S_{43}	M	23520	0.609	7465	–16055	1	7465	–10528
	S_{44}	F	6091	0.907	3682	–2408	0.698	3682	–2233

续表

学校类型	学校	环境	实际支出（Exp_i）	三门课程及格率均为 60%			三门课程及格率均为 80%		
				VE	充足性成本	追加拨款	VE	充足性成本	追加拨款
差校	S_{45}	M	25836	0.609	7465	-18371	1	7465	-12844
	S_{46}	M	12511	0.609	7465	-5047	1	7465	481
	S_{47}	M	10078	0.609	7465	-2613	1	7465	2914
	S_{48}	H	23667	0.913	14235	-9432	0.813	14235	-7750
	S_{49}	H	13476	0.872	13596	121	0.813	13596	2442
	S_{50}	H	37007	0.872	13596	-23410	0.813	13596	-21089
	S_{51}	H	10637	0.872	13596	2959	0.813	13596	5280
	S_{52}	H	16305	0.872	13596	-2708	0.813	13596	-387
均值			16605	0.777	10491	-6114	0.898	14064	-2541
改进	S_{29}	M	12369	0.652	7992	-4378	1	12992	623
	S_{30}	F	5304	0.925	3756	-1548	0.698	3857	-1447
	S_{31}	M	11488	0.901	11044	-445	1	12992	1504
	S_{32}	M	12770	0.803	9842	-2927	1	12992	222
	S_{33}	M	14109	0.655	8028	-6081	1	12992	-1117
	S_{34}	H	13892	0.872	13596	-295	0.813	15917	2026
	S_{35}	M	8607	0.609	7465	-1143	1	12992	4385
	S_{36}	H	13589	1	13589	0	0.987	19148	5559
	S_{37}	F	7543	0.488	3681	-3862	0.511	3854	-3688
	S_{38}	H	16967	0.872	13596	-3371	0.813	15917	-1050
均值			11663	0.778	9258	-2405	0.881	12366	703
合格	S_{11}	H	15925	—	—	—	1	15925	0
	S_{12}	F	4060	—	—	—	0.698	3857	-203
	S_{13}	M	12257	—	—	—	1	12992	735
	S_{14}	M	8694	—	—	—	1	12992	4298
	S_{15}	H	15592	—	—	—	1	19579	3987
	S_{16}	F	4572	—	—	—	0.698	3857	-715
	S_{17}	F	5220	—	—	—	0.739	3858	-1362
	S_{18}	M	14080	—	—	—	1	12992	-1088

续表

学校类型	学校	环境	实际支出（Exp_i）	三门课程及格率均为60%			三门课程及格率均为80%		
				VE	充足性成本	追加拨款	VE	充足性成本	追加拨款
合格	S_{19}	M	9851	—	—	—	1	12992	3141
	S_{20}	M	14022	—	—	—	1	12992	-1030
	S_{21}	M	8553	—	—	—	1	12992	4439
	S_{22}	M	17557	—	—	—	1	12992	-4565
	S_{23}	M	9873	—	—	—	1	12992	3119
	S_{24}	H	19511	—	—	—	0.813	15918	-3593
	S_{25}	M	7465	—	—	—	1	12992	5527
	S_{26}	H	21349	—	—	—	0.998	19540	-1809
	S_{27}	F	4821	—	—	—	0.986	4754	-67
	S_{28}	F	4579	—	—	—	0.698	3857	-722
均值			10999	—	—	—	0.924	11560	561
所有学校均值			13026	0.777	9978	-4569	0.950	12586	-440

表12-3第5至第7列显示：平均而言，差学校和改进学校分别只需要花费实际生均支出的77.7%和77.8%就能达到合格学校的要求（三门核心课程毕业考试通过率至少达到60%）。这意味着差学校和改进学校平均每个学生分别有超出6114元和2405元的无效率。由于支出的刚性，要削减哪些低效率学校生均支出有很大阻力，甚至是不现实的。实际运作中，可行的办法是对那些有效率且实际支出没有达到给定教育结果水平所需最低成本的学校追加财政拨款，无效率学校通过问责促使其提高效率。因此，有必要进一步弄清各类学校内部达到给定教育结果水平，哪些学校有效率需要追加拨款，而哪些无效率不需要追加拨款。从各类学校内部来看，表12-3显示：排除低效率后，14所差校中仅有S_{49}和S_{51}两所学校现有的生均实际财政支出不能满足三门核心课程毕业考试及格率达到60%所需最低成本，其余12所学校不需额外增加财政拨款，均可以通过提高资金使用效率实现其目标。其中S_{49}需年生均额外增加121元，S_{51}需年生均额外增加2959元。按学生数计算，两所学校共增加38万元投入就可以实现三门核心课程毕业考试通过率至少达到60%的教育结果水平。这两所学校之所以需要追加财政投入与其所处的社会经济环境差有关，S_{49}和S_{51}两所学校享受生活困

难补助学生占比均很高，分别为41%和59%。排除低效率后，10所改进学校的三门核心课程毕业考试及格率均达到60%，没有一所学校需要额外增加财政投入，这进一步说明排除学校财政支出低效率行为的重要性。

将衡量学校教育结果水平的三门核心课程毕业考试及格率设定为均达到80%，即提高到优秀标准时，表12－3第8至第10列显示，差校、改进学校和合格学校平均只需要花费实际生均支出的95%就能达到优秀标准，生均支出440元是无效率的。从各类学校内部来看，14所差校教育结果水平要达到优秀标准，有7所学校需要额外增加财政拨款，还有7所只需要提高资金使用的效率就可以实现其目标。其中，需要额外增加财政拨款最多的学校是社会经济环境最差的学校S_{51}，该校达到优秀标准年生均额外增加财政支出5280元。10所改进学校要达到优秀标准，有6所需要额外增加财政投入。额外追加财政投入最多的也是社会经济环境较差的学校S_{36}，该校达到优秀标准每年需额外增加生均财政拨款5559元。18所合格学校要达到优秀标准，有7所学校需要额外增加财政投入。在这7所需要额外增加财政投入的合格学校中，没有一所是社会经济环境好的学校。如前所述，若进一步提高学校教育结果水平的设定目标值，若不改善社会经济环境，哪些环境极差的学校，即使投入再多的资金，也达不到设定的教育结果水平的目标值。

12.4　总结性结论、政策含义与进一步探讨的问题

本章认为，经过16年连续追加义务教育财政投入，我国义务教育财政保障已经达到较高水平，很多县校际资源配置均衡也通过了国家验收，我国义务教育财政关注的重点理应从投入公平转向结果公平。相应地，应以每一所学校达到给定教育结果水平所需最低成本作为中小学财政拨款和追加拨款的依据，并以此来判断县域内义务教育学校财政拨款是否达到充足性水平，这符合《中华人民共和国预算法》的要求。估算学校达到一定教育结果水平所需最低成本，必须要考虑学校所处社会经济环境，同时还需要排除学校低效率的行为。基于这样一种考虑，本章尝试性构建包含社会经济环境因素的中小学教育成本模型，

运用非参数线性包络分析方法来排除学校低效率行为，以 B 县为案例，对其所辖小学达到现有和给定教育结果水平所需最低成本进行估算，并根据估算结果分析了该县小学财政拨款是否达到了充足性水平，其主要的结论概述如下：一是社会经济环境是影响学校教育成本很重要的因素。学校所处的社会经济环境越差，达到同样的教育结果水平所需的成本也越高。若不控制社会经济环境，会大大高估社会经济环境较差学校存在的低效率行为。实证结果显示：处于中等社会经济环境的学校，若忽视社会经济环境因素，会把平均 24% 的生均支出归因于学校资源的浪费。处于社会经济环境差的学校，若不考虑社会经济环境因素，高估学校资源浪费的情况更严重，平均高估学校低效率值达到 58%。二是绝大多数学校都或多或少的存在财政支出低效率的行为。B 县所辖的 52 所小学中，达到目前教育结果水平，仅有 10 所学校财政投入是有效率的，42 所学校存在低效率的行为，平均低效率成本为 4245 元，合计可节约财政支出 1.1817 亿元，占该县当年小学财政支出 1/4。三是不能完全基于达到教育结果水平来评价学校好坏。实证结果显示：一些被确认为优秀或示范学校，并没有实现效率指数值为 1.00 的评级。相反，一些被确认为需要改进和差的学校却实现了效率指数值为 1.00 的评级，即它们以最低的成本提供了实际的教育结果水平。之所以没有达到优秀的结果水平，主要是因为财政拨款不足或社会经济环境较差等客观因素所致。四是要提高学校教育结果水平，并不是所有的学校都需要增加财政拨款。实证分析表明，要使被该县确认的 10 所改进学校达到合格水平，排除低效率行为，没有一所学校需要额外增加拨款；要使被该县被确认的 14 所差校达到合格要求，排除低效率行为，仅有两所学校需要额外增加拨款。要使所有的学校均达到优秀的教育结果水平，也只有 20 所学校需要额外增加财政拨款。另外，值得注意的是，对于那些所处社会经济环境极差的学校，若不改善社会经济环境，即使增加再多的财政拨款，它们也达不到设定的教育结果水平。基于上述研究结论，我们提出如下几点建议：

第一，提高对义务教育公平的认识，转变义务教育公平的理念，即从注重资源配置公平转向结果公平，并以结果公平来规划我国义务教育财政保障政策。国内学者对义务教育公平含义的理解基本上来自国外已有教育公平的研究成果，而国外有关教育公平的观念是随着对教育公平认识的深入而不断演变的。早期国外义务教育公平关注的焦点是入学机会，其相应的财政保障政策是大量开办公立学校和实施免费的义务教育。在确保适龄儿童均有入学机会前提下，国外义务教育公平关注焦点转向过程公平，其义务教育财政保障政策也转向学校间资源配置均衡，即认为给予学生个体相同的投入就可以得到相同的教育结果，如美国 20 世纪 60—80 年代推行的“财政中立”政策。然而，政策推行的结果表明，资源配置均衡并不等于教育结果公平。于是，注重义务教育结果的公平观念开始形成。自 20 世纪 80 年代末以来，美国一直致力于基础教育结果公平的研究和政策实践，并在这方面取得了丰硕的成果。国内学者在引用国外研究成果时，要么断章取义地将义务教育均衡发展等同于国外某一阶段的认识成果，如将义务教育均衡发展等同于资源配置均衡；要么将国外对教育公平的认识过程简单理解成义务教育均衡发展必须经过的几个阶段，这无疑是在重复西方国家的探索之路。就我国现实而言，当前人们更多关注的是一所学校的教育质量或结果，即只要学校升学率高，即使办学条件稍差也不会影响家长对学校的选择。鉴于我国已通过免费的义务教育确保了所有适龄儿童均享有入学机会，中小学办学的基本条件也得到了保障，仍一味要求增加义务教育财政投入缺乏足够的说服力，今后我国义务教育财政关注重点理应从注重投入公平转向结果公平，这符合《中华人民共和国预算法》的要求。

第二，合理设定学校教育结果水平的目标值，并以达到设定教育结果水平的目标值所需最低成本作为学校财政拨款的依据。实证结果表明：学校教育结果水平的目标值设置越高，所需的成本也越高。一定时期内学校教育结果水平目标值的设置，既要满足国家对提升国民基本素质的要求，同时也要考虑财政的承受能力，合理学校教育结果水平的目标值应该是二者权衡的结果。由于我国实行的是“以县为主”的义务教育财政管理体制，各地财力差异较大，目标设置还应有足够的灵活性。为体现学校教育结果水平目标值设置的灵活性，国家可以在全国层面上提出学校教育结果水平的最低要求，即国家基本标准。省根据自身财力在国家基本标准的基础上适当进行调整，即确立管辖范围内学校教育结果的实际执行水平。在政策给定的学校教育结果水平下，应着力开发较为准确的、适合我国国情的学校教育成本估算方法，对学校达到给定教育结果水平所需最低成本进行估算，并以此作为县域内学校财政拨款的依据。

第三，注重学校资源使用的效率，并通过绩效考核对学校实行问责。长期以来，政府把关注重点放在义务教育财政投入和分配上，加之一些教育主管部门和学校片面理解素质教育，简单把知识和技能测试等同于应试教育，对义务教育尤其是小学教育财政投入的结果没有给予足够重视，导致义务教育学校的资源使用效率不高，存在严重的资源浪费。上述实证结果显示，绝大多数小学或多或少存在低效率的行为，若能提高资源使用的效率，该县达到现有的学校教育结果水平，仅小学就可以节约1亿多元的财政资金。今后可以在两个方面进行改进：一是借鉴国外做法，以县为单位，对义务教育学校学所开设的课程实行统一标准化测试，以此来监控义务教育财政投入的结果，并对达不到设定教育结果水平的学校实行问责。二是将义务教育学校年度质量监测的结果与第二年的学校预算安排挂钩，即在中小学全面推行绩效预算。

第四，在加大对社会经济环境较差学校财政支出的同时，也要高度重视对学校社会经济环境本身的改善。上述研究结论表明，社会经济环境是影响学校教育结果很重要的因素，学校社会经济环境越差，达到同样的教育结果所需要的成本越高，因此，今后不应片面追求校际资源配置均衡，而是应加大社会经济环境较差学校的投入。上述研究结论还表明，对于那些环境极差的学校，除了加大投入之外，要使其达到给定的教育结果水平，还需高度重视学校所处社会经济环境本身的改善。否则，即使投入再多，这些学校也无法达到其设定的教育结果水平。

需要进一步探讨的问题：国内外以学生学业成就评价为依据实施义务教育财政投入结果监测，为估算义务教育学校达到给定教育结果水平所需最低成本提供了条件。但值得注意的是，学校教育评价应该是对学校教育结果的全面评价。如前所述，学校教育结果不仅是指学生认知方面知识获取和能力提高，还包括非认知方面态度养成和情感培养等，如何通过改革现有的学业测评体系更多关注能力、投射学生的情感与态度，以及如何构建以学业成绩为主、巩固率和升学率等指标为辅的多指标体系，以全面反映学校教育结果水平，这是继续从事这方面研究需要着手解决的一个重要问题。此外，从国外已有的研究来看，估算学校教育成本有多种方法，采用不同方法得到结果也不一样，如何整合这些不同的结果以供政策制定者和执行者使用，也需要今后进行更深入研究。

第六部分
体制保障

第 13 章　我国政府间义务教育事权与支出责任合理划分研究

义务教育事权是指一级政府在提供义务教育服务中应承担的任务和职责，支出责任是指政府履行其事权的支出义务。合理划分政府间义务教育事权与支出责任，是推进我国义务教育持续高质量均衡发展的前提和保障。进入新世纪以来，国务院先后出台了一系列文件，对中央与地方政府间义务教育事权与支出责任进行了一定程度的划分，如自上而下规定了各级政府应分别承担隶属范围内的行政管理事权，并在义务教育公用经费、免费教科书、校舍新改扩建与维修、家庭困难寄宿生生活补助等支出责任上明确了中央与地方政府分担的比例等。总体上，我国现行政府间义务教育事权与支出责任划分，在提高义务教育的财政保障水平和促进义务教育公平等方面发挥了重要作用，但仍存在部分事权与支出责任在政府间划分不合理、不清晰，以及支出责任分担机制设计对地方激励不足等问题。这些问题也引起了政府的高度重视，国务院在 2016 年出台的《关于推进中央与地方财政事权和支出责任划分改革的指导意见》中，已将政府间义务教育事权与支出责任划分改革列为优先改革的重要领域之一。如何进一步推进我国政府间义务教育事权与支出责任划分改革，国外无统一做法，国内研究也不够系统、深入，本章就这一问题做进一步研究。

13.1　义务教育事权与支出责任：多级政府共担的依据

在分权的公共财政体制下，研究某项具体公共服务的事权与支出责任在多级政府间合理划分，首先需要明确该项服务事权与支出责任的归属问题，即该项服务的事权与支出责任究竟应该归属于中央，还是地方，抑或由中央和地方共同分担。义务教育是共同事权，其支出责任由各级政府共同分担，这在我国已基本形成共识。有关这一问题需要在理论上进一步澄清的是，义务教育作为共同事权的理论依据究竟是什么？目前在我国，无论是研究者还是政策制定者，主要是基于地方财政困难要求上级政府部分甚至完全承担义务教育事权与支出责任，这个理由是不充分的。

判断一项公共服务应该由哪级政府承担，依据的是财政分权理论。该理论根据政府提供公共服务的受益范围不同将其大致分为三类：第一类是受益范围覆盖全国，全国居民均可以毫无差别地享受，如国防、外交等，这类公共服务被称之为全国性公共服务。第二类是受益范围仅局限于某一辖区，如社会治安、清扫垃圾等，这类公共服务被称之为地方性公共服务。第三类是空间外溢性地方公共服务，也就是我国所说的共同事务。所谓空间外溢性地方公共服务，是指地方政府提供的某些公共服务的受益范围超出了它所管辖的行政边界而外溢到了其他辖区，从而使其他辖区居民在不承担任何费用的情况下也获得了部分好处。义务教育就是典型的空间外溢性地方公共服务。一方面，接受义务教育的绝大多数学生将来会在本辖区居住和就业，本辖区是义务教育的主要受益者；另一方面，当地政府无法保证在本辖区受过良好义务教育的学生不流动到其他辖区。

一般而言，全国性公共服务的事权与支出责任完全由中央承担，地方性公共服务的事权与支出责任完全由地方承担，这样划分符合效率原则。但像义务教育这类空间外溢性地方公共服务，其事权与支出责任完全由地方政府承担是缺乏效率的。因为地方政府基于自身利益最大化，在安排义务教育财政支出预算时，往往只考虑对本辖区居民产生的边际收益和边际成本，而不会考虑外溢到其他辖区的边际收益。地方政府根据本辖区边际收益与边际成本相等的条件所决定的义务教育财政支出预算，以及由此提供的义务教育服务数量达不到社会最优的水平，即义务教育完全由地方政府提供会出现供给不足。

理论上，将空间外溢性内部化的方法有两种：一种方法是使政府管辖的范围大到足以包括所有享受该项服务好处的居民，即由地区性政府甚至是中央政府承担空间外溢性地方公共服务。这种方法固然可以解决空间外溢性的问题，但随之产生的则是因高一级政府统一提供而造成的净福利损失。如有 A、B、C 三个辖区，提供相同单位空间外溢性地方公共服务，A 辖区的成本最高，B 辖区居中，C 辖区成本最小。由于高一级政府了解各地实际需求的成本很高，为降低决策成本会采取按平均成本统一安排预算，这样就会使 A 辖区因预算资金不能满足成本需要而降低服务质量，C 辖区会因所提供预算远超出实际需求而导致资金浪费。Greene 和 Parliament（1980）利用上述理论分析框架，测量了纽约 12 个学区合并的净福利损失，测量结果表明：学区合并的确会带来较大的净福利损失。另一种方法是庇古的补贴制度，也就是我们通常所说的成本分担。具体说，高级别政府对地方政府提供的空间外溢性地方公共服务所花费的每 1 元钱给予补贴，其补贴或分担资金的数量刚好等于外溢的边际收益，这样既维护了地方自治，又矫正了空间外溢性。此外，Tiebout（1956）认为，像义务教育这类公共服务，让地方政府承担其部分事权与支出责任甚至是主要责任还有另外两个好处：一是由地方政府分散提供能鼓励地方政府间展开竞争，通过竞争降低教育成本和提高教育质量；二是由地方政府分散提供，允许各地对共同面临的教育问题采用不同的解决方法，某地解决共同问题的成功经验可以为其他地方提供借鉴。

总之，理论分析表明，即使地方不存在财政困难问题，义务教育事权与支出责任完全由中央承担或完全由地方政府承担均不会带来一个有效率的结果。合理的义务教育财政体制安排是义务教育的事权与支出责任由各级政府共同分担。从市场经济国家的义务教育财政体制安排来看，无论是联邦制国家还是单一制国家，均没有采取完全由中央或地方提供的两种极端形式，各个国家之间的区别仅仅只是各级次政府承担义务教育事权与支出责任多少不同而已。如法国的义务教育事权与支出责任中央承担更多一些（仅有 15% 的义务教育经费来自地方政府），而美国的义务教育事权与支出责任地方政府承担更多一些（仅有 8% 的义务教育经费来自联邦政府）。

13.2　义务教育事权与支出责任分类及其划分原则

上述理论分析只是大致确定了多级政府间义务教育事权与支出责任的归属问题。义务教育包含了不同的事权和支出项目，这些不同事权与支出项目的外溢性可能存在差异，相应地各自在政府间划分也会有所区别（Besley，1999）。因此，合理划分政府间义务教育事权与支出责任，首先要厘清义务教育事权与支出责任的具体内容，并进行分类；其次要弄清这些细化的义务教育事权与支出责任在政府间划分应遵循的基本原则。

13.2.1 义务教育事权与支出责任及其分类

义务教育究竟包括哪些具体事权与支出责任，如何分类，目前并没有一个规范和权威的说法，国内研究的文献也不多见。仅有的几篇文献中，涉及义务教育事权与支出责任的分类方法大致可归纳为：一是根据教育层级将其分为小学和初中教育事权与支出责任；二是从考察各国相关做法的适用性，将义务教育事权与支出责任归纳为教育服务提供和对教育服务提供的监管与调控两大方面的内容，并认为上级乃至中央政府对义务教育服务提供进行监管与调控，可以保证全国范围内义务教育服务的均等化（魏建国，2017）；三是根据当前预算结构或项目支出类型将其分为人员经费、公用经费、困难学生资助等管理事权与支出责任；四是根据教育经费支出的来源，将政府本级支出所对应的教育事务确定为教育直接事权，上级转移支付（包括一般均衡性转移支付和专项转移支付）对应的教育支出项目认定为间接事权（黄洪等，2014）。很明显，第一种分类较为笼统；第二种分类不仅笼统，且没有实际意义。因为在一个国家内部，上级政府对任何基本公共服务均负有确保管辖范围均等化的责任；第三种分类未全面涵盖义务教育事权和支出责任的范围；第四种分类在实践中难以有效执行，因为义务教育部分项目的支出来源通常既包含了本级财政支出，也包含了来自上级财政的转移支付。

在这里我们基于义务教育事权分类的复杂性和重要性，按照三级标准来确定义务教育事权内容。具体处理的方法为：第一步，根据中央和地方的教育机构设置及其职责对义务教育的事权进行系统梳理，弄清义务教育有哪些具体事权；第二步，将细化后的义务教育事权按相近程度分为一级事权和二级事权；第三步，根据相同的二级事权在不同级次政府间的权力配置进一步细分为三级事权。另外，考虑到事权与支出责任的对应关系，在义务教育事权分类中，也参考了部门预算的分类标准。

从中央到地方，义务教育涉及机构主要有三类：一是教育管理部门，包括教育部、教育厅和教育局；二是教育教学研究与业务指导机构，包括教科所、教研室；三是提供义务教育服务的机构，包括小学和初中。这三类机构都是各级政府独立的预算单位。其中，教育管理部门为学校提供行政管理和经费管理服务，教育教学研究与业务指导机构通过开展教育教学研究为学校提供业务指导，同时对学校教育教学质量进行监测。这样我们将义务教育一级事权确立为：教育行政管理事权、学校经费管理事权和教育教学研究与业务指导事权。

教育行政管理内容很多，根据管理内容的相近程度可将其细分为规划事权（含教育事业规划和布局规划）、办学标准事权（含办学硬件设施标准、师资配备标准等）、办学行为规范事权（含招生规范、人事规范、教育教学行为规范、学校安全卫生管理规范、收费规范、学籍管理规范等）和教学内容管理事权（含课程设置、教材编写、教学计划和大纲制定）。按照目前预算分类，学校经费管理事权主要包括五类，即人员经费管理事权（含教职工基本工资、绩效工资）、公用经费管理事权、基本建设经费管理事权（含新改扩建与维修经费、教学生活设施设备购置费用等）、学生资助类经费管理事权（含困难学生生活补助、义务教育营养餐改善计划）、教材费用管理事权（含国家教材费用管理、地方教材费用管理）。教育教学研究与业务指导事权主要包括教育教学研究事权、教育教学业务指导事权、教育教学质量监测事权三类。由于义务教育事权由各级政府共担，在实际的运作中，不同级次政府可能承担了同一级事权的职责，而其区别主要在于权力配置上各有所侧重。为了更好地区分这一点，我们进一步根据权力配置不同将二级事权细分为决策、监督、指导和执行四种职责（刘尚希等，2012）。义务教育事权分类详见图 13－1。

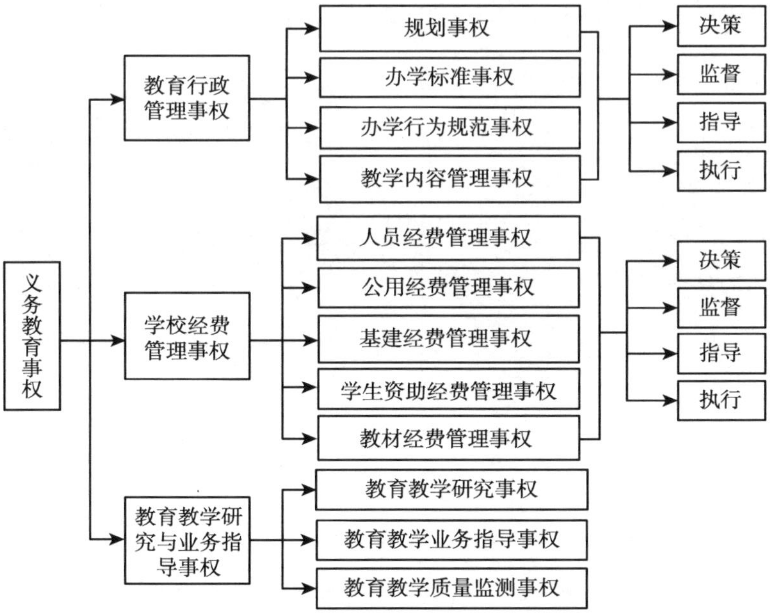

图 13－1　义务教育事权分类框架

义务教育支出责任的分类既要考虑事权与支出责任的对应关系，同时也要从可操作的角度尽量确保义务教育支出分类与现行预算支出分类相一致。如前所述，义务教育涉及到三大机构，且均为各级政府独立的预算单位，即各自直接与本级财政部门发生资金领拨关系。其中，教育主管部门属于行政机构，其人员身份为公务员，从事义务教育行政管理事务所发生的经费应列为一般行政管理支出；教育教学研究与业务指导机构性质上属于事业单位，人员编制为事业编制，所发生的经费列入教育事业费，这两类机构发生的经费支出不是我们关注的重点。通常所说的义务教育支出责任共担主要指的是学校提供义务教育服务发生的经费。由于小学和初中均为全额财政拨款的事业单位，所产生的经费也属于教育事业费。为了与前面事权分类保持一致，学校经费支出也进一步细分为五类支出，即人员经费支出（含基本工资支出、绩效工资支出）、公用经费支出、基本建设支出（含新改扩建与维修支出、教学生活设施设备购置支出）、教材费用支出（含国家教材费用支出和地方教材费用支出）和学生资助类支出（含困难学生生活补助支出和营养餐改善计划支出）。义务教育支出责任分类详见图 13－2。

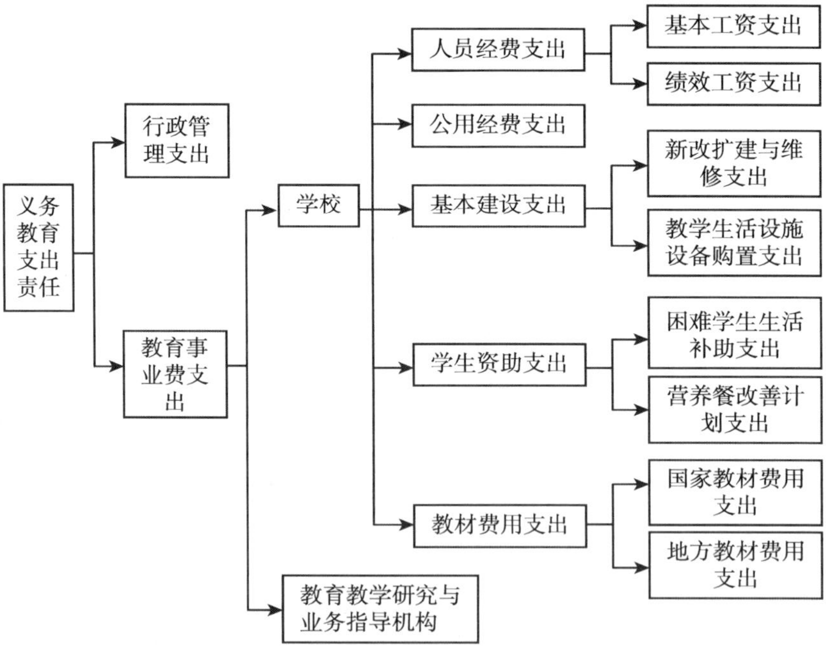

图 13－2　义务教育支出责任分类框架

13.2.2　政府间义务教育事权与支出责任划分原则

图 13－1 和图 13－2 给出的这些大大小小的义务教育事权与支出责任在政府间究竟如何划分？虽然传统西方财政分权理论和国外实践并没有给出具体的划分方法，但国外学者从不同角度提出有关事权与支出责任合理划分的一般原则，对我国仍具有重要的指导意义。除了前面提到的受益原则外，还应遵循的原则大致可以概括为：一是信息优势原则，又称便于管理原则。西方部分学者从信息处理的复杂程度和信息对称性角度，认为信息复杂程度较高的事权与支出责任应由地方政府负责；而复杂程度较低且涉及全局的事权与支出责任则适合高级别政府承担。据此 Oates（1972）认为，如果下级政府能够和上级政府提供同样的公共服务，那么由有信息优势的下级政府提供则效率会更高。因为与中央政府相比，地方政府更接近自己的公众，更了解其所管辖区选民的效用与需求。二是行动原则和技术原则（Bastable，1892）。所谓行动原则是指应根据某项公共服务要求统一规划还是因地制宜来确定承担该项公共服务的责任主体。如某项公共服务在全国要求是一致的，出于行动原则，由中央来统筹配置会更有效率，因此其经费也应全额由中央财政承担。若该项公共服务要考虑各地实际需求差异，则应由地方政府负责并承担相应的支出责任。技术原则是指凡政府活动范围广、规模庞大，且需要较高技术才能完成的项目，其支出责任应归属中央财政；一般性的而又需要适时进行监督的活动，应归地方财政负担。三是激励相容原则。该原则认为应设置适当的激励和约束地方政府行为的制度和机制，以保障地方各级政府做好辖区范围内基本公共服务的提供，避免出现地方政府不作为或因追求局部利益而损害其他地区利益或整体利益的行为。四是事权与支出责任对称原则。通俗讲，对某项事务出钱买单的人，应拥有对该项事务的事权。尽管在实际运作中，要确保事权与支出责任完全匹配是很难实现的，但至少也要做到大体一致。因为如果下级政府承担了某项事权而不负有支出责任，那么下级政府在提供该项服务或执行这项事权时就有可能不计成本。五是区别对待原则。我国各地经济发展水平和财政能力差异大，公务员整体素质和管理能力也不尽相同。划分政府间事权与支出责任应充分考虑这些差异。总之，上述一般性原则为我国政府间义务教育事权与支出责任划分提供了理论指导，在具体针对某项义务教育事权与支出责任划分时应综合运用这些原则，并慎重进行权衡。

13.3 我国政府间义务教育事权与支出责任划分存在的主要问题

根据前面给出的义务教育事权与支出责任分类框架，对改革开放以来国务院出台的文件中有关义务教育事权与支出责任划分的规定进行了系统梳理，以事权与支出责任划分坚持的一些基本原则作为标准对其进行考察发现，我国现行政府间义务教育事权与支出责任划分还存在不少问题。具体说，主要有以下几个方面：

13.3.1 政府间部分义务教育事权与支出责任划分不合理

按照现行行政和财政管理体制，政府间义务教育事权与支出责任划分包括两个层面：一是中央和地方之间义务教育事权与支出责任划分；二是地方政府间义务教育事权与支出责任划分。由于绝大多数省实行了“省直管县”和“乡财县管”的财政体制改革，因此地方政府之间义务教育事权与支出责任划分主要是指省与市县政府间的划分。目前我国义务教育事权与支出责任在这两个层面政府间的划分均不同程度存在划分不合理的问题。以教师工资这项事权与支出责任为例，按照文件规定，中央政府负责确定基本教师工资基准，并为地方绩效工资的确定提供指导；地方政府结合本地实际，确定不低于基本工资标准的教师工资水平，并制订地方绩效考核办法和实施方案，同时承担教师基本工资和绩效工资的核算和支出责任。不难看出，从中央到地方，教师工资的事权配置是基本合理的，但支出责任划分却不尽合理。就实地调查多个县的情况来看，教师工资大约占小学和初中运转成本的80%，由县全额负担教师基本工资和绩效工资，县负担过重带来了一些不良的社会后果：一是部分县财政困难，近几年增资部分很难及时到位，引发了教师与当地政府的一些矛盾，如教师上访和罢课等；二是各县财力不平衡，地区间教师工资尤其是绩效工资差异较大，贫困县优秀教师流失严重。与此相反，学校基本建设费这项支出又存在中央承担支出责任过大，而地方承担支出责任过小的问题。各地中小学办学条件基础不一样，达到同样的办学标准所需的成本差异也比较大，这项支出由具有信息优势的地方政府承担主要责任，符合行动和技术原则的基本要求，但按照《国务院关于进一步完善城乡义务教育经费保障机制的通知》规定，目前中央承担了中西部农村地区公办义务教育学校校舍新建、改建和扩建所需资金的 50%。由于要求地方按 1∶1 配套的资金很难落实，中央实际承担这项支出的责任远超出 50% 的规定。

13.3.2　地方政府间部分义务教育事权与支出责任划分不清晰

相对于政府间事权与支出责任划分的不合理，地方政府间事权与支出责任划分不清晰的问题更突出。从机构设置到财政保障机制，虽然我国义务教育事权与支出责任在中央与地方政府间划分已构建了一个较为清晰的架构，但省与市县政府间的义务教育事权与支出责任划分仍较模糊。在国务院出台的有关我国义务教育财政经费保障文件中，凡涉及省与市县义务教育事权与支出责任划分大多被笼统规定为由“省级统筹，市县落实”，或者笼统说成“地方配套”，至于省如何统筹，省与市县各自配套多少，并没有做出明确的规定。由于省与市县义务教育支出责任规定比较模糊，在实际运行中，省通常将本应该承担的义务教育支出责任下压给市县，市县几乎被迫承担了中央专项资金要求地方配套的所有资金。以农村义务教育营养餐改善计划为例，中央财政按照每生每天 4 元标准承担农村义务教育阶段学生全额的营养膳食补助，地方政府配套承担执行过程中产生的其他费用（具体包括食堂建设与维修费、供餐增加的运营成本和学校食堂聘用人员的开支等）。然而，实地调查发现，由于文件对于省与市县配套承担其他费用做出的规定较为模糊，该项计划在实际执行过程中，需要配套的其他费用基本上由县级财政负担。实施农村营养餐的市县财力有限，全额负担营养餐改善计划所需配套支出没有额外的预算安排，导致试点学校只能通过挤占公用经费勉强维持。

另外，针对义务教育校舍新改扩建事权与支出责任，中央和地方划分是相对清晰的，如在该项事权划分上，中央负责拟定义务教育学校校舍建设的基本标准，地方政府结合本地实际确定不低于中央要求的建设标准，并承担具体的建设工作。而对于省与市县而言，其事权与支出责任同样做了模糊表述。这种模糊表述使得很多新改扩建项目因中央要求的配套资金难以落实到位而被迫停工，不能按期交付使用。

13.3.3 政府间部分划分清晰的义务教育事权落实不到位

通过调研还发现，即使已有文件对部分义务教育事权与支出责任在中央政府与地方政府间做了较为清晰合理的规定，但在执行中还存在事权落实不到位的问题。以教育规划事权（包括事业发展规划和布局规划）为例，相关文件规定，中央和省级政府负责制定义务教育的指导思想、改革与发展目标等，市县政府结合本地区社会经济发展状况编制区域内教育事业发展规划，同时赋予中央和省级政府对于市县制订教育规划进行督查和指导的职责。这种事权划分是较为清晰合理的，但在实践中各级政府都存在事权落实不到位的问题。就市县政府而言，虽然市县政府定期编制教育规划，但由于存在对编制规划认识不足、重视程度不够以及能力欠缺等问题，导致规划编制质量较差，执行过程中随意性较大。尤其是布局规划中的项目规划问题最突出。按照目前财政部门的要求，“专项资金跟着项目走，项目跟着年度计划走，年度计划跟着项目五年规划走”，也就是说，市县要得到中央和省义务教育项目专项资金拨款，先要编制好五年规划（建项目库），其次是根据五年规划制订好年度计划，再次根据年度计划制订好项目实施可行性方案。一旦得到上级拨款，必须要严格按照计划和项目实施方案执行。由于规划、计划质量较差，项目实施方案未经过严格论证，中央和省根据市县上报的计划和项目实施方案下拨资金后，市县对计划和项目实施方案若不做重大调整几乎无法执行，若调整执行又存在资金使用严重不合规的问题，这是导致很多专项资金不能及时执行的重要原因之一。就中央和省级政府而言，本应该督查市县规划编制，以切实提高编制质量，同时也要对市县规划编制给予指导以解决地方客观存在的能力和技术不足问题，但目前中央和省级教育部门的这项职责并未真正落到实处。

13.3.4 义务教育支出责任分担机制设计对地方激励不足

除了人员经费外，义务教育的其他支出均采用了类似于日本的做法，即中央与地方分项目按比例分担义务教育经费。如《国务院关于进一步完善城乡义务教育经费保障机制的通知》规定，生均公用经费基准定额所需资金由中央和地方按比例分担，西部及中部地区比照实施西部大开发政策的县（市、区）为8∶2，中部其他地区为6∶4，东部地区为5∶5。中西部农村地区公办义务教育学校校舍安全保障机制所需资金由中央和地方按照5∶5比例分担。无疑，通过分项目按比例来明确各级政府的义务教育支出责任，能确保义务教育支出责任落到实处。但经过几年运行，这种做法也暴露出了一些问题，其中最突出的是分担机制设计未引入激励因子，导致地方政府出现“等、靠、要”的思想。如前所述，义务教育事权与支出责任之所以要求各级政府共同分担，主要是基于义务教育服务的空间外溢性，即某项具有空间外溢性的公共服务完全交由地方政府提供，地方政府因激励不足所提供的该项服务水平达不到社会最优水平。而我国在设计中央与地方义务教育支出分担比例上更多考虑的是地方财政困难。理论上，解决地方财政困难与解决地方激励不足的问题所运用的方法是完全不同的。若仅仅是因为地方财政困难不能承担义务教育支出责任，解决这一问题的最佳办法是增加对地方的一般性转移支付，以确保地方有财政能力提供义务教育服务。而若主要是因为义务教育的空间外溢性所引起的地方政府不愿意增加义务教育财政支出，理论上矫正空间外溢性的最好办法是地方拿出 1 元钱义务教育支出，中央按一定比例给予配套，即采用配套专项转移支付。尽管形式上，目前中央提供给地方的每一项义务教育专项资金均需要地方配套，但在制度设计上并未真正做到地方先支出，中央再配套；地方多支出，中央多配套。实际运作过程中，只要地方提供承诺配套的书面证明，中央就足额拨出专项资金，至于地方得到专项资金后是否真正兑现了配套承诺，目前尚无落实机制。调查发现，不少省份将中央要求地方配套责任下压给市县，很多市县财力有限几乎没有配套。也就是说，形式上要求配套的中央专项资金，实际上充当的是不需要配套的专项一次性补助（每年固定给地方用于义务教育的一笔钱），这样做的后果是，只要某项义务教育财政支出出现不足，地方就以财政困难为由反过来倒逼中央安排专项。

13.4　深化我国政府间义务教育事权与支出责任划分改革建议

基于上述理论分析，针对我国政府间义务教育事权与支出责任划分存在的问题，进一步深化我国政府间义务教育事权与支出责任划分改革，其基本思路是：

13.4.1 厘清我国义务教育事权与支出责任的具体内容，并对其进行科学分类

弄清义务教育事权与支出责任内容，并将其具体化，在此基础上按照一定标准对其进行分类，这是合理划分政府间义务教育事权与支出责任的基础。文章第二部分我们根据部门职责初步厘清了义务教育具体事权和支出项目，并按照义务教育各种事权与支出项目的相近程度、同一项具体事权的权力配置以及预算支出分类等多个分类依据，构建了我国义务教育事权与支出责任的分类框架。需要说明的是，公共服务领域事权与支出责任的细化及其分类一直是政府间事权与支出责任合理划分的研究难点，鉴于义务教育领域所涉及的事务十分广泛，本章所提供的义务教育事权与支出责任分类框架，仅为这一研究提供了基本思路，后续还需要通过更深入的研究和细致考证，以不断充实和完善这一框架，力求能够形成社会共识。

13.4.2 明确中央、省和市县三级政府共担义务教育事权与支出责任的体制框架

理论上，已经证明了义务教育既不能采用高度集权的财政管理体制使其事权与支出责任完全由中央承担，也不能采用分散的财政管理体制完全由地方负责。合理的财政体制安排应该是：义务教育事权实行分级管理，义务教育支出责任由各级政府共同分担。需要进一步明确的是，我国有中央、省、市、县和乡镇五级政府，义务教育事权和支出责任究竟是由五级政府共担，还是选择性地由其中几级政府分担？义务教育财政体制作为国家财政体制的重要组成部分，其改革内容和方向都要受国家财政体制安排的约束。自 2001 年农村税费改革以来，我国绝大部分省份都实行了“省直管县、乡财县管”的财政体制改革。在这些改革的省份，市与县同级，乡镇财政不再是一级独立财政，仅为县财政的派出机构。与我国中央、省和市县三级财政体制构架相一致，今后我国义务教育事权与支出责任应主要由这三级政府共同分担。

13.4.3　以事权划分一般原则为指导，立足实际，合理划分中央、省与市县义务教育事权，并将其落到实处

根据前面给出的义务教育事权分类框架，我国义务教育事权主要包括行政管理事权、学校经费管理事权和教育教学研究与业务指导事权三大类。这里我们重点关注的是前两大类事权。近 10 年来，我国义务教育财政体制经历了多次调整，在义务教育事权划分上取得了很大成效，主要表现在两个方面：一是将义务教育作为共同事权来处理，这一点已形成社会共识；二是赋予上级政府决策、指导和监督事权的职责，基层政府主要承担执行事权职责，这符合信息优势、行动和技术原则的基本要求，即地方政府便于提供那些需要及时了解当地居民需求且适时落实的执行事权；中央提供那些需要在全国范围内统一的决策事权、监督事权以及技术难度较高的指导事权。今后在具体事权上，还需更加合理、明确地划分各自承担职责，同时要求各级政府将其承担职责真正落到实处。

就义务教育的行政管理事权而言，中央负责制定全国教育规划，省结合本地区社会经济发展状况制定本省各级教育发展规划，并赋予省对县进行指导和定期检查的职责，市县教育行政部门编制区域内教育事业发展规划，负责教育事业的统计、分析、信息发布和管理等执行工作。在办学标准事权划分上，由中央负责制定全国义务教育的基本办学标准，各省结合本地实际制定不低于国家标准的地方执行标准，市县负责落实义务教育的办学标准，以充分发挥基层政府的信息优势。同样地，针对义务教育办学行为规范事权，由中央负责制定全国义务教育办学行为规范的准则，赋予省对县督查、指导和问责的职责，市县严格执行国家制定的办学行为准则。

就学校经费管理事权而言，中央制定全国义务教育学校人员工资、公用经费、学校基本建设的财政拨款的国家标准（底线标准），省根据自身财力制定不低于国家标准的本省财政拨款标准，市县根据自身财力确定不低于省级标准的本级财政拨款标准，同时市县还要负责中小学经费管理的具体事务。

13.4.4　分项目按比例明晰中央、省与市县义务教育支出责任，建立区别对待、激励相容的分担机制

已有的文件在公用经费、基本建设费、教材费用、学生资助这些支出项目

上明确了中央与地方分担的比例，但在以下方面还需要进一步明确各级政府的支出责任：

一是明确中央、省与市县承担义务教育人员经费的支出责任。对于占义务教育学校经费较大比例的人员工资，已有文件对于中央和地方以及地方各级政府间各自应承担的责任用了模糊表述。建议在学校人员工资支出责任划分上，按照《国务院关于推进中央与地方财政事权和支出责任划分改革的指导意见》要求，可借鉴日本经验，将学校人员工资支出分为基本工资和绩效工资，其中基本工资可由中央和省各承担1/2，绩效工资由市县负责，中央和省对于绩效工资拨款标准提出基本要求，如不低于当地公务员绩效工资水平。这样的划分，既解决市县为减轻财政负担多年不愿增加人员编制的问题，也赋予市县一定灵活性，如市县财力充裕，可以通过提高教师绩效工资吸引优秀教师。同时还便于市县对所辖学校绩效考核与问责。

二是在公用经费支出责任划分上，要进一步明确省级政府承担的支出责任。由于这一部分经费数额不是很大，目前中西部一些省份采用的方法均具有参考价值①：一种是一些西部省份做法，即由中央承担80%的公用经费支出，省几乎全额承担剩余的20%；另一种是一些中部省份的做法，即中央承担60%的公用经费支出，剩余部分所需资金由省承担约30%，市县承担10%。就东部地区而言，建议中央负担一半比例的公用经费支出，剩余比例的支出可由省和市县各承担50%。

三是对学校基本建设支出项目进行整合，并要求地方承担更大的支出责任。目前有关学校基本建设费用专项资金种类较多，部分项目存在交叉重复，同时项目过多也不便于管理。建议可将这些专项资金整合成两类，分别是学校新建、改建、扩建与维修类和学校教学、生活设施设备购置类。由于这两类资金各地需求和成本差异均较大，加之近20年中央不断追加投入，各地办学条件已基本达到要求，今后这两类资金支出责任应主要由具有信息优势的地方承担，中央用少量资金发挥引导作用。在具体分担比例上，建议可由中央承担20%，省承担30%，市县承担50%。

---

① 以湖北省为例，生均公用经费基准定额所需资金由中央、省和市县（区）共担。比照实施西部大开发政策的县（市、区）（以下简称“参西地区”）中央和地方按8∶2比例分担，其他地区按6∶4比例分担。在地方承担部分，“参西地区”及神农架林区、武当山特区按照省级承担98%、县级承担2%的比例分担，省几乎全额负担；农业县市和享受农业县市待遇的区按照省、县（市、区）7∶3比例分担，省实际承担全部公用经费支出的28%，市县（区）承担全部公用经费支出的12%。

四是明确划分省与市县义务教育营养餐改善计划支出责任。针对省与市县义务教育营养餐改善计划支出责任划分不清问题，建议将学校食堂建设纳入义务教育基建专项，由各级政府按比例共同负担，营养餐计划执行过程中增加的运营成本、学校食堂聘用人员开支等费用则由市县财政全额负担。

另外，针对分担机制设计中存在的对地方激励不足问题，可从以下三个方面解决：第一，改变现行类似于专项一次性补助做法，实行真正封顶配套补助，即地方先将各项支出自身承担份额纳入财政预算，中央再给予配套；第二，中央拿出一部分资金作为奖励资金，地方愿意多支出，中央适当给予奖励；第三，鉴于我国建立以均等化地方财力为目的、规范的一般性转移支付尚需时日，上级政府专项资金要求下级政府配套比例需要区别对待，应做到财力充裕的地方政府多配套，财政困难的地方政府少配套。对于国家级贫困县来说，有些项目甚至可以要求不配套。

最后需要特别指出的是，各级政府分项目按比例承担的义务教育支出责任，其分担比例是否科学合理还需要更多实证研究和精细的测算。基于本章提出的分类框架，我们将政府间义务教育事权与支出责任划分的建议整理成清单（详见附件），以期为我国义务教育事权与支出责任划分改革提供有益的参考。

附件

我国政府间义务教育事权与支出责任合理划分建议清单

事权指标		政府间义务教育事权划分			政府间义务教育支出责任划分		
一级指标	二级指标	中央	省（市、区）	市县	中央	省	市县
教育行政管理事权	教育规划事权	制订全国教育规划；指导、监督地方政府教育规划的制订	依据全国教育规划制订省（市、区）教育规划；指导、监督市县教育规划的制订	依据全国和省（市、区）教育规划，制订并执行市县教育规划	全额负担隶属中央的教育部门的行政管理支出	全额负担隶属省（市、区）的教育部门的行政管理支出	全额负担隶属市县的教育部门的行政管理支出
	办学标准事权	制订全国基本办学标准；指导、监督地方办学标准执行	制订不低于国家办学标准的省（市、区）办学标准；指导、监督市县办学标准执行	执行省（市、区）制订的办学标准			
	办学行为规范事权	制订全国基本办学行为规范准则，对地方执行办学行为规范准则进行指导、监督	对市县执行国家办学行为规范准则进行指导和监督	执行国家制订的办学行为规范准则			
	教学内容管理事权	确定国家课程设置、并负责国家教材编写和教学计划与大纲的制定，指导、监督地方进行相关教学内容管理	确定地方课程设置、并负责地方教材编写和教学计划与大纲的制定，指导、监督市县进行相关教学内容管理	严格执行中央和省（市、区）规定的课程设置、编写教材、制订的教学计划与大纲			

续表

事权指标		政府间义务教育事权划分			政府间义务教育支出责任划分		
一级指标	二级指标	中央	省（市、区）	市县	中央	省	市县
教育教学研究与业务指导事权	—	承担国家层面上的小学和初中教育教学研究与业务指导事权	承担省（市、区）层面上的小学和初中教育教学研究与业务指导事权	承担市县内小学和初中教育教学研究与业务指导事权	全额负担隶属中央的教育教学研究与业务指导机构支出	全额负担隶属省（市、区）的教育教学研究与业务指导机构支出	全额负担隶属市县的教育教学研究与业务指导机构支出
学校经费管理事权	人员经费管理事权	制定全国教职工基本工资标准和绩效工资基本要求，指导、监督地方人员经费管理	制定不低于国家标准的省（市、区）教职工基本工资标准和绩效工资基本要求，指导、监督市县人员经费管理	制定市县教职工绩效工资拨款标准，并负责教师基本工资和绩效工资的核算和发放	基本工资的50%	基本工资的50%	全额负担绩效工资
	公用经费管理事权	制定全国生均公用经费基本标准，指导、监督地方公用经费的管理	制定不低于国家标准的省（市、区）生均公用经费标准，指导、监督市县公用经费的管理	负责学校公用经费的核算和发放	东部：50% 中部：60% 西部：80%	东部：25% 中部：30% 西部：20%	东部：25% 中部：10%
	基本建设经费管理事权	制定全国基建经费的基本标准，指导、监督地方基建经费的管理	制定不低于国家标准的省（市、区）基建经费标准，指导、监督市县基本建设经费的管理	制定不低于省（市、区）标准的市县基建经费拨款标准和使用方案，并负责落实	20%	30%	50%

续表

事权指标		政府间义务教育事权划分			政府间义务教育支出责任划分		
一级指标	二级指标	中央	省（市、区）	市县	中央	省	市县
学校经费管理事权	学生资助经费管理事权	制定全国生活困难补助基本标准和营养餐改善计划膳食补助标准	指导、监督市县执行学生资助经费的管理	制定执行营养餐改善计划产生的运营费和食堂人员工资标准，负责各项学生资助经费的核算和发放	负担50%生活困难补助支出；全额负担膳食补助支出	负担50%生活困难补助支出	全额负担执行营养餐改善计划产生的加工和管理支出
	教材经费管理事权	制定并执行国家课程教材经费标准	制定并执行地方课程教材经费标准	负责国家和地方教材费用的管理工作	全额负担国家教材费用支出	全额负担地方教材费用支出	—

注：在中央、省和市县某项支出责任分担中，涉及多个标准时，中央按国家基本标准承担其支出份额，省按省制定标准承担其支出份额。中央和省对于市县愿意多增加支出可以适当给予奖励。

参考文献

[1] 杜育红．教育发展不平衡研究 [M]．北京：北京师范大学出版社，2000.

[2] 高如峰．义务教育投资的国际比较与政策建议 [J]．教育研究，2001 (5).

[3] 潘天舒．我国县级义务教育投资的地区差异及其影响因素分析 [J]．教育与经济，2000 (4).

[4] 魏后凯，杨大利．地方分权与中国地区教育差异 [J]．中国社会科学，1997 (1).

[5] 王蓉．我国义务教育财政问题研究回顾与展望 [J]．教育与经济，2004 (4).

[6] 王善迈，袁连生，刘泽云．我国公共教育财政体制改革的进展、问题及对策 [J]．北京师范大学学报（社会科学版），2003 (6).

[7] A. E. Schwartz, L. Stiefel and H. B. HadjAmor, 2005. Measuring School Performance Using Cost Functions. Eye on Education, pp. 67 – 91.

[8] B. Thompson, 1991. Methods, Plainly Speaking: A Primer on the Logic and Use of Canonical Correlation Analysis. Measurement and Evaluation in Counseling and Development, pp. 80 – 93.

[9] D. H. Monk, 1989. The Education Production Function: Its Evolving Role in Policy Analysis. Educational Evaluation & Policy Analysis, no. 11, pp. 31 – 45.

[10] D. J. Sheskin, 2001. Handbook of Parametric and Nonparametric Statistical Procedures.

[11] E. A. Hanushek, 1989. he Impact of Differential Expenditures on School. Educational Researcher, pp. 45 – 51.

[12] E. A. Hanushek, 1991. When School Finance Reform May Not Be Good

Policy. Harvard Journal of Legislation, no2, pp. 465 –498.

[13] E. J. Pedhazur, 1997, Multiple Regression in Behavioral Research: Explanation and Prediction , New York: Harcourt Brace.

[14] J. Stevens. 1996. Applied Multivariate Statistics for the Social Sciences. Mahwah, NJ: Erlbaum.

[15] L. A. Picus. 1995. Does Money Matter in Education? A Policymaker's Guide. presentation at the annual meeting of the American Education Finance Association, Savannah.

[16] L. V. Hedges, R. D. Laine, and R. Greenwald. 1994. When Reinventing the Wheel Is Not Necessary: A Case Study in the Use of Meta – Analysis in Education Finance. Journal of Education Finance , no. 1, pp. 1 –20.

[17] Robert C. Knoeppel, Deborah A. Verstegen and James S. Rinehart. 2007. What Is the Relationship Between Resources and Student Achievement? A Canonical Analysis. Journal of Education Finance, Vol. 33, No. 2, pp. 183 –202.

[18] R. Rubenstein, 2005. The Reliability of School Efficiency Measures Using Data Envelopment Analysis. Eye on Education, pp. 93 –118.

[19] 郭志刚. 社会统计分析方法与 SPSS 软件应用 [M]. 北京: 中国人民大学出版社, 1992.

[20] Coleman, J. S. , Campbell, E. Q. , Hobson, C. J, McPartland, J. , Mood, A. M. , Weinfeld, F. D. , & York, R. L. (1966). Equality of opportunity [M]. U. S. Government Printing Office. : Washington.

[21] Martin Carnoy. 教育经济学国际百科全书 [M]. 2 版. 闵维方, 等, 译. 北京: 高等教育出版社, 2000.

[22] 胡咏梅, 杜育红. 中国西部农村小学教育生产函数的实证研究 [J]. 教育研究, 2009 (7): 58 –67.

[23] 薛海平, 王蓉. 教育生产函数与义务教育公平 [J]. 教育研究, 2010 (1): 9 –17.

[24] Adams, R. H. Non – farm Income and Inequality in Rural Pakistan: A De-

composition Analysis [J]. Journal of DevelopmentStudies, 1994, (1).

[25] 黄祖辉，等. 农村居民收入差距问题研究 [J]. 管理世界，2005 (3).

[26] 黄涛，等. 地区人均 GDP 分布的基尼系数 [J]. 管理世界，2006 (5).

[27] 曾满超，丁延庆. 中国义务教育资源使用和配置的不均衡研究 [J]. 教育与经济，2005 (2).

[28] 曾满超，丁延庆. 中国义务教育财政面临的挑战与教育转移支付 [J]. 北京大学教育评论，2003 (1).

[29] 万广华. 中国农村区域间居民收入差异及其变化的实证分析 [J]. 经济研究，1998 (5).

[30] 张人杰. 国外教育社会学基本文选 [C]. 上海：华东师范大学出版社，1989：185.

[31] Shaikh I. Hossain. 1997, "Making education in China equitable and efficient". Policy Research Working Paper No. 1814, the World Bank.

[32] 桑贾伊·普拉丹. 公共支出分析的基本方法 [M]. 北京：中国财政经济出版社，2000.

[33] 赵海利、赵海龙. 谁是我国初等教育公共支出的受益者 [J]. 经济社会体制比较，2007 (4).

[34] Friedkin, N. E., & Necochea, J.. School system size and performance: A contingency perspective [J]. Educational Evaluation and Policy Analysis, 1988 (10): 237 - 249.

[35] Meier, D. W.. The big benefits of smallness [J]. Educational Leadership, 1996, 54: 12 - 15.

[36] Gooding, R. Z., & Wagner, J. A., III. A meta - analytic review of the relationship between size and performance: The productivity and efficiency of organizations and their subunits [J]. Administrative Science Quarterly, 1985 (30): 62 - 481.

[37] John R. Slate & Craig H. Jones. Effects of School Size: A Review of the Literature with Recommendations [OL]. http://www.usca.edu/essays/vol, 2005 - 1 - 13/2012 - 5 - 10.

[38] McGuffey, C. W., & Brown, C. L.. The relationship of school size and rate of school plant utilization to cost variations of maintenance and operation. American Educational Research Journal, 1978 (15): 373 - 378.

[39] Fox, W. F. Reviewing economies of size in education [J]. Journal of Education Finance, 1981, (6): 273 - 296.

[40] Walberg, H. J., & Walberg, H. J., III.. Losing local control [J]. Educational Researcher, 1994, (23), 19 - 26.

[41] Pittman, R. B., and Haughwout, P.. Influence of High School Size on Dropout Rate [J]. Educational Evaluation and Policy Analysis, 1987, 9 (4): 337 - 343.

[42] Sergiovanni. T. J.. Small schools, great expectations [J]. Educational Leadership, 1995, (53): 48 - 52.

[43] Greenwald, R., Hedges, L. V., & Laine, R. D.. The effect of school resources on student achievement [J]. Review of Educational Research, 1996, 66: 361 - 396.

[44] Harnisch, D. L. Characteristics associated with effective public high schools [J]. Journal of Educational Research, 1987, 80: 233 - 240.

[45] Howley, C.. The Matthew principle: A West Virginia replication [J]. Educational Policy Analysis Archives, 1995, 18 (3): 251 - 267.

[46] Kenneth R. Stevenson.. "School Size and Its Relationship to Student Outcomes and School Climate, A Review and Analysis of Eight South Carolina State - wide Studies [R]. National Clearinghouse for Educational Facilities. University of South Carolina, http://www.ncef.org/pubs/size_outcomes.pdf, 2006 - 4/2012 - 5 - 10.

[47] 石人炳. 国外关于学校布局调整的研究及启示 [J]. 比较教育研究, 2004 (12): 35 - 39.

[48] 廖英丽. 20 世纪美国农村学校合并历程及其影响因素研究 [J]. 基础教育, 2009 (3): 13 - 17.

[49] Mullins, C., 1973, "School District Consolidation: Odds are 2 to 1 It'll

Get You" *American School Board Journal*, 160, 23 –26.

[50] Hung – Lin Tao, Ming – Ching Yuan., 2005, "Optimal Scale of A Public Elementary School with Commuting Costs—A Case Study of Taipei County", *Economics of Education Review* 24, 407 –416.

[51] 中西部地区农村中小学合理布局结构调整研究课题组．我国农村中小学布局调整的背景、目的和成效［J］．华中师范大学学报（人文社会科学版），2008（4）．

[52] 郝文武．论城镇化进程中的农村学校布局问题［J］．教育研究，2011（3）．

[53] 万明钢，白亮．"规模效益"抑或"公平正义"——农村学校布局调整中"巨型学校"现象思考［J］．教育研究，2010（4）．

[54] 侯龙龙，张鼎权，卢永平．西部五省区农村学校布局调整与学生发展［J］．教育学报，2010（6）．

[55] 雷万鹏．义务教育学校布局：影响因素与政策选择［J］．华中师范大学学报（人文社会科学版），2010（5）．

[56] Mike Smet. Determining the optimal size of study fields in Flemish secondary education. *Economics of Education Review*, vol. 20, pp. 443 –457, 2001.

[57] Tiebout Charles. "A Pure Theory of Local Expenditure.", *Journal of Political Economy*, vol. 64, pp. 416 –424, 1956.

[58] 乔宝云，范坚勇，冯兴元．中国的财政分权与小学义务教育［J］．中国社会科学，2005（6）．

[59] 贾勇宏．我国农村中小学布局调整的障碍及方式选择——基于中西部6省（区）的调查［J］．华中师范大学学报（人文社会科学版），2008（2）．

[60] 庞丽娟．当前我国农村中小学布局调整的问题、原因与对策［J］．教育发展研究，2006（4）．

[61] 夏雪．农村中小学布局调整中的机会主义——一个新制度经济学视角［J］．教育科学，2009（6）．

[62] 吴宏超．农村中小学布局调整的困境与出路［J］．华中师范大学学报

（人文社会科学版），2007（3）.

[63] 傅勇，张晏．中国式分权与财政支出结构偏向：为增长而竞争的代价[J]．管理世界，2007（3）.

[64] 华萍．不同教育水平对全要素生产率增长的影响：来自中国省份的实证研究[J]．经济学（季刊），2005（1）.

[65] Cohn, Elchanan (1968), "Economies of Scale in Iowa High School Operations," *Journal of Human Resources* 3, 422 – 434.

[66] Cotton, Kathleen (1998), "School Size, School Climate, and Student Performance," *School Improvement Research Series* 20, Northwest Regional Educational Laboratory.

[67] Fox, W. F. (1980). Relationships between size of schools and school districts and the cost of education. (Technical Bulletin No. 1621). Washington, DC: Economics, Statistics, and Cooperatives Service (DOA). (ERIC Document Reproduction Service No. ED 187 029).

[68] Friedman, Milton and Rose Friedman (1990) Free to Choose, Harvest Books. Slate, J. R., and Jones, C. H. (2005) "Effects of School Size A Review of the Literature with Recommendations." *Essays in Education*. http: /www. usca. edu/esays/vol13205/.

[69] Geoff Barton (2008). "Envy of a bigger one: moving beyond phoney debates on school size". *Forum*, *Volume* 50, Number 2, 185 – 189.

[70] Greene, W. H. (2003). Econometric analysis (5thed). New Jersey: Prentice – Hall, Inc.

[71] Haller, E. J. "High School Size and Student Indiscipline: Another Aspect of theSchool Consolidation Issue." *Educational Evaluation and Policy Analysis* 14/2 (Summer 1992): 145 – 156.

[72] McKenzie, P. The Distribution of School Size: Some Cost Implications. *Paper presented at the Annual Meeting of the American Educational Research Association*, Montreal, Quebec, Canada, April 1983 (ED 232 256).

[73] Morris, H. J. (1964). Relationship of school size to per pupil expenditures in secondary schools in the southern region. Unpublished doctoral dissertation, George Peabody College for Teachers, Nashville, TN.

[74] Riew, John (1966), "Economies of Scale in High School Operations" *Review of Economics and Statistics* 48 (3), 280 - 287.

[75] 范先佐，郭清扬．我国农村中小学布局调整的成效、问题及对策——基于中西部地区6省区的调查与分析［J］．教育研究，2009（1）．

[76] 于启新．学校优化规模一般方法研究［J］．教育与经济，1998（1）．

[77] James W. Guthrie, "Modern" Education Finance: How it differs from the "old" and the analytic and data collection changes it implies, *Education Finance and Policy*, vol. 1, 2006.

[78] Robert Berne and Leanna Stiefel, Concepts of School Finance Equity: 1970 to the Present in Pp. in Equity and Adequacy in Education Finance, in Helen F. Ladd Chalk and JanetS (eds.), *National Academic Press*, Washington: Hansen, 1999.

[79] William Duncombe, *Estimating the Cost of an Adequate Education in New York*, News York: Center for Policy Research, 2002.

[80] Allan Odden, Lawrence O. Picus, Mark Fermanich, An Evidenced - based Approach To School: Finance Adequacy In Arkansas: http://picusodden.com/wp-content/uploads/2013/09/AR_2003_EB_Report.pdf.

[81] Augenblick and Myers, Calculation of the Cost of an Adequate Education in Maryland in 1999 - 2000 Using Two Diffirent Analytic Approaches: http://schoolfunding.info/states/md/MarylandAdequacyStudy.pdf.

[82] John Ruggiero, Measuring the Cost of Meeting Minimum Educational Standards: An Application of Data Envelopment Analysis, *Education Economics*, Vol. 15, 2007.

[83] Jon Sonstelie, Resource needs of California public schools: results from a survey of teachers, Sprincipal, and superintendents, American Education Finance Association: education finance and policy, vol. 3, 2008.

[84] Lawrence O. Picus, School Finance Adequacy: Implications for School Principals, NASSP Bulletin, vol. 88, 2004.

[85] Duncombe W & Yinger J. Are education cost functions ready for prime time? An examination of their validity and reliability [J]. Peabody Journal of Education, 2011, 86 (1): 28 -57.

[86] Figlio D N & Kenny L W. Individual teacher incentives and student performance [J]. Journal of Public Economics, 2007, 91 (5 -6): 901 -914.

[87] A. Charnes, W. W. Cooper, E. Rhodes, 1978, "Measuring the efficiency of decision making units", European Journal of Operational Research, 2, pp. 429 -444.

[88] Banker, R. and Morey, R. , 1986, "Efficiency analysis for exogenously fixed inputs and outputs", Operations Research, 34, pp. 513 -521.

[89] Coleman J S et al. , 1966, "Equality of Educational Opportunity", US Government Printing Office, Washington, DC.

[90] D. Bradford, R. Malt, W. Oates, 1969, "The rising cost of local public services. Some evidences and reflections", National Tax Journal, 22, pp, 185 -202.

[91] James W. Guthrie, 2006, " 'Modern' Education Finance: How it differs from the 'old' and the analytic and data collection changes it implies" . Education Finance and Policy, vol. 1, No. 1, pp. 3 -16.

[92] Jon Sonstelie, 2005, "Resource needs of California public schools: results from a survey of teachers, Sprincipal, and superintendents", American Education Finance Association: education finance and policy, Vol. 3, No. 3, pp. 58 -89.

[93] M. J. Farrell, 1957, "The measurement of productive efficiency", Journal of the Royal Statistical Society. Series A 120, pp. 253 -281.

[94] R. D. Banker, A. Charnes, W. W. Cooper, 1984, "Some models for estimating technical and scale inefficiencies in data envelopment analysis", Management Science , 30, pp. 1078 -1092.

[95] Ruggiero, J. , 1996, "On the measurement of technical efficiency in the public sector" , European Journal of Operational Research, 90, pp. 553 -565.

[96] John Ruggiero, 1998, "Theory and Methodology: Non – discretionary inputs in data envelopment analysis", European Journal of Operational Research , Vol. 111 , pp. 461 – 469.

[97] Ruggiero, J. , 2004, "Performance evaluation in education", in W. W. Cooper *et al.* (Eds) *Handbook on Data Envelopment Analysis* (Boston, MA: Kluwer).

[98] Ruggiero, J. , 2001, "Determining the base cost of education: An analysis of Ohio school districts", Contemporary Economic Policy, Vol. 19, No. 3, pp. 268 – 279.

[99] Ruggiero, J. , 2007, "Measuring the Cost of Meeting Minimum Educational Standards: An Application of Data Envelopment Analysis", *Education Economics*, Vol. 15, No. 1, pp. 1 – 13.

[100] Reschovsky, A. , 1994, "Fiscal equalization and school finance", National Tax Journal, 47, pp. 185 – 197.

[101] William Duncombe, 2002, "Estimating the Cost of an Adequate Education in New York", Center for Policy Research Maxwell School of Citizenship and Public Affairs Syracuse University No. 44.

[102] 李文利，曾满超．美国基础教育"新"财政 [J]．教育研究，2002 (5)：84 – 89.

[103] Bastable, C. F. Public Finance [M]. London: Macmillan & Co, 1892.

[104] Besley, T. and S. Coate. Centralized versus Decentralized Provision of Local Public Goods: A Political Economy Analysis [J]. Journal of Public Economics, 1999, 87 (12), 2611 – 2637.

[105] Greene, Kenneth V. , Thomas J. Parliment. "Political Externalities, Efficiency. and the Welfare Losses from Consolidation." National Tax Journal 33, No. 2 (June 1980), pp. 209 – 217.

[106] Oates W. Fiscal Federalism [M]. New York: Harcourt, Barce and Jovanovich, 1972.

[107] Tibeout, C. A Pure Theory of Clubs [J]. American Economic Review,

1956（64）.

［108］刘尚希，马洪范，刘微，梁季，柳文．明晰支出责任：完善财政体制的一个切入点［J］．经济研究参考，2012（40）.

［109］黄洪，庄爱玲，张翼飞．学前教育财政投入的分担机制研究——基于事权与支出责任相适应的视角［J］．教育与经济，2014（3）.

［110］魏建国．教育事权与财政支出责任划分的一个理解框架［J］．中国教育财政，2017（11）.